# 罪错未成年人保护处分研究

ZUICUO WEICHENGNIANREN BAOHU CHUFEN YANJIU

刘泽鑫◎著

中国政法大学出版社

2024·北京

**图书在版编目（ＣＩＰ）数据**

罪错未成年人保护处分研究 / 刘泽鑫著. -- 北京 ： 中国政法大学出版社，2024. 7.
ISBN 978-7-5764-1682-4

Ⅰ. D669.5

中国国家版本馆 CIP 数据核字第 20244754AP 号

--------------------------------------------------------------------------------------------------------------------

出 版 者　　中国政法大学出版社

地　　址　　北京市海淀区西土城路 25 号

邮寄地址　　北京 100088 信箱 8034 分箱　　邮编 100088

网　　址　　http://www.cuplpress.com (网络实名：中国政法大学出版社)

电　　话　　010-58908285(总编室) 58908433（编辑部）58908334(邮购部)

承　　印　　固安华明印业有限公司

开　　本　　720mm×960mm　　1/16

印　　张　　14.75

字　　数　　240 千字

版　　次　　2024 年 7 月第 1 版

印　　次　　2024 年 7 月第 1 次印刷

定　　价　　68.00 元

　　四秩芳华，似锦繁花。幸蒙改革开放的春风，上海政法学院与时代同进步，与法治同发展。如今，这所佘山北麓的高等政法学府正以稳健铿锵的步伐在新时代新征程上砥砺奋进。建校 40 年来，学校始终坚持"立足政法、服务上海、面向全国、放眼世界"的办学理念，秉承"刻苦求实、开拓创新"的校训精神，走"以需育特、以特促强"的创新发展之路，努力培养德法兼修、全面发展，具有宽厚基础、实践能力、创新思维和全球视野的高素质复合型应用型人才。四十载初心如磐，奋楫笃行，上海政法学院在中国特色社会主义法治建设的征程中书写了浓墨重彩的一笔。

　　上政之四十载，是蓬勃发展之四十载。全体上政人同心同德，上下协力，实现了办学规模、办学层次和办学水平的飞跃。步入新时代，实现新突破，上政始终以敢于争先的勇气奋力向前，学校不仅是全国为数不多获批教育部、司法部法律硕士（涉外律师）培养项目和法律硕士（国际仲裁）培养项目的高校之一；法学学科亦在"2022 软科中国最好学科排名"中跻身全国前列（前 9%）；监狱学、社区矫正专业更是在"2023 软科中国大学专业排名"中获评 A+，位居全国第一。

　　上政之四十载，是立德树人之四十载。四十年春风化雨、桃李芬芳。莘莘学子在上政校园勤学苦读，修身博识，尽显青春风采。走出上政校门，他们用出色的表现展示上政形象，和千千万万普通劳动者一起，绘就了社会主义现代化国家建设新征程上的绚丽风景。须臾之间，日积月累，学校的办学成效赢得了上政学子的认同。根据 2023 软科中国大学生满意度调查结果，在本科生关注前 20 的项目上，上政 9 次上榜，位居全国同类高校首位。

　　上政之四十载，是胸怀家国之四十载。学校始终坚持以服务国家和社会需要为己任，锐意进取，勇担使命。我们不会忘记，2013 年 9 月 13 日，习近平主席在上海合作组织比什凯克峰会上宣布，"中方将在上海政法学院设立中国-上海合作组织国际司法交流合作培训基地，愿意利用这一平台为其他成员国培训司法人才。"十余年间，学校依托中国-上合基地，推动上合组织国家司法、执法和人文交流，为服务国家安全和外交战略、维护地区和平稳定作出上政贡献，为推进国家治理体系和治理能力现代化提供上政智慧。

历经四十载开拓奋进，学校学科门类从单一性向多元化发展，形成了以法学为主干，多学科协调发展之学科体系，学科布局日益完善，学科交叉日趋合理。历史坚定信仰，岁月见证初心。建校四十周年系列丛书的出版，不仅是上政教师展现其学术风采、阐述其学术思想的集体亮相，更是彰显上政四十年发展历程的学术标识。

著名教育家梅贻琦先生曾言，"所谓大学者，有大师之谓也，非谓有大楼之谓也。"在过去的四十年里，一代代上政人勤学不辍、笃行不息，传递教书育人、著书立说的接力棒。讲台上，他们是传道授业解惑的师者；书桌前，他们是理论研究创新的学者。《礼记·大学》曰："古之欲明明德于天下者，先治其国"。本系列丛书充分体现了上政学人想国家之所想的高度责任心与使命感，体现了上政学人把自己植根于国家、把事业做到人民心中、把论文写在祖国大地上的学术品格。激扬文字间，不同的观点和理论如繁星、似皓月，各自独立，又相互辉映，形成了一幅波澜壮阔的学术画卷。

吾辈之源，无悠长之水；校园之草，亦仅绿数十载。然四十载青葱岁月光阴荏苒。其间，上政人品尝过成功的甘甜，也品味过挫折的苦涩。展望未来，如何把握历史机遇，实现新的跨越，将上海政法学院建成具有鲜明政法特色的一流应用型大学，为国家的法治建设和繁荣富强作出新的贡献，是所有上政人努力的目标和方向。

四十年，上政人竖起了一方里程碑。未来的事业，依然任重道远。今天，借建校四十周年之际，将著书立说作为上政一个阶段之学术结晶，是为了激励上政学人在学术追求上续写新的篇章，亦是为了激励全体上政人为学校的发展事业共创新的辉煌。

党委书记　葛卫华教授
校　　长　刘晓红教授
2024 年 1 月 16 日

# 未成年人有了罪错，然后呢？

——为刘泽鑫老师《罪错未成年人保护处分研究》写的序

张　晶*

## 1

刘泽鑫老师和我的缘分，是因为"矛盾双方"的"对立"且"统一"：他是才俊老师，我是退休警察；他是文凭高山，我在学历凹地；他是世代书香门第，我是世袭农民；他喜欢喝咖啡，我爱好品茗……这种两极分化与互补格局，就满足了心理学上的"差异性吸引"的条件。

然而，我们又有很多的共同，这就为心理学上的"相似性吸引"提供了条件。我们都爱读书，都喜欢思考，都对因快速社会发展而为公众所"丢弃、遗忘、挤压、蔑视"的"异类""另类"，有异乎寻常的关注、慈悲、救赎的共同情怀……"差异性吸引"与"相似性吸引"，让我们常常从办公室谈到宿舍，从白天聊到黑夜，从古今说到中外……

就我来说，我与刘老师的交往，还满足了心理学上的"功利性吸引"。我从刘老师那里学到了社会学、心理学、历史学、哲学、逻辑学等新知，尤其是学术研究方法问题的开释，让我顿开茅塞，受益匪浅。如我曾经一度进入崇拜量化研究的误区：我以为唯有量化、运用数学的方法、使用"大数据"，

---

* 张晶，中国监狱工作协会常务理事、学术委员，上海政法学院客座教授。

才能导出科学的研究结论。刘老师告诉我，质性研究的方法、访谈的方法、体验的方法，对于社会科学来说，也相当重要，人类学最主要的方法"田野调查"选取的都是小样本研究，甚至是个案研究，这些方法就不可能满足大数据研究的条件，也不需要大数据。

一句话，我和刘老师谈得来、有话说。

正是基于我们彼此的共情、共鸣、共振，半年前刘老师就给说，他在写一本关于改革罪错未成年人社会保护的专著，如果出版，请我一定写个序。我当即就识趣地明确拒绝了：我何德何能啊！

前几日，刘老师把他的大作《罪错未成年人保护处分研究》通过电子邮件发给了我。他再次认真恳切地让我写序。我如果再推辞，就有些不识抬举了。所以，就应承下来。然而，我一直拖着，似乎这样拖下去，就可以把这个我没有办法不答应的"文债"给躲掉。我的理由给刘老师反复地说清楚了，我有顾虑，这个顾虑让我压力山大：刘老师是国内最知名政法高校、研究机构的法学、社会学硕士、博士、博士后；他的老师，都是国内超顶流的学术大咖，他们中的任何一位老师，都可以在学术上把我整懵。如果让他们写序，会让刘老师的著作"锦上添花"，而让我写序，一定是"狗尾续貂"了。我估计，大概率的是刘老师很快就会后悔他让我写序的这个决定。我真心希望刘老师及早地反悔，最迟在该书出版前，这样还可以有弥补的机会。

很多认识我的朋友，都知道我是个急性子，极少有拖延症。做什么事都急，好像有做不完的事在等着我，也恨不得把人生的三万天活出六万天来。不过，刘老师给我的这个任务，我真的没有急，我在拖。

所谓"拖"，我现在的解释是，冥冥之中觉得为刘老师做这个事的"火候"不到。这几天，临近国际儿童节，铺天盖地的信息从天而降，我觉得这是最恰适的"动手"机会，用中国的传统文化来表达，这就叫"天时"，万事俱备，正好"东风"。大家可以感受到的是，六一节前夕，各种关涉少年儿童成长的新闻、宣传、公益、志愿者活动铺天盖地，尤其是公检法狱，等等，什么司法解释、什么规范性文件、什么典型案例、什么家教引导、什么白皮书……能想到的都想到了，能做到的都做到了。大家的一个基本价值追求就是希望少年强，中国强！

"少年智则国智；少年富则国富；少年强则国强；少年独立则国独立；少年自由则国自由；少年进步则国进步；少年胜于欧洲，则国胜于欧洲；少年雄于地球，则国雄于地球。"我们都知道，这一段话来自大思想家梁启超的《少年中国说》。这鼓舞人心、振聋发聩、掷地有声的宣言，给无数有志少年以振奋，鼓励他们为中华崛起而拼搏！

然而，我们必须面对的另外一个现实是，并不是所有的少年都强，有的少年甚至成为染病的花朵，以致于污染了"大花园"，这不能不让人痛心、揪心！

这也使我想到了每个人都知道、都会说的一句话：少年是祖国的花朵，是社会的未来。而那些犯有各种罪错的未成年，无疑是带有各种"问题"的花朵。这些问题"花朵"，毫无疑问也还是"花朵"，对于这些"花朵"，怎么处置，才是对"花朵"、对社会最无害、最恰适、最文明的方式。更为重要的是，我们必须搞清楚：所谓"花朵"的问题，是"花朵"自身的细胞、基因等"花朵"机理、生理问题？还是与"花朵"生长有关的土壤、空气、水的问题？换句话说，这是"花朵"的内因问题，还是外因问题。质言之，马克思主义哲学告诉我们，如果一切的问题都归咎于内因，不仅是不科学的，也是无益的。

## 2

我作为一个老警察，绝大部分的精力都用在了直接或间接地与犯人打交道上了，一生研究其犯罪，一生穷究其改造。哀其不争，怒其不良，怜其不幸的同时，我更多的帮助他们，以"大爱生万象"的情怀，真心真情地矫正、改造、教育、挽救，使他们获得正常人的自由、过上正常人的生活。

改造犯人是个世界难题。中国作为社会主义国家，有五千年传统文化的支撑和底蕴，在改造囚犯上走出了自己的道路、创出了自己的模式。

二十多年前，我到一个劳教所附属的收容教养少年的地方考察调研，面对那些有的身高已经超过我，但是依然满脸稚气的少年时，我的心在颤抖，怒其罪，恨其行，怜其人。陪同我的一个领导细心地看出了我的表情里透露出一丝同情与悲悯，就悄声地告诉我，这些孩子尽管可怜，你不知道的是，他们身上多数都带着"命案"，否则，他们也不会被政府集中收养管教救治。我明白这个领导的"话中话"，可是我依然不能释怀。

这么多年来，我经常到各地未管所调研、考察和讲学，面对一个个稚气未脱的面孔，去对应他们的成长、他们的罪错、他们的"三观"，常常让我目瞪口呆！我多次陷入沉思：关于他们、关于社会、关于治理、关于理念，也包括关于矫正这个职业……

这自然让我联想起了河北某地前不久发生的三个恶少残忍杀害一名未成年同学的惨案。案件发生后，互联网一时风起云涌，公众中弥漫着"杀杀杀"的可怖气氛。应该说，这种氛围散发出来的极端情绪，恼怒中充满了正义，愤懑中蕴含着仇恨。然而，我们应该明白，对于社会治理而言，仅仅愤怒是不够的。

写到这里，我的脑海里闪现出来具有中华民族优秀文化传统的六个字的箴言：天理国法人情。这个六字箴言，蕴含了治国理政的精髓要义，在国家、社会治理中具有基础性、整体性、系统性的特征。就刑事司法关涉的具体案件而言，天理国法人情，就是要求刑事诉讼的所有程序，要综合理、法、情的多重考量，不能简单断定，更不能随意动用国家机器，凭戾气武断处置。正确的方法应该是"宽严相济"：用当下的法律态度来说，就是宽容，而不纵容；严厉，而不严酷；既要严打，又要给予挽救；既要惩罚，又要给予希望；既要重刑，而又要给予出路。这可以说成是刑事法律的辩证法。法、理、情，构成了严密、完整、协调、统筹、互补的统一。

作为一名刑事法律的理论研究者，对于罪错未成年人，不能止于愤怒；作为一名毕生以监狱为业的人，更不能满足于愤怒，而是要考虑更好地去教育、改造、挽救这些罪可当诛而法不当死的人，让他们止于自由，最终和我们每一个人一样生活、一样工作、一样学习。

我们知道，在心理学的理论里有个"犯罪心理结构"的说法。这个说法告诉我们：犯罪人的犯罪，是不良个性心理与不良外界环境相结合的结果。犯人和英雄，都不是凭空产生的，都是社会的产物。

如此说来，犯人的犯罪，尤其是未成年的罪与错，仅仅靠"打击""降龄"，满足公众的愤怒情绪，是不够的，更不是治本之策。"最好的社会政策，才是最好的刑事政策。"

## 3

对这些有罪错的人，问了罪，然后呢？或者说，判了刑，然后呢？这是必须回答的一个现实问题。回避不是解决问题的办法，因为，这是必然要发生的！这是政府需要考虑的，这是官员需要考虑的，更是一个高校专业教师、理论研究者所需要考虑的。

一个简单而直白的答案是：判刑之后，当然是惩罚和改造了。这难道不是监狱的本质吗？是的，惩罚是监狱的天然属性，而现代监狱，在文明法治的引导下，又衍生出了"改造"或者"矫正"的功能。然而，我作为一辈子从事监狱实务和理论研究的亲历者、实践者，我要说的是：监狱不能改造好所有的犯人，监狱的职能是有限的。监狱职能的这个"有限性"，就如同医院不能救治好所有的病人一样。改造好一个犯人，取决于监狱职能的完善，取决于犯人的合作，更取决于社会外部环境的优化、完善，这个所谓的生活环境，甚至包括社会政策的完善、社会发展的平衡、社会公正的实现。而这些，都不是监狱所能做到的。

这好比花木美容师"园丁"们的通常技术：对发叉、疯长的花木，要修理、整枝打岔；对于受虫害的，要上药除虫；对于病害的，要对症下药；对于某种有传染病的，要移栽到特殊的护理区隔离抢救……

监狱人民警察被誉为"特殊园丁"，还被党中央领导誉为"人的灵魂的工程师"。当然，监狱人民警察的工作，要比真正的"园丁"的工作更加困难百倍、千倍，把改造犯人，说成是天下难事，并不夸张。

基于职业的惯性，我常常在想，是什么心理、动机支配这些未成年人去干这些"骇人听闻"的"罪案"？我更想知道，这些心理是如何形成的？这些动机是如何转化为"行动"的？他们在怎样的环境成长？他们的家长呢……这一系列的追问，我们一时可能无法穷尽。然而，这些都是问题。

这里的理性逻辑是：

一个未成年人要健康的成长，需要家长的呵护。家长是最好的老师。中国传统文化说的"三岁看大，七岁看老"。这个时间段的主要任务是家长来完成的。几乎所有未成年罪错，都可以看到家长的影子，找到家长的责任。

需要学校的关护。学校是未成年成长的摇篮和乐园。可是，不幸的是，由于学校失职失管、失教而导致的"霸凌"事件时有发生。这给少年的成长蒙上了巨大的阴影，甚至成为一些未成年人走向违法犯罪的最初动因，因为是"受害者"，继而又成为"害人者"：可恨、可怜、可悲！

需要社会的保护。然而我们看到的互联网、不良视听读物，不良风气、不良文化的诱惑比比皆是。要净化社会环境，从政治的、经济的、教育的、行政的、法治的全方位、全过程、全要素进行综合治理，还未成年成长的一片蓝天。

个人、家庭、学校、社会，对于罪错未成年人的成长，都有各自的责任。正如雪山，没有一片雪花是多余的；雪崩，也没有一片雪花是无辜的。

## 4

作为一个青年学者，刘泽鑫老师在《罪错未成年人保护处分研究》里，给我们提供了理性的答案：从刑事司法的理念、体制、机制等方面探索新时代罪错未成年人保护，刘老师设计出了"保护处分"的若干情形，分别对应相应政策、对策、路径，使"保护处分"成为未来社会治理的优先选择。

作为该书的第一读者，我将刘老师的研究进行了简单的梳理，值此机会，给广大读者分享。

我觉得，在该研究里，刘老师研究具有下列独到之处：

一是研究的规范化程度高。刘老师把"罪错未成年人"的定义，严格地界定在最高人民检察院、共青团中央用来概括"实施越轨行为、不法行为的未成年人"的框架里，所有的论证以此定标定位，使其研究极大地服务于当下的现实工作，而没有走入一般作者文论中的天马行空，望文生义，自说自话，自我迷恋的误区，使得该研究建立在坚定的实践基础之上。问题源于实践，理论指导实践。

二是研究的逻辑严谨。社会科学的研究方法是刘老师的长项，在该研究里，刘老师的旨趣在于我国罪错未成年人保护处分的司法化的完善。该研究按照"理论综述——域外制度综述——立法完善——司法完善——执行完善"的逻辑顺序，次第展开。该课题强调，要完成罪错未成年人保护处分立法完善，必须解决三个问题：一是保护处分与现行刑事司法体系相融合，形成"刑罚——非刑处罚——保护处分"的刑事后果体系；二是与相关部分法的衔接，包括我国刑法、刑事诉讼法等；三是确立以循证矫正为核心技术的"评估——矫正"体系，并提出相应解决方案。以我多年的工作经验和理论思考，我觉得刘老师的构思是成立的、具有建设性的。

三是研究的重点突出。该研究探讨了完善罪错未成年人监禁型保护处分的路径，重点剖析了专门教育在立法、司法适用和执行方面的不足，并提出了相应的完善方案，包括将专门学校更名为专门教育。研究还特别强调了对不满16周岁有吸毒成瘾行为的罪错未成年人进行分类处理，适用强制戒治处分。同时，结合社会复归模式和循证矫正模式，研究提出了再犯风险评估和矫正措施，以强化处遇效果，并确保司法的公正性和矫正的有效性。这些措施旨在贯彻新的法律规范，实现更加精准和科学的矫正方法，以避免立法与司法之间的分化。论著研究通过整合社会复归模式和循证矫正模式，提出了再犯风险评估和矫正措施，促进了整个刑事司法系统的现代化和人性化，对法律实践和理论研究都有重要的意义。

四是研究方案的可操作性强。该研究认为，完善罪错未成年人保护处分包括三个基本类型，专门教育、强制戒治处分和保护管束，每一个都有具体的适用对象；并且呈现为递进的关系，对于适用专门教育和强制戒治处分的罪错未成年人都必须先执行监禁型保护处分，在其人身危险性降低的前提下才能转为保护管束。

制度的构建离不开技术的支撑。按照刘老师的构思，罪错未成年人保护处分体系，从司法到执行，从评估到矫正，都是以循证科学为基本的技术理念。基于此前评估具有一定的主观性问题，刘老师提出了再犯风险评估的基本原则以及可本土化改造的评估工具。刘老师的这个构思，也为刑法学研究、犯罪学研究、刑事政策学研究研究提供一个开放式研究的设计。刘老师认为，按照循证科学的逻辑，在评估的基础上，应当有一系列的机构来完成对罪错未成年人的矫正工作——专门教育由罪错未成年人专门教育矫正所执行（该所由专门学校改造而来）；强制戒治处分由强制戒毒所执行；保安管束由社区矫正机构执行。

总之，对待罪错未成年的态度，是国际社会衡量一个国家和地区文明程度的重要标志之一，让罪错未成年人在社会发展中"不掉队"，对中华民族的伟大复兴更具有战略意义。我想这也是刘老师研究这个课题的基本价值选择。刘老师的研究是有意义的，无论是对实务的关照，还是对相关理论的丰富。

以上感言，东扯葫芦西扯瓢，像散文而不是散文，像随笔而不是随笔，像闲谈而不是闲谈，像杂文而不是杂文，与刘老师这个严谨的学术专著有相当的违和感。我姑且自嘲为：亦庄亦谐，谓之道！

最后，谢谢刘老师为罪错未成年人走向新生这个宏大课题的关照和研究，谢谢刘老师的担当与责任！

——2024 年 国际儿童节 写于 了无书院望知斋

# 目  录 / CONTENTS

# 绪　论

　　罪错未成年人是最高人民检察院、共青团中央用来概括实施越轨行为、不法行为的未成年人的概念，主要包括两类：一是实施越轨行为的未成年人，二是实施的行为虽符合刑法分则的构成要件，但由于刑事责任年龄不够而不承担刑事责任或免予刑事处罚的未成年人。2019 年，震惊全国的 13 岁未成年人杀人案引发了"刑事责任年龄是否应当降低"的激烈讨论。2020 年颁布的《中华人民共和国刑法修正案（十一）》（以下简称《刑法修正案（十一）》）在原有刑事责任年龄的划分基础上增加了一个定罪档次：已满 12 周岁不满 14 周岁的人，犯故意杀人、故意伤害罪，致人死亡或以特别残忍手段致人重伤造成严重残疾，情节恶劣，经最高人民检察院核准追诉的，应当负刑事责任。与此同时，2020 年修改的《中华人民共和国预防未成年人犯罪法》（以下简称《预防未成年人犯罪法》）等法律法规相继出台，在立法层面正式确立罪错未成年人，并按照罪错程度将其划为"不良行为"与"严重不良行为"两类行为。针对严重不良行为，通过"专门教育"进一步完善《中华人民共和国刑法》（以下简称《刑法》）第 17 条第 5 款的专门矫治教育，旨在通过规范层面的严密法网实现对罪错未成年人的社会治理。无疑，这套"组合拳"一是为了回应公众朴素正义观的需求，二是寄期望于通过刑事法网的严密而实现"明刑弼教"的效果。

　　立基于此，本研究旨在对我国罪错未成年人保护处分的司法化进行完善，研究以"理论综述——域外制度综述——立法完善——司法完善——执行完善"的逻辑顺序展开论述。从当前罪错未成年人处遇模式的发展方向来看，处遇模式的司法化是今后主流发展方向。从最高人民检察院于 2019 年 2 月发布的《2018-2022 年检察改革工作规划》来看，计划在未来进一步完善未成年人罪错行为的防治措施，包括临界预防、家庭教育、分级处遇和保护处分制度，旨在平衡未成年人的保护与惩罚，以期有效实现未成年人的社会融合和个人发展。[1]在研究方法上，本研究采取法教义学、文献综述、类型分析进行研究。在笔者看来，想要完成罪错未成年人保护处分立法完善，必须解决三个问题：一是保护处分与现行刑事司法体系相融合，形成"刑罚——非刑处罚——保护处分"的刑事后果体系；二是与相关部门法的衔接，包括刑法、刑事诉讼法等；三是确立以循证矫正为核心的技术的"评估——矫正"体系。在前两章理论和域外制度综述的基础上，研究从第三章至第五章详细论述了这三个问题，并提出相应解决方案。读者若想直击本书主题，可越过前两章，直接从第三章阅读。

从近年来的研究状况来看，保护处分的热度从未降低，尤其是在 2013 年劳动教养废止之后，学者们将保护处分的讨论推向一个新的高峰。本书的研究主题是罪错未成年人保护处分的立法构建，可以说是保护处分研究下的子命题。但从另一个角度来看，本书主题直击罪错未成年人司法制度。从其他国家和地区刑事立法来看，部分国家不仅专设机构管辖和执行实施不法行为的青少年，还专设部门法规制涉及青少年案件的司法过程。反观我国司法现状，虽说近年在司法适用和司法程序增加了一系列保护罪错未成年人的配套措施，但总体上来说对罪错未成年人的态度是"置之不理"。换言之，对多数罪错未成年人采取的办法就是"先抓——再放——不管"，这从我国刑事诉讼法有关罪错未成年人的规定一目了然。再看社会的实际状况，随着信息时代的膨胀，在享受着资讯给生活带来便捷的同时，也面临着它所带来的风险。正是由于科技资讯时代的来临，压缩了我们的时间和空间，使得一些社会问题日益凸显。在此背景下，罪错未成年人暴力事件、校园欺凌事件、罪错未成年人吸毒等不法事件成为近年来人们关注的热点话题。本研究认为，刑事法网的疏漏及失灵是症结之所在。

正是在这一问题认识的基础之上，笔者萌生了完善我国罪错未成年人保护处分的司法化的想法。本书在刑事司法体系中完善罪错未成年人保护处分

---

〔1〕 参见邓喜莲：《未成年人刑事责任治理与制度完善的法理思考》，载《社会科学家》2021 年第 4 期。

包括三个基本类型，专门教育、强制戒治处分和保护管束，其适用对象具体包括六种：（1）对不法儿童适用保护管束；（2）对不法未成年少年适用专门教育；（3）对吸毒成瘾的罪错未成年人适用强制戒治处分；（4）对判处缓刑的罪错未成年人首先适用专门教育；（5）对符合假释条件的未成年犯适用保护管束；（6）对于专门教育、强制戒治处分罪错未成年人在一定考验期内实施保护管束。总体来说，对于适用专门教育和强制戒治处分的罪错未成年人都必须先执行监禁型保护处分，在其人身危险性降低的前提下才能转为保护管束。如此立法的目的是确保矫正的效果。当然，这一切都是以保护罪错未成年人作为其基本立场而采取的必要手段。

制度的构建离不开技术。整个罪错未成年人保护处分体系，从司法到执行，从评估到矫正，都是以循证科学为其核心技术理念。这是因为行为刑法是以罪责作为其处罚基础，而保护处分是以人身危险作为其处罚基础。从当代科技及刑法理论的发展来看，评价"行为——结果——行为与结果间的因果关系——罪责"要比评价行为人的人身危险性容易，因为评价人身危险性极易陷入类似于第一代风险评估工具"主观臆断"的黑洞，故必须通过科学、循证的测量方法对罪错未成年人进行再犯风险评估。基于此，笔者在本书第四章第二节提出了再犯风险评估的基本原则以及可本土化改造的评估工具。限于笔者犯罪心理学知识的薄弱和资源的限制，笔者并未对这些风险评估工具进行实证测量，而只是引用了诸位犯罪心理学研究者的研究成果，以期适用于保护处分。当然，这也为刑法学研究、犯罪学研究、刑事政策学研究提供了一个开放式研究的契机。

通过风险评估工具测量罪错未成年人再犯风险的好处不止于其评估结果的客观性，还在于它为评估与矫正两者之间构建起一座桥梁，使风险评估与再犯矫正二者之间紧密地结合在一起，这就凸显出追踪评估的意义。这就说明再犯风险评估并非一蹴而就之事，必须通过大量的循证实践才有可能接近真理。既然评估如此之重要，笔者在研究中建议成立罪错未成年人评估调查机构，隶属司法部，专门负责评估罪错未成年人再犯风险事宜。该部门的工作人员以犯罪心理学、教育学、社会学等专业人员构成，在培训通过国家统一组织的考核后才可上岗。按照循证科学的逻辑，在评估的基础上，应当有一系列的机构来完成对罪错未成年人的矫正工作——专门教育由罪错未成年人专门教育矫正所执行，该所由专门学校改造而来；强制戒治处分由强制戒毒所执行；保护管束由社区矫正机构执行。当然，执行机构只是一个平台，最关键的部分是执行内容的改变。笔者在第五章借鉴个体认知行为疗法、团体认知行为疗法、辩证行为疗法和动机式晤谈法分别完善罪错未成年人专门教育矫正项目和罪错未成年人动机式晤谈戒治项目，从而真正完成对罪错未成年人的矫正和戒治。当然，在这一过程中的追踪评估是极其关键的，因为只有通过最终评估才能确定罪错未成年人的犯因性需求和其他动态因子，以此才能针对性地建立或修订罪错未成年人个人矫正方案，从而实现循证矫正。

# 保护处分概述

## 第一节 保护处分概念、性质及人身危险性界定

### 一、保护处分概念

保护处分的概念源自德国保安处分（Sichernde Massnahmen）。自保安处分制度创立之始，学者们对这一概念所下定义虽表述不一，但内容基本相同。德国学者弗兰茨·冯·李斯特（Franz von Liszt）认为保安处分是一种国家处分，是为了让具体的个人适应社会或者将不能适应社会的个人从社会中剔除。[1]德国学者克劳斯·罗克辛（Claus Roxin）认为保安处分定义为：当行为人对一般公众危险性达到不运用罪责刑罚（Schuldstrafe）不足以使公众在这一威胁下得到充分保护；这些人具有很小的罪责，仅能让行为人承担极其轻微的刑罚（例如精神病患者、酗酒者和吸毒者），但对出于对公众的保护目的、行为人矫正及保护目的，要求将这些人隔离并安置在相应的矫正场所，此即为保护处分。[2]日本学者大谷实认为保安处分是针对特定人的犯罪行为，由于其具有将来犯罪的危险，因此保安处分作为刑罚的补充或替代，由法院宣判

---

〔1〕 参见 [德] 弗兰茨·冯·李斯特：《德国刑法教科书》，徐久生译，法律出版社2000年版，第401页。

〔2〕 参见 [德] 克劳斯·罗克辛：《德国刑法学 总论：犯罪原理的基础构造》（第1卷），王世洲译，法律出版社2005年版，第51页。

的、伴随有剥夺或者限制自由内容的隔离、治疗或者改造。[1]日本刑法学者认为，保安处分是指基于行为人的危险性，以防卫社会和矫正、教育行为人为目的而科处的处分。[2]法国学者卡斯东·斯特法尼等人认为，保安处分是为了防止有可能发生的犯罪，针对社会秩序中具有危险状态的危险个体而采取的一种"无道德色彩"的强制措施；它与刑罚不同因为它不具有报应目的；它与"社会预防"亦不同，因为它是一种已经"个人化的措施"；它也不同于救助措施，因为它的目的在于预防犯罪活动且具有强制性。[3]

我国对于罪错未成年人的保护处分的研究可追溯至民国时期。1935年，翁腾环先生在其所著的《世界刑法保安处分比较学》对保安处分的概念早有论述，将其定义为："保安处分者，为社会防卫及预防犯罪发生之公法也。申言之，即认其人有社会之危险性，应予以改善治愈及除去其危险性，而使其适应于社会生活之谓也。"[4]他认为，保安处分作为刑罚的补充措施，具有补充社会防卫的效果。因此，保安处分是以社会防卫和预防犯罪为主要内容的法律，其直接目的是除去被处分人的危险（Gefahr）并改善（Besserung）及治愈（Heilung）被处分人；其间接目的是保护生活利益。

保护处分理论发展至今，我国学者对这一概念的定义基本一致。例如，刘仁文教授认为保安处分是指国家基于保卫社会之需要，对于具有特殊人身危险性的人，以矫正、感化、医疗、禁戒等手段，替代或补充刑罚的各种保安处分的总称。[5]徐久生先生认为："所谓'保安处分'是指国家为了防卫社会目的，对实施了刑法意义上的违法行为且欠缺传统刑罚适应性的特定行为人，单独科处或与传统刑罚同时并处的刑事制裁措施。"[6]徐久生教授还将保安处分分为对人的保安处分和对物的保安处分，持此观点的还有许发民教授。对人的保安处分是指以人为对象的保安处分，而作为处分对象的人，必

---

〔1〕 参见［日］大谷实：《刑事政策学》，黎宏译，中国人民大学出版社2009年版，第158页。

〔2〕 参见［日］川出敏裕、金光旭：《刑事政策》，钱叶六等译，中国政法大学出版社2016年版，第84页。

〔3〕 参见［法］卡斯东·斯特法尼等：《法国刑法总论精义》，罗结珍译，中国政法大学出版社1998年版，第430页。

〔4〕 参见翁腾环：《世界刑法保安处分比较学》，商务印书馆2014年版，第13页。

〔5〕 参见刘仁文：《劳动教养的改革方向应为保安处分》，载刘仁文主编：《废止劳教后的刑法结构完善》，社会科学文献出版社2015年版，第291页。

〔6〕 参见徐久生：《保安处分新论》，中国方正出版社2006年版，第7页。

须是具备相当程度人身危险性的人；对物的保安处分是指以预防犯罪为目的，对与犯罪有关联的特定物采取的具有预防性质的保安处分。[1]张明楷教授按对象范围大小分四个类别来定义保安处分，包括：最广义的保安处分、广义的保安处分、狭义的保安处分和最狭义的保安处分。其中，最广义的保安处分是为了防止犯罪的危险，保持社会治安，对一切被认为有害的特定的人或物所采取的刑事司法或行政处分，以及为了保护或矫正行为人而采取的改善、教育、保护措施；广义的保安处分是除最广义的保安处分中保护处分之外的保安处分；狭义的保安处分是指为了防止行为人再次犯罪，由法院宣告代替或补充刑罚而适用的对人的保安处分；最狭义的保安处分仅指剥夺自由的保安处分。[2]这种分类方法与徐久生教授不同，他认为只有在广义的保安处分意义下才可将保安处分分为"对人的保安处分"和"对物的保安处分"。大谷实先生则直接将保安处分分为剥夺自由的保安处分、限制自由的保安处分和对物性质的保安处分。[3]

　　学者们在探讨保安处分的定义时，一般考虑以下两方面内容：（1）保安处分在目的、性质、对象和手段等方面都与刑罚有明显的区别，故大都将其作为保安处分概念的主要内容；（2）保安处分的概念应按照其类别分而论之，笔者较为赞同大谷实先生的观点，将保安处分分为监禁型保安处分（剥夺自由的保安处分）、限制自由型保安处分和对物型保安处分，将此三个概念合在一起称为最广义的保安处分。

　　综上，本书认为，最广义的保安处分是指：以社会防卫和矫正行为人为目的，对一切被认定为有人身危险性的行为人或人身危险性的特定物，运用矫正、感化、医疗、禁戒、行为监督、从业禁止、保安没收、保安追缴等手段，由法院宣判的，替代或补充刑罚适用的各种保安处分的总称，包括监禁型保安处分、限制自由型保安处分和对物型保安处分。在这一概念下，监禁型保安处分是指将具有人身危险性的行为人监禁在一定的设施中，在矫正、治疗的同时，实现保安处分。[4]限制自由型保安处分是指并不将被处分人监

〔1〕　参见徐久生：《保安处分新论》，中国方正出版社2006年版，第43、57页。
〔2〕　参见张明楷：《刑法学》，法律出版社2016年版，第637页。
〔3〕　参见［日］大谷实：《刑事政策学》，黎宏译，中国人民大学出版社2009年版，第160页。
〔4〕　当然，这里还需厘清一个概念——人身危险性。有关人身危险性的讨论将在本章第三节讨论，在此不再赘述。

禁在特定的设施中，而只是限制其一定范围内的自由从而预防其可能实施不法行为的处分；从罪错未成年人这一处遇对象上而言，限制自由的保安处分又称保安管束，主要基于对保护罪错未成年人保护的必要性而言。对物型保安处分是指以物品为对象的保安处分，对于与犯罪有关的特定物品所采取的预防性的保安措施。本书研究的对象是罪错未成年人，因此这里的保安处分既包括监禁型保安处分，又包括限制自由型保安处分。

在保安处分之下有一个概念称之为保护处分，保护处分是保安处分的一种。笔者在此必须澄清这一概念，是因为保安处分与本研究主张在刑法体系中构建的罪错未成年人保护处分有十分密切的联系，甚至可以说本研究所主张构建的"罪错未成年人保安处分"即为"罪错未成年人保护处分"。这一概念主要来源于日本及我国台湾地区关于罪错未成年人保护处分的刑事法律规定。按照日本学者藤本哲也教授对保护处分的定义，保护处分即指家庭法院对非法少年（包括犯罪少年、处罚少年和虞犯少年）进行处分，以少年健康成长为目的，以采取矫正及改善环境等有关教育、社会福利措施为内容。[1]故日本《少年法》中对于不法少年的处遇手段可合称为保护处分。再看我国台湾地区刑事法律有关不法少年的保护处分（已满12周岁不满18周岁的人），也都用保护处分来代指训诫及假日生活辅导、保护管束、安置辅导及感化教育等。从预防青少年犯罪的角度而言，保护处分是以保护青少年的必要性作为其核心立场。而保安处分则不然，其核心立场涵盖了保护处分的立场，不仅包括保护少年的必要性，还包括社会防卫。从罪错未成年人保护处分的本源来说，单单承认其保护性其实是不周延的，因为从其他国家和地区立法来看，不管是何种形式的罪错未成年人保护处分，多少都以剥夺自由以及限制自由作为其处遇代价的。既然是以监禁或隔离作为其代价，就不得不承认保护处分的社会防卫功能，尤其是针对下文所述的缓刑型保护管束、假释型保护管束（二者皆属于限制自由型保护处分），其执行对象本身针对的就是已经判决的服刑人员，即便是罪错未成年人，如果单说以保护罪错未成年人的必要性作为其处遇前提，确实失之偏颇。再者，我国台湾地区学者林山田教授将所有的保护处分（包括感化教育处分、保护管束等）纳入保安处

---

[1] 参见［日］藤本哲也：《刑事政策概论》（全订第6版），青林书院2006年版，第204页，转引自［日］大谷实：《刑事政策学》，黎宏译，中国人民大学出版社2009年版，第168页。

分的范畴。[1]因此，本研究采用"罪错未成年人保护处分"而未采用"罪错未成年人保安处分"，旨在使这一词用词周延，并凸显出未成年人保护处分的自身特点以及其与狭义保安处分之差异。而罪错未成年人保护处分研究当然包括我国台湾地区及日本刑事法律中所针对的不法少年保护处分研究。

## 二、保护处分性质

关于保护处分的法律性质讨论是近百年来新派与旧派论战的产物。新派，又称"实证学派"或"近代学派"。新派的基本主张与旧派（也称"刑事古典学派"）对立且形成时间晚于旧派，所以相对于旧派而言称之为新派；在此之后，学者们扬弃了旧派的观点，故旧派分为前期旧派与后期旧派（也称"后期刑事古典学派"）。这一部分将试图从两个层面厘清保护处分的法律性质：首先梳理新派与前期旧派和后期旧派关于刑罚与保护处分的关系（即保护处分的一元论与二元论之争）；在此基础上，进一步说明保护处分到底是行政性质的处罚，还是刑事性质的处罚，抑或是兼有二者性质的处罚。

### （一）保护处分与刑罚的关系

要厘清保护处分与刑罚之间关系，首先要厘清前期旧派与新派对刑罚的主张，原因在于这两派对刑罚的主张有本质区别。前期旧派学者主张报应刑论是一种绝对报应刑论，他们认为"报应"是刑罚的唯一正当化根据，这显然是站在意志自由论的立场上来看待刑罚。报应思想源自正义理念，它原则上与犯罪相称，是对犯罪的报应。按照日本学者松原芳博先生的观点，报应分为"被害报应""秩序报应"和"责任报应"，通常我们所称报应论所指的报应类型是指责任报应。[2]"责任报应"认为，刑罚的程度必须与犯罪行为的不法内涵与罪责程度成相当比例，从此种相当反应原则演绎出犯罪与刑罚等值的结果，以此作为正义理念的表征。[3]与目的刑论不同，报应刑论认为刑罚的本质是一种法律制裁，这种制裁以与不法行为相对应的责任作为前提

---

〔1〕　参见林山田：《刑法通论》（下册），北京大学出版社 2012 年版，第 392 页。

〔2〕　参见［日］松原芳博：《刑法总论》，日本评论社 2013 年版，第 2-5 页，转引自张明楷：《责任刑与预防刑》，北京大学出版社 2015 年版，第 16 页。

〔3〕　参见 Gallas, *Kriminalpolitik und Strafrechtssystematik*, 193, S. 9. 转引自林山田：《刑法通论》（下册），北京大学出版社 2012 年版，第 275 页。

和基础。心理健康的成年人有对自己行为的控制能力、对规范应答的可能性和行为适法的可能性，那么行为人便有选择一种合法举动的可能性，罗克辛称这种可能性为答责性（Verantwortlichkeit）。[1]因此，报应刑论的支持者认为服刑人员所受的刑罚应当与罪责成比例。无疑，报应刑论的支持者是站在意志自由论（非决定论）和道义责任论的立场上来诠释刑罚的目的，正如黑格尔所言："行动只有作为意志的过错才能归责于我……毕竟我只是与我的自由相关，而我的意志仅以我知道自己所做的事为限，才对所为负责。"[2]意志自由论认为对于精神正常且达到刑事责任年龄的人来说都能够控制自己的行为来选择是否犯罪。如日本学者久里田益喜所言："凡是人在达到一定年龄时除精神上有异状者（疯癫、白痴、喑哑者）与精神未充分发达者外，任何人都有为善避恶的自由意思……犯罪是恶，而有自由意思的人，尽管能够避之而竟敢实施之，所以犯罪也是出于自由意思。"[3]按照这一论断，发育成熟且精神正常的成年人行为必然不受外界自然及社会之影响，当然并且绝对地支配着自己的行为。报应刑论以此为基础诠释刑罚的本质是惩罚一个有理性的自由人——行为人既然知道自己的行为有不法的性质，但仍执意而为之，

---

[1]　关于 Verantwortlichkeit 的翻译问题：有学者将其翻译为"责任"（［德］克劳斯·罗克辛：《德国刑法学 总论：犯罪原理的基础构造》（第1卷），王世洲译，法律出版社2005年版，第556页），也有学者将其翻译为"答责性"。（［德］克劳斯·罗克辛：《刑事政策与刑法体系》，蔡桂生译，中国人民大学出版社2011年版，中文版序言第2页；张明楷：《责任刑与预防刑》，北京大学出版社2015年版，第20页）。笔者更倾向于将其翻译为"答责性"，尽管在德语词典中 Verantwortlichkeit 的意思是"负有责任的，有义务的"（《朗氏德汉双解大辞典》，外语教学与研究出版社2010年版，第1921页。）但"ver-"作为不可分动词"verantwort"的前缀有"错误的"含义，而"antwort"是词语"antworten"的词干，"antworten"的含义是回答，将此二者联系起来看应当是行为人应对追诉机关追究其不法行为时自我答责、自我负责的概括，故将其译为"答责性"较为妥当。罗克辛的答责性（Verantwortlichkeit）是由罪责要素和以预防为要旨的处罚必要性（超法规的答责阻却事由）所构成的；从处罚的必要性上来讲，一些不法行为不受到处罚的原因并不是因为行为人没有罪责，而是没有对其进行处罚的必要性。例如，一架被恐怖分子劫持的飞机即将撞塌大楼，一名士兵用导弹将其击落或者没有将其击落同样会使许多人丧命，在遇到这些两难的边缘性问题进行良心衡量时，用答责性理论的处罚必要性就能很好地解决这一问题，其原因在于没有必要对其进行处罚并使之回归社会。（［德］克劳斯·罗克辛：《刑事政策与刑法体系》，蔡桂生译，中国人民大学出版社2011年版，第76-81页。）因此从这一角度理解 Verantworlichkeit 就不仅仅包括罪责要素，而我国有学者将罪责（Schuld）也翻译成责任。［张明楷：《刑法学》（上），法律出版社2016年版，第240页］这极有可能使读者混淆此二者的概念。鉴于上述原因，本文对 Verantwortlichkeit 通篇译为答责性。

[2]　参见［德］黑格尔：《法哲学原理》，范扬、张企泰译，商务印书馆2011年版，第151页。

[3]　参见［日］久里田益喜：《日本刑法总论》，松堂1925年版，第26-27页，转引自马克昌主编：《近代西方刑法学说史》，中国人民公安大学出版社2008年版，第50页。

这意味着他默认了要承担因自己的不法行为带来的法律后果，因此必须承担由此产生的道义责任，诚如黑格尔所言："（按照）培卡利亚（贝卡里亚）的要求，对人处刑必须得到他的同意，这是完全正确的。但是犯人早已通过他的行为给予了这种同意。不仅犯罪的本性，而且犯人自己的意志都要求自己所实施的侵害应予扬弃。"[1] 进一步而言，犯罪是处刑的唯一原因，量刑的主要依据源于该犯罪行为的危害程度，不能将任何功利的借口作为其减轻或加重刑罚的依据，故前期旧派所称报应刑是一种绝对报应刑。

　　新派主张目的刑论则反对报应刑论的观点，其支持者站在决定论和社会责任论的角度来诠释刑罚的目的。决定论认为世界上任何事物受因果法则的支配，犯罪行为也包括在其中，行为人之所以犯罪是由其生理条件、心理条件及外部社会、自然环境共同决定的。社会责任论的本质是社会防卫，通过对具体行为人的评估来矫正其危险性格从而防卫社会。从以上两点可看出，新派主张的目的刑论不再是报应而是防止犯罪人再犯罪。如果从犯罪预防的角度来看前期旧派与新派之间的关系，不得不说报应刑论其实也包括犯罪预防的内容，但其预防的内容是针对不特定主体未然之罪的一般预防，而新派针对的是特定主体已然之罪的特殊预防。特殊预防的目的是防止行为人再犯罪，一般通过刑罚或保护处分来限制或消除犯罪人的犯罪条件使其在一定时期内不能再犯。新派的产生与工业革命及近代科学的发展有着密切联系，因此在对祛除行为人危险人格或者从外部限制其危害社会行为时，势必通过实证的科学方法来实现对服刑人员的特殊预防。按此观点，即使行为人是无罪责的精神病人或罪错未成年人，一旦实施了危害社会的行为则应受到保护处分，其目的是防卫社会。既然刑罚的目的是防卫社会，那么刑罚的性质与保护处分完全相同，因此以报应为主要内容的刑罚则没必要继续存续下去，故菲利在此基础上提出让保安处分完全替代刑罚的观点，学者们一般称之为保护处分的一元论（以下简称"一元论"）。至今为止，实现保护处分一元论刑法体系的法律规则并不在多数，这包括 1921 年《意大利刑法草案》（菲利草案）和 1922 年的《苏俄刑法典》。[2] 现在大多数国家采取的是二元论。

　　保护处分的二元论者认为刑罚的性质与保护处分不同，刑罚的目的是对

---

〔1〕　参见 [德] 黑格尔：《法哲学原理》，范扬、张企泰译，商务印书馆 2011 年版，第 130 页。

〔2〕　参见 [日] 大谷实：《刑事政策学》，黎宏译，中国人民大学出版社 2009 年版，第 159 页。

犯罪的报应，而保护处分的目的是社会防卫及犯罪预防；进一步而言，刑罚的基础是罪责，[1] 而保护处分的基础是行为人的危险性格；故刑法以行为成立犯罪为前提，而保护处分不以犯罪作为前提，它以行为人的人身危险性作为前提。保护处分的二元论主要由后期旧派的代表性学者毕克迈耶（Birkmeyer）所主张。他扬弃了前期旧派的观点，认为刑罚的本质是报应，这种报应是一种客观的报应，是一种对与行为人罪责相对应施加的恶害，其目的是恢复被破坏的法律秩序及满足被害人的复仇愿望。[2] 而保护处分的本质是预防犯罪，如前所述，它针对的是行为人反复犯罪的危险，它并不以行为人犯罪作为基础。换言之，即便行为人没有罪责，也可将之保护处分。从保护处分的处罚后果上来看，监禁型保护处分属不定期间，因为其目的是消除其反复犯罪的危险，与刑罚混为一谈显然不妥。但难能可贵的是，作为后期旧派的代表人物之一，毕克迈耶并不反对保护处分，认为在刑事司法中应施行将保护处分与刑罚并轨运行的模式。这种立法模式在刑事司法领域开创了保护处分与刑罚二元并轨运行的先河。

综合比较保护处分二元论与一元论来看，可以归纳为以下几个方面：（1）从目的上来看：二元论者认为保护处分与刑罚不同，刑罚的目的是报应和威慑犯罪，二元论主张的报应虽然也有预防犯罪的效果，但这种预防是通过报应

---

〔1〕 关于"罪责"一词的说明："罪责"源于德语 Schuld，也有学者将其翻译为"责任"［张明楷：《刑法学》，法律出版社 2016 年版，第 240 页］，将其译为"责任"的原因是随着客观不法性论下的不法性与责任的区分，将责任作为故意、过失的上位概念所理解。笔者对此持否定态度，应将其译为"罪责"［马克昌主编：《近代西方刑法学说史》，中国人民公安大学出版社 2008 年版，第 277 页；林山田：《刑法通论》（上册），北京大学出版社 2012 年版，第 116 页］，其原因在于德国通说采纳威尔哲尔（Welzel）的目的行为论，因此不法构成要件分为客观的不法构成要件要素与主观的不法构成要件要素，因此故意并非只存在于罪责要素当中，而过失则不应延伸至判断的评价层次，过失当中破坏社会共同生活中必要的注意义务，应属于不法构成要件的部分，至于欠缺注意的个人苛责性，则属罪责要素。诚如林山田先生所言："故意犯与过失犯在构成要件该当性的评价层次上，即应予区分，而非一直到罪责判断时予区别。"［林山田：《刑法通论》（上册），北京大学出版社 2012 年版，第 116 页］。因此，本书赞同林山田先生的观点，罪责要素仅指消极的评价要素，包括责任能力、故意或过失的罪责形态、不法意识、合乎规范行止的期待可能性等［林山田：《刑法通论》（上册），北京大学出版社 2012 年版，第 247 页］。从本书研究的主题来看，刑罚的基础是罪责，而保护处分的基础是行为人的社会危险性，那么保护处分的对象必然包括无罪责能力人，此时所称的无罪责行为当然包括"故意"这一不法要素，而用"责任"一词，显然不妥。

〔2〕 参见马克昌主编：《近代西方刑法学说史》，中国人民公安大学出版社 2008 年版，第 276 页。

和威慑犯罪进行预防，因此这种预防是一种消极的一般预防。[1]一元论者认为保护处分与刑罚得的本质相同，按照新派主张的以教育、改善及预防犯罪为主要手段的目的刑论，保护处分和皆为矫正和犯罪，因此保护处分与刑罚二者皆属于司法性质的处分。（2）从适用基础上来看：二元论者认为刑罚期限应严格恪守罪刑法定原则和罪刑均衡原则，行为人所受刑罚与罪责程度大小有关，行为人所受刑罚程度决不能超过罪责程度，正如林山田先生所言："刑罚的轻重程度不得逾越罪责的高低度，逾越行为罪责程度的刑罚，应予禁止，这即形成超量禁止（Übermaβverbot）原则"。[2]二元论者认为监禁型保护处分的期限与刑罚期限不同，保护处分以行为人的人身危险性作为评价基础，所遵循的不是罪刑法定原则或罪刑均衡原则，而是比例原则。因此，行为人保护处分的期限是不定期间，如果行为人始终有反复犯罪的危险则不能获得自由，但是不能超出比例原则的限制。而一元论者否定报应刑论，因此不管是刑罚还是保护处分，保护处分与刑罚的基础都是行为人的人身危险性。（3）从处遇对象上来看：二元论者认为必须以罪责作为刑罚的前提，而保护处分则不以罪责为前提。一元论的刑法典中没有刑罚与罪责，既然如此，对所有犯罪行为的法律后果都是保护处分，故其所处遇的基础是行为人的人身危险性，换言之，即使行为人是没有罪责能力（Schuldfähigkeit）的精神病人或罪错未成年人，也可以就其不法行为科以刑事制裁。

　　保护处分的二元论与一元论之争毕竟是新派与旧派论战的产物，虽然绝大多数的国家和地区施行保护处分，但关于保护处分的论战并未止息：（1）在二元论中，尽管保护处分在性质上与刑罚不同，但从效果上来看，这种将刑罚与保护处分并科执行的方法实际上是一种"二次刑罚"，即以保护处分的名义对行为人处以与刑罚内容相同的处罚，因为对行为人个人来说都是剥夺自由，诚如日本学者大谷实先生所言："……以保护处分（或刑罚）的名义又科处同样内容的刑罚，无非是一种'挂羊头卖狗肉'式的欺骗把戏而已。"[3]（2）一元论饱受诟病的根源是新派刑法学家菲利从本质上彻底否认报应刑论和意志自由论。因此。他所主张的刑法典就是没有罪责的刑法典。行为人作

---

　　〔1〕　与以刑罚威慑作为主要目的消极的一般预防相对应还有积极的一般预防：是指增强其他民众对法律的忠诚来预防犯罪（张明楷：《责任刑与预防刑》，北京大学出版社2015年版，第59页）。

　　〔2〕　参见林山田：《刑法通论》（上册），北京大学出版社2012年版，第49页。

　　〔3〕　参见［日］大谷实：《刑事政策学》，黎宏译，中国人民大学出版社2009年版，第164页。

出任何举动虽然与外部环境有密切关系，但决不能完全否认其自己的主观意愿。其原因在于决定论的支持者并没有证明出行为不受意志自由因素的影响，故犯了过度概括的逻辑错误，因此不管是意志自由论抑或是决定论，都不可能是行为人作出举动的唯一理由，所以意志自由值得刑法保护。其次，完全否认报应刑论和意志自由论的一元论体系是一种理想状态，但从现有的科学基础来看，一元论者构建的刑法体系不可能实现，因为不可能完全依靠仅针对行为人的人身危险性来定罪量刑。最后，由于针对人身危险性评估技术的缺失和不完善，一元论最终会导致法官自由裁量权的扩大，这势必会导致对行为人量刑畸重或畸轻的结果，不利于保障人权及保护法益。综上，刑罚与罪责在刑法体系中有继续存在的必要性，尽管保护处分的二元论有缺陷，本书仍赞同保护处分的二元论。

（二）保护处分的法律性质

关于保护处分的法律性质的讨论是指：保护处分到底属于刑事法律性质还是属于行政法律性质的问题。这一问题的根本原因是我国刑法中并没有明文规定保护处分，而只有类似于保护处分性质的司法处分，因此，学者对保护处分的法律性质说法不一。张明楷教授认为保护处分原则上是一种行政处分；[1]刘仁文教授认为保护处分是一种刑事处遇措施，[2]持此观点的还有屈学武教授；[3]徐久生教授认为保护处分是一种兼有刑事法律性质和行政法律性质的制裁措施。[4]笔者赞同刘仁文教授及屈学武等教授的观点，即保护处分是一种具有刑事法律性质的处遇措施，原因有以下几点：

第一，保护处分在刑法体系中是一种除刑罚外的犯罪的法律后果。所谓法律后果是指法律对行为赋予法律意义的结果：如果该法律对行为人有利则属于肯定性法律后果，不利则属于否定性法律后果，犯罪行为当然属于否定性法律后果，其主要表现就是以刑罚为主的制裁措施。[5]这里所说的犯罪的法律后果与刑事责任含义等同，与上文所说的罪责含义不同：罪责（Schuld）

---

〔1〕 参见张明楷：《刑法学》，法律出版社 2016 年版，第 639 页。

〔2〕 参见刘仁文：《劳动教养的改革方向应为保安处分》，载刘仁文主编：《废止劳教后的刑法结构完善》，社会科学文献出版社 2015 年版，第 305 页。

〔3〕 参见屈学武：《一体两支柱的中国刑事法体系构想》，载《法学研究》2008 年第 3 期。

〔4〕 参见徐久生：《保安处分新论》，中国方正出版社 2006 年版，第 127 页。

〔5〕 参见张明楷：《刑法学》，法律出版社 2016 年版，第 497 页。

是行为能够成立犯罪的一个要素，如果行为人的一个行为符合犯罪的构成要件且具备不法性要素，但不具备罪责要素，则不构成犯罪；而刑事责任一般是在犯罪的法律后果意义上的概念，承担刑事责任的形式不单是刑罚，还包括非刑罚处罚措施、保护处分性质的处罚及单纯宣告有罪处罚，因此从这个层面上，犯罪的法律后果等同于刑事责任。我国刑法没有系统规定保护处分，其散见于刑法条文中，具体包括四种类型：（1）精神病人强制医疗程序。根据《中华人民共和国刑事诉讼法》（以下简称《刑事诉讼法》）第 302 条之规定，对不负刑事责任且具有继续危害社会可能的精神病人，可对其实施强制医疗。可以说，强制医疗程序与保护处分针对精神病人监禁型保护处分颇为相似，其裁决权归于法院，法院组成合议庭根据诊断评估报告在法定期限内作出是否进行保护处分的裁决。需要注意的是，精神病人的强制医疗期限并没有上限，根据《刑事诉讼法》第 306 条之规定，如果想解除精神病人的强制医疗，需由强制医疗机构或被强制医疗的近亲属提出解除强制医疗的申请，法院才可解除强制医疗。而法院裁决是否解除强制医疗的唯一凭证即为精神病人诊断报告，这一诊断报告唯一来源是强制医疗机构的诊断报告，如果仍具有人身危险性，则不能解除强制医疗。（2）从业禁止。根据我国《刑法》第 37 条之一的规定，因职业犯罪或违背特定义务犯罪判处刑罚的，法院可禁止其在刑罚执行完毕或假释之日起从事相关职业。这一条是 2015 年 8 月全国人大常委会《中华人民共和国刑法修正案（九）》（以下简称《刑法修正案（九）》）新规定的条款，旨在我国刑法体系中构建限制自由型保护处分。（3）驱逐出境。我国《刑法》第 35 条规定："对于犯罪的外国人，可以独立适用或者附加适用驱逐出境。"（4）没收财产。没收财产是附加刑的一种，与前三种保护处分不同，没收财产是一种对物的保护处分，具体规定在我国《刑法》第 59 条。

第二，法院是裁决保护处分的唯一机关。从各国和地区的立法例来说，保护处分都要经过法院的裁决才可执行。例如，德国《刑法》第 61 条至第 72 条之规定，也就是总则第三章第六节 "改善和保护处分"（Maβregeln der Besserung und Sicherung）规定剥夺自由的处分、行状监督、剥夺驾驶许可以及职业禁止都由法院裁决。[1]如此规定是因为法院在整个保护处分的过程中充当着居中

---

[1]　参见《德国刑法典》，冯军译，中国政法大学出版社 2000 年版，第 31-44 页。

裁判的作用，由法官裁决可以平衡追诉人和被追诉人二者之间关系。从我国的法律体系来看，曾经盛极一时的劳动教养制度和现有的专门教育、收容教育、强制戒毒制度类似于保护处分的某些特征，但其法律性质与保护处分不同。先说已被废止的劳动教养制度，该教养制度不是保护处分。劳动教养制度是一种中国特有的法律制度，在不同的历史时期内容亦不相同。这一制度的历史原型是新中国成立后政府对无业游民、妓女清理、改造和安置的生产教养治理经验，在之后的"肃反运动"中再次被提及。废止前劳教制度的主要法律依据是 1982 年公安部发布的《劳动教养试行办法》和 2002 年公安部的发布《公安机关办理劳动教养案件规定》。劳动教养制度在缩小刑事犯罪打击面的前提下矫正轻微不法行为，在一定时期内对维护社会治安和预防犯罪发挥着极其重要的作用，但由于这套法律制度从根本上违背《中华人民共和国立法法》（以下简称《立法法》），并且程序本身缺乏法律监督，不利于人权保障，故中共中央在 2013 年决定彻底废止劳动教养制度。废止前劳动教养制度的决定机关是公安机关，其评价方式从本质上来说仍是从行为评价，只是这些行为不足以科处刑罚才对行为人处以劳动教养，因此公安机关在决定是否对行为人采取劳教前，并不需要人身危险性评估。这与保护处分的评价方式不同，尤其是法官对行为人裁决监禁型保护处分时，必须经过人身危险性评估方可裁决。若将保护处分与劳动教养作比较，只能说二者有相似之处：二者处遇对象都包括累犯、不够刑事处罚的少年犯等；再者，监禁型保护处分与劳动教养的执行方式都是以剥夺行为人的人身自由作为基础。再说收容教育、专门教育、强制戒毒等制度，学界上通常将其称之为"大劳教"，而上文所述已被废止的劳动教养制度是指狭义上的劳动教养制度。[1]从法律性质上来说，这些制度都不属于保护处分，而属于行政强制，其具体规定散见于我国刑法之外的法律及行政法规。例如，强制戒毒治疗的法律依据是《中华人民共和国禁毒法》（以下简称《禁毒法》）第 38 条强制隔离戒毒的规定。再如，强制治疗卖淫者性病的收容治疗的法律依据是全国人大常委会制定的《关于严禁卖淫嫖娼的决定》。毋庸置疑，"大劳教"的决定机关亦是公安机关，从之前的推论可知，这些制度并不具备保护处分的法律性质，仍属于行政法律性质。

---

〔1〕 参见张舟逸：《"类劳教"待改革》，载《财经》2013 年第 27 期。

### 三、人身危险性界定

保护处分是以行为人具有人身危险性作为理论基础的，其旨在社会防卫。当行为人实施不法行为并且具有人身危险性时才可对其科处保护处分。这是因为监禁型保护处分的处罚并不以罪责为前提，而是以行为人的人身危险性作为前提。何谓人身危险性？学者对这一概念存在分歧，所以在介绍监禁型保护处分具体类型之前，首先应弄清楚人身危险性的概念。

关于人身危险性概念有三种不同说法。第一种观点认为，人身危险性是指行为人再犯风险性（或称"再次犯罪的可能性""再犯之虞"）。按照这种观点，行为人只要在实施了符合构成要件的不法行为后，有再次犯罪的可能性，即可对其实施保护处分。[1]第二种观点认为，人身危险性除了再犯可能性之外，还包括初犯之虞，故人身危险性应当是初犯可能性和再犯可能性的统一。[2]第三种观点认为，人身危险性是指有可能实施危害社会的所有行为，不仅包括刑法意义上的初犯之虞和再犯之虞，还包括一般意义上的不法行为。[3]

笔者赞同第一种观点——人身危险性即再犯风险性。严格来说，无罪责能力行为人在实施了对社会具有危害的行为之后，并非完全没有罪责，而是罪责过小没有达到可以利用刑罚非难的程度。按照罗克辛的说法，仅仅利用罪责刑罚（Sculdstrafe）不足以使一般公众在这种危险下得到充分保护，因此需要以社会防卫和行为人矫正为要旨，采取一些特殊防卫措施，此即保护处分。[4]例如，对于罹患精神病者实施严重暴力的行为后，有必要对其采取强制医疗措施安置在精神病院与公众隔离起来，其正当性依据并非罪责刑罚，而是保护处分。因此对于以矫正和社会预防为要旨的保护处分其所遵循的原则不再是罪责原则而是更高层级的比例原则，关于保护处分与比例原则的关系，下文将会详细论述，在此不再赘述。笔者之所以赞同第一种观点，正是因为该观点强调实施保护处分的先决条件是行为人实施了符合构成要件的行

---

〔1〕　参见［日］大谷实：《刑事政策学》，黎宏译，中国人民大学出版社2009年版，第161页。

〔2〕　参见陈兴良：《刑法哲学》，中国政法大学出版社1992年版，第130页。

〔3〕　参见张明楷：《外国刑法纲要》，清华大学出版社1999年版，第540页。

〔4〕　参见［德］克劳斯·罗克辛：《德国刑法学 总论：犯罪原理的基础构造》（第1卷），王世洲译，法律出版社2005年版，第51页。

为。因为构成要件的符合性是按照刑法分则来积极地证立犯罪的不法要素，罪责作为一种排除犯罪的消极事由，自然将无罪责能力的行为排除在罪责刑罚之外。对于无罪责能力人来说，这些行为由于具备社会危害性，故本应当受到刑法的非难。

以上所说的还只是保护处分的先决条件，对行为人科处保护处分的正当性依据其实是行为人具备再次犯罪的风险，这种再次犯罪的风险其实是一种反复犯罪的可能性。当代刑罚与保护处分有两个共同目标，都是为了消除已然之罪和预防未然之罪。从保护处分的角度来讲，其重心更偏向于预防未然之罪上。既然要预防犯罪，则需从祛除行为人之再犯风险着手。当然，将保护处分的重心置于"再犯风险评估和矫正"，是从犯罪的规律角度理解得到的结论。犯罪规律是犯罪学重要的研究范畴，有关犯罪规律的概念的理解包括因果中心说、[1]概率中心说，[2]笔者都不认同，而赞同白建军教授的说法，即将因果中心说和概率中心说二者结合起来定义的方法，其认为犯罪规律是指："犯罪现象中客观存在的本质联系，它的反复作用，使得犯罪现象中的相关联系重复出现，以至于人们可以据此预见、预防和控制犯罪。"[3]想要控制犯罪必须首先控制犯罪率的上升，从规范的意义上来说，降低再犯率是降低犯罪率的关键要素。理论上来讲，受保护处分人与大多数受刑处罚的服刑人员相比，其优势在于这种处遇方式作为一种矫正行为人轻型不法行为的手段，具有极高的针对性，这一特性使被保护处分人能够得到更好的再犯风险矫正，从而使之更容易回归社会。

再回头看人身危险性的第二种观点，不仅包括行为人再犯之虞，还包括初犯之虞，承认初犯之虞其实等同于承认未然犯之虞。因此，按照陈兴良教授早年的观点，大体有三类主体具备初犯之虞：其一是有潜在犯罪主体的行为人；其二是有可能对实施犯罪行为人及其近亲属实施报复行为的被害人；其三是预测有可能成为潜在犯罪行为人。[4]从广义的角度来说，人身危险性

---

〔1〕 参见林东品：《犯罪成因过程论》，载肖建鸣、皮艺军主编：《罪之鉴：世纪之交中国犯罪学基础理论研究》（上），群众出版社2000年版，第450页。

〔2〕 参见［德］汉斯·约阿希姆·施奈德：《犯罪学》，吴鑫涛、马君玉译，中国人民公安大学出版社1990年版，第33页、第339页。

〔3〕 参见白建军：《关系犯罪学》，中国人民大学出版社2014年版，第260页。

〔4〕 参见陈兴良：《刑法哲学》，中国政法大学出版社1992年版，第100页。

当然包括初犯之虞和再犯之虞，只要是具备实施不法行为的可能性，一定包括初次犯罪的可能性。例如，现在的恐怖主义犯罪通常采取的是一种"独狼式"（lone wolf）恐怖活动，这些"独狼"恐怖分子通过互联网招募、训练成为社会重大的潜在隐患。当然，我国在《刑法修正案（九）》中增设了帮助恐怖活动罪、准备实施恐怖活动罪等罪名。刑法的提前介入反映了恐怖活动犯罪的严重性，而创设这些罪名正是建立在未然犯之虞基础之上。但是，从保护处分的处罚依据而言，这种观点显然不合适。首先从技术上而言，离开实施不法行为基础而判断该行为人是否具备人身危险性基本上不可能实现。例如，一个深居简出的"宅男"在看完大量色情录像之后欲强奸邻家小妹，在实施强奸行为之前，我们不可能据此对其进行保护处分评估甚至执行保护处分。其次，将保护处分的对象扩张初犯不仅不利于人权保障，还有悖于刑法的谦抑性原则。因此从保护处分的角度而言，并不适合将初犯之虞纳入人身危险性的概念中。

第三种观点也不妥当，其外延除了包括第二种观点刑法意义的初犯之虞和再犯之虞，还包括一般意义的不法行为。对于"一般意义上的不法行为"之表述含混不清，无法判断该行为是否为刑法犯罪论中所称的"不法行为"，因为很可能将其理解为行政不法行为。上文已述，保护处分是一种具有刑事性质的法律后果，在刑法体系中对刑罚起着补充、替代的作用，这从本质上就否定了保护处分具备行政处罚性质的可能性。当然，这种观点所主张的人身危险性在行政法中似乎有一定道理，例如《中华人民共和国治安管理处罚法》（以下简称《治安管理处罚法》）中规定的诸多不法行为同样具备行政法意义的人身危险性，但是这种意义的人身危险性并不是本书研究的主题。

## 第二节　保护处分渊源及发展

保护处分作为近代西方刑法思想的产物，对大陆法系的刑法理论、刑事政策理论体系及刑事立法有着深刻的影响，该理论是新派所主张的内容，也是报应刑论向目的刑论转型的结果。正如我国学者屈学武教授所言："保安处分……是刑罚理论革故鼎新的理论结晶。"[1]保护处分最早由德国刑法学家克

〔1〕　参见屈学武：《保安处分与中国刑法改革》，载《法学研究》1996年第5期。

莱因（Klein）于 18 世纪末提出，他在《保护处分的理论》中首次将保护处分与刑罚相区分，并指出保护处分是以行为人的人身危险性的不定期处分，其后在 1794 年普鲁士地方法的刑事编中规定了保护处分。[1]但是由于缺少系统犯罪心理学及监狱改革的知识，将不定期间的保安刑罚（Sicherheitsstrafe）引入刑罚制度改革意见并不是很强烈。[2]保护处分理论思想真正付诸刑事司法的标志性事件是 1893 年瑞典刑法学家斯托斯（Stoos）负责编纂的《瑞士刑法草案》（亦称"斯托斯草案"）。保护处分尚未在各国立法之前，散见于各国际学术会议，这不仅极大促进了其理论发展，还为保护处分日后在各国立法奠定了基础。通常来说，对保护处分影响较大的包括万国监狱会议、国际刑罚会议、国际刑法年会和刑法统一会议。例如，在 1910 年的华盛顿国际监狱会议，将许多有关保护处分的内容列入会议讨论当中，会议决议认为，对少年犯应当加以改善教育，应当将惯犯与普通犯加以区别对待，对醉酒者应当进行治疗等。[3]对保护处分讨论和实践，推进了该理论制度化的进程，逐步形成了当今部分国家和地区的保护处分体系。而追根溯源，影响保护处分最早并且最深的理论是新派理论。

　　新派理论的发展与 19 世纪末自然科学的发展有着密切的联系，与前期旧派的逻辑理性和哲学思辨不同，新派促进了社会科学研究的方法论上的革命。当时，受工业革命的影响，资本主义经济迅速发展，使得垄断资本主义急剧扩张，在这一过程中，大量人口涌入城市，贫富差距不断扩大，贫穷、失业、酗酒、卖淫、吸毒等社会现象层出不穷，犯罪率迅速上升。而在激增的犯罪率面前，前期旧派明显乏力，为了维护社会治安、抑制犯罪发生，统治者们逐渐意识到必须用新的犯罪对策才能治理社会，这些原因进一步推动了新派的出现。新派分为刑事人类学派和刑事社会学派，下文主要从新派的两个分支学派阐述其学说对保护处分的理论贡献。

---

〔1〕 参见樊凤林主编：《刑罚通论》，中国政法大学出版社 1994 年版，第 692 页。

〔2〕 参见［德］汉斯·海因里希·耶赛克、托马斯·魏根特：《德国刑法教科书》，徐久生译，中国法制出版社 2001 年版，第 103-106 页。

〔3〕 参见徐久生：《保安处分新论》，中国方正出版社 2006 年版，第 13 页。

## 一、刑事人类学派对保护处分的影响

（一）龙勃罗梭对保护处分的影响

刑事人类学派的创始人是意大利犯罪学家切萨雷·龙勃罗梭（Cesare Lombroso）。龙勃罗梭作为"犯罪学之父"，对保护处分理论产生了深刻的影响，为后世留下了宝贵的学术财富。概括起来主要包括以下几个方面：

首先，在方法论上为保护处分的理论研究奠定了基础。受近代生物学家达尔文进化论的影响，龙勃罗梭创立天生犯罪人论（或译为"生来犯罪人"，delinquente nato），其通过实证的方法对 383 名死刑犯人的头盖骨进行解剖，发现这些犯罪人具有一系列不同于正常人的解剖学特征，从而在犯罪原因上提出了著名的"天生犯罪人论"。他认为有些犯罪人具备异于现代文明社会的传统的行为和心理特征，是"生活在文明时代的野蛮人"，所以这些人自出生时就具备犯罪性，而决定这一异常因素的是隔代遗传（或称"返祖现象"）。正如他所言："那些最恐怖的、最不人道的犯罪也有着生理上的、返祖的缘由，也起因于某些兽性的本能；教育、环境和对刑罚的惧怕，使这种本能在人身上减退，但是，当受到一定的环境影响时，它们就会突然萌发。"[1] 天生犯罪人论一经提出，立即受到诸多学者的反对，因此在他晚期的著作中降低了天生犯罪人在总犯罪人数中的比例，并逐渐将患有癫痫症、精神病的犯罪人与隔代遗传的犯罪人相区别，将其视作不同的类型。[2]但不可否认的是，正是龙勃罗梭先生的不懈努力开创了刑法学、犯罪学新派实证研究方法的先河，产生了完全不同于前期旧派的实证研究方法，在方法论上对保护处分的理论研究奠定了基础。

其次，社会责任论的认为刑罚的本质是"预防"而非"报应"，这使得刑事学科的研究方向由客观主义为哲学基础的"行为"转向主观主义为基础的"行为人"。按照前期旧派道义责任论的观点，刑事责任是建立犯罪人的意志自由的基础上，因为人是具有自由意志的，而基于自由意志所实行的行为

---

〔1〕 参见［意］切萨雷·龙勃罗梭：《犯罪人论》，黄风译，北京大学出版社 2011 年版，第 227 页。

〔2〕 参见马克昌主编：《近代西方刑法学说史略》，中国检察出版社 2004 年版，第 169 页。

及结果应当归属于行为人，并应受道义上的责难。[1]龙勃罗梭先生针对前期旧派的观点，提出了社会责任论：根据功利主义的观念，刑罚的本质不是报应而是预防，因此应从犯罪人的人身危险性出发，将矫正行为人、预防其再犯危险作为刑罚目的，故刑罚存在的根据应当立足于未然之罪而非已然之罪。社会责任论认为决定犯罪的因素并不是行为人的自由意志，而是由行为人的生理特征、自然因素以及社会因素共同决定的。龙勃罗梭在《犯罪及其原因和矫治》中指出犯罪受到气象与气候、月份及高温、地质、种族、文明程度、人口压力、人口密度、移民、出生率、酗酒、教育、经济、宗教、遗传等诸多社会因素、社会因素和生理因素的影响，例如在说到经济因素对犯罪原因的影响时，他指出："在极度贫困的野蛮和盛行的地区，如在科西嘉，人身犯罪在增加，简单的盗窃犯罪也在增加"。[2]

最后，在刑罚观念上提出特别预防论。前期旧派主张一般预防。一般预防的理论基础是报应主义，即对行为人所科处的刑罚应与其已然之罪相适应。龙勃罗梭反对前期旧派一般预防的观点，通过对犯罪原因的分析，他认为一般预防不可能对天生犯罪人起到威慑作用，必须通过矫正和治疗的方法才能改善犯罪人从而预防其再次犯罪。例如他说："仅仅镇压犯罪是不够的，我们必须努力预防犯罪。如果我们不能阻止犯罪的发生，我们至少应当寻找减少犯罪原因对于偶然犯罪人、少年犯罪人和瘾癖型犯罪人产生影响的方法；对于这些犯罪原因，我们已经进行了研究并且还在进行研究。"[3]因此，特殊预防主张应以实证主义为基础，根据不同的犯罪采取不同的矫正方法，故特殊预防也称个别预防。特殊预防主义不仅为保护处分奠定了实质基础，还对刑罚理论产生了深刻的影响。按照特殊预防理论，刑罚的目的不仅是单纯的报应，还包括矫正和预防，更有人主张让保护处分替代刑罚，此即为保护处分的一元主义。关于保护处分一元主义和二元主义之争，将涉及保护处分的性质，在本章第二节已详述，研究在此不表。

---

[1] 参见郝守才等：《近代西方刑法学派之争》，河南大学出版社2009年版，第418页。

[2] 参见［意］切萨雷·龙勃罗梭：《犯罪及其原因和矫治》，吴宗宪译，商务印书馆2022年版，第217页。

[3] 参见［意］切萨雷·龙勃罗梭：《犯罪及其原因和矫治》，吴宗宪译，商务印书馆2022年版，第367页。

（二）加罗法洛对保护处分的影响

刑事人类学派的另一位代表是意大利犯罪学家加罗法洛（Baron Rattaele Garofalo）。作为龙勃罗梭的门徒，加罗法洛进一步发展了刑事人类学派的观点，对保护处分产生了深刻的影响，具体表现在：

第一，将服刑人员分为自然犯和非自然犯（即"法定犯"）。他认为，自然犯是真正的、本质的犯罪；自然犯罪的本质是恶劣的，法定犯罪的本质不一定是恶劣的。[1]对于这些服刑人员，龙勃罗梭注重行为人的心理学因素和人类学因素，对其采用个别化的处遇方法。加罗法洛与刑事社会学派的代表菲利（Ferri）不同，他认为自然犯的犯罪原因是本身的生理缺陷，与社会环境及法律政治文明无关，故对其所适用的犯罪对策应着眼于他们的心理活动。因此，加罗法洛的刑罚观也与前期旧派所主张的报应主义有本质上的变化，他主张不应科处无用的刑罚，必须以预防和矫正犯罪作为其根本出发点。所以，刑罚的根据是"与服刑人员个性有关的所有因素，包括服刑人员的精神、天性和特性。"[2]可以说，加罗法洛所主张的针对自然犯的处遇理念是保护处分的针对个人的评估和矫正理念的渊源之一。

第二，加罗法洛结合达尔文先生的生物进化理论和斯宾塞的犯罪人赔偿理论，提出了三种消除犯罪人的分类方法：其一，完全淘汰法：将犯罪人从社会环境中绝对消除，使犯罪人与社会失去联系的方法；其二，不完全的淘汰方法：将犯罪人从他不适应的特定环境中隔离开来的方法；其三，强制性赔偿：强制犯罪人赔偿其犯罪所造成的损害方法。[3]对保护处分影响较深的主要是不完全淘汰方法。不完全淘汰方法是一种较淘汰方法较轻的刑罚方法，大体上包括监禁型和非监禁型两种处罚方法。监禁型处罚方法包括长期监禁和终身监禁；非监禁型处罚方法包括流放原始部族、流放安置、剥夺政治权利或民事权利。不完全淘汰方法的刑罚理念与前期旧派的刑罚理念不同，因为本质上来说，不完全淘汰方法是一种替代刑罚的方法，其目的还是预防

---

〔1〕　参见马克昌主编：《近代西方刑法学说史略》，中国检察出版社 2004 年版，第 178 页。

〔2〕　参见［意］加罗法洛：《犯罪学》，耿伟、王新译，中国大百科全书出版社 1996 年版，第 273 页。

〔3〕　参见［意］加罗法洛：《犯罪学》，耿伟、王新译，中国大百科全书出版社 1996 年版，第 197~206 页。

和矫正犯罪，此即为保护处分的渊源之一。例如，非监禁型不完全淘汰方法中的禁止服刑人员从事一定职业即为限制自由型保护处分中禁止令的渊源之一。

### 二、刑事社会学派对保护处分的影响

#### （一）李斯特对保护处分的影响

刑事社会学派秉承并发展了新派的观点，德国刑法学家弗兰茨·冯·李斯特（Franz Von Liszt），为刑事社会学派的创始人之一，李斯特不仅为刑法学和犯罪学作出巨大贡献，还是现代刑事政策的奠基人。就保护处分理论的贡献而言，主要包括以下几个方面：

第一，李斯特认为刑罚的目的是保护法益，只有必要的刑罚才是公正的刑罚；因为刑罚本身就是通过破坏法益来保护法益，所以必须做到手段与目的适应才能尽可能地节制刑罚。[1]为了实现保护法益，根本效果在于使行为人不再危害社会，因此必须依靠对不同的行为人采取不同的方式才能达到矫正效果，这就说明仅仅依靠报应刑论的威慑手段根本无法满足特殊的要求。与其他新派学者所不同的是，李斯特并不反对报应刑论，而是强调以一般预防为要旨的报应刑论和以特殊预防为要旨的目的刑论应在刑罚体系中并存。因此，他主张在刑罚之外应有一套专门的保护处分制度来预防犯罪，这就为保护处分的制度化提供了基础。正如他所言："在与犯罪作斗争中，刑罚既非唯一，也非最安全的措施。对刑法的效能必须批判地进行评估。出于这一原因，除刑罚制度外，还需要建立一套保护处分制度。"[2]

第二，基于李斯特对报应刑论和目的刑论的折中看法，他主张应将刑罚与保护处分加以区分。换言之，李斯特主张保护处分的二元论。但是，他认为作为教育和改造服刑人员的手段来说，二者之间具有当然的可替代性，从发展方向来说，应当是转向二者不加区分的一元论（保护处分的一元论）。[3]他认为报应刑论的唯一有根据和富有成效的形式是保护刑，对已然之罪的处罚并不排

---

〔1〕 参见徐久生：《冯·李斯特生平及刑法思想》，载［德］冯·李斯特：《论犯罪、刑罚与刑事政策》，徐久生译，北京大学出版社 2016 年版，第 5 页。

〔2〕 参见［德］李斯特：《德国刑法教科书》，徐久生译，法律出版社 2006 年版，第 9-10 页。

〔3〕 参见马克昌主编：《近代西方刑法学说史略》，中国检察出版社 1996 年版，第 195 页。

除预防犯罪。换言之，对服刑人员的惩罚并不排除预防。[1]所以他认为法官在科处定期的自由刑之际，必要时可以处以不定期的保安拘禁。[2]这种做法为现今二元制刑罚体系（即保护处分与刑罚双轨运行的刑罚体系）提供了理论依据。

第三，刑罚的本质与保护处分不同，刑罚关注的是罪行的轻重，而保护处分关注的是行为人的人身危险性。所以显然不能按照原来法教义学的研究方法研究保护处分，但是也不应当片面强调犯罪人类学的研究结果，应将与刑事学科相关的犯罪社会学和犯罪心理学亦步亦趋地纳入刑事科学的研究体系，并依此来研究行为人的人身危险性、人格、生长环境等一系列犯罪因素。

第四，李斯特认为刑罚执行体系与刑事立法体系格格不入，其原因在于刑法学感兴趣的并不是人，而是概念，但是刑事判决最终的落脚点不在于判决本身，而在于刑罚执行。他说："刑事判决只用通过刑罚执行，才具有实际的内容和意义；同样是 3 年监禁，不同的监狱来执行这 3 年监禁，3 年的监禁往往具有完全不同的意义，或者说，虽然说法一样，都是 3 年监禁刑，但由于执行方式不同，本质上有可能完全不一样。不是法官，而是监狱的负责人决定了法官判决的意义和内容；是监狱的负责人，而不是立法者赋予刑法典的空洞的刑罚威慑以生命的活力。监狱负责人集立法权和司法权于一身。"[3]因此，他提出了许多刑罚执行方面的建议。除了具体的监狱改革意见之外，他还提出了一系列刑罚之外的保护处分措施，其中就包括无罪责能力人保护处分的最早理论依据。精神病人与正常人之间责任能力本质的不同是由于犯罪动机的不同，故正常的刑罚对精神病人无效，应与监狱相区别，设立专门场所治疗精神病人。对罪错未成年人实施不法行为的处遇方式是强制教养，应当设立特别的教养管理机构，教养院包括国家教养院和私人教养院，二者都受国家教养管理机构直接监督，院长必须由多年从事该行业且有实际工作经验的神职人员或受过高等教育的教师担任，教养院的位置、建筑社会以及学

---

〔1〕　参见［德］冯·李斯特：《论犯罪、刑罚与刑事政策》，徐久生译，北京大学出版社 2016 年版，第 39 页。

〔2〕　参见马克昌主编：《近代西方刑法学说史略》，中国检察出版社 1996 年版，第 195 页。

〔3〕　参见［德］冯·李斯特：《论犯罪、刑罚与刑事政策》，徐久生译，北京大学出版社 2016 年版，第 243 页。

院的上课都必须由法律规定。[1]

（二）菲利对保护处分的影响

意大利犯罪学家菲利（Enrico Ferri）作为龙勃罗梭的另一位高徒，起先是刑事人类学派的代表之一，而后又转入刑事社会学派。他修正了天生犯罪人理论，并发展了新派的犯罪原因论、犯罪饱和论、犯罪人类型论、社会责任论等一系列理论。他的思想不仅极大丰富了犯罪学理论，改变了晚年龙勃罗梭的学术思想，还是保护处分制度最早的倡导者之一，对保护处分理论完善及制度构建功不可没，具体来说：

首先，菲利认为犯罪的原因不仅受人类学因素的影响，还受自然因素、社会因素的影响：人类学因素是指生理、心理及种族等因素对犯罪的影响；自然因素是指气候、土壤状况及昼夜长度等；社会因素是指能够诱发犯罪的诸多因素，包括家庭状况、教育环境、宗教信仰、公共管理、司法状况等因素。菲利的新犯罪原因论与龙勃罗梭先生的犯罪原因论相较而言，更加立体、全面地阐述了犯罪原因。除此之外，菲利还主张犯罪饱和论。这种理论从犯罪社会学的角度提出两个命题：第一，犯罪的规律性不是机械的，而是一种动态的规律性，这种规律性是指环境与犯罪数量之间保持着一定的比例；第二，刑罚措施的实际效果非常有限，必须依靠其他方法才能矫正犯罪。[2]由于犯罪原因理论和犯罪饱和论的提出，使得菲利更加关注对服刑人员的矫正。他认为应当将服刑人员当成"病人"来"医治"，这种"病"称之为人身危险性，根据不同的病情"对症下药"才能有效地治理犯罪。犯罪人由于不同的生理特征及成长背景，所体现出来的犯罪特征亦不同，因此要想把握不同人身危险性的特征，十分困难。菲力依据不同犯罪人的特征，将其划为五类：天生犯罪人、精神病犯罪人、习惯性犯罪人、机会性犯罪人（偶发性犯罪人）、激情性犯罪人。[3]菲利对犯罪人分类是为了"因人施罚"，其根本目的是根据不同的服刑人员类型预防和矫正犯罪。这五种犯罪人的分类方法是保

---

〔1〕 参见［德］冯·李斯特：《论犯罪、刑罚与刑事政策》，徐久生译，北京大学出版社2016年版，第157-160页、第320-325页。

〔2〕 参见马克昌主编：《近代西方刑法学说史》，中国人民公安大学出版社2008年版，第209页。

〔3〕 参见［意］恩里科·菲利：《犯罪社会学》，郭建安译，中国人民公安大学出版社2004年版，第9页、第90页、第134页、第181页、第183页。

护处分分类矫正的渊源之一，尤其是精神病服刑人员和习惯性服刑人员至今仍是一些国家保护处分的类型之一。

　　其次，菲利继承并发展其恩师龙勃罗梭的观点，反对前期旧派主张的道义责任论，主张社会责任论。前文已述，前期旧派的道义责任论认为犯罪是基于行为人本身的自由意志所实施的行为，滥用这种意志自由必然受到社会的非难，此即为责任非难的基础，因此刑罚的主要目的在于通过刑罚报应行为人，故其受的刑罚称为报应刑论。而社会责任论认为刑事责任的本质是防卫社会，其刑事责任的基础是行为人的人身危险性。按照他的犯罪原因论，行为并非取决于行为人的自由意志，而是由其内部的生理原因和外部的自然、社会原因共同造成，这就形成了不同人格特征。所以，行为应当是行为人的人格特征及外部刺激共同造成的结果，行为本质的不同还是基于其人格特征的不同。正如日本学者木村龟二先生所言："人与其他一切生物相同，具有的那种有机体、独特的生理以及心理状态，即使给予相同的外部刺激，其反应的方式也是因人而异。"[1]因此，社会责任论主张应当根据行为人不同的危险性，施以不同的处遇措施。而实现这一目的方式除了刑罚，还有保护处分。

　　最后，菲利不仅为保护处分奠定了理论基础，还为保护处分的制度化构建奠定了基础。1921 年，菲利主持起草了著名的《意大利刑法草案》（亦称"菲利草案"），该草案的理论基础是保护处分的一元论，即用保护处分来完全替代刑罚。保护处分的一元论主张完全废除报应刑论，应将刑罚的目的完全放在预防犯罪上，通过保护处分这种替代刑罚的措施，减少、消除犯罪。其实菲利的替代刑罚思想不仅体现在保护处分的一元论上，还体现在其他刑事政策上。例如，他列举了经济、政治、科学、立法、行政等领域刑罚替代措施，诸如移民自由、改革税制、增加就业机会、以金属币代替纸币减少伪造、改善选举制度从而协调政府和民众愿望、改善街道照明条件以及确立一项有关卖淫的明知规则等一系列措施来预防犯罪。[2]但由于菲利过于贬低刑罚的价值，使得刑罚彻底被保护处分所取代，因此"菲利草案"是一部无责任的刑法，这也为其最终搁浅埋下伏笔。尽管"菲利草案"最终没能实现，

----

　　〔1〕　参见［日］木村龟二：《刑法学入门》，有斐阁 1957 年版，第 248 页，转引自马克昌主编：《近代西方刑法学说史》，中国人民公安大学出版社 2008 年版，第 216 页。

　　〔2〕　参见卢建平主编：《刑事政策学》，中国人民大学出版社 2013 年版，第 47 页。

但他对后世各国和地区构建保护处分制度铺垫了良好的理论基础。

总体来说，新派理论通过对前期旧派理论的批判及反思，逐步形成了以实证主义为理论基础的现代刑事科学研究体系。这套理论体系通过犯罪心理学、犯罪人类学、犯罪社会学等一系列新研究方法来反对前期旧派理论：在研究重点上，主张研究应侧重行为人而非行为；在责任论上，主张社会责任论而非道义责任论；在犯罪原因上，主张社会决定论而非意志自由论；在刑罚论上，主张目的刑论而非报应刑论；在研究方法上，主张借鉴心理学、统计学、社会学等学科的研究方法，以实证主义的哲学思想指导研究。由于保护处分的研究重点在于行为人的危险人格（人身危险性），势必导致以目的刑论为要旨的新派研究成果最终影响着保护处分理论的发展。

### 三、后期旧派对保护处分的影响

针对新派理论的攻击和诘问，维护旧派理论的学者有意识地进行回击和防卫，刑法学界就"客观主义与主观主义""决定论与意志自由论"以及"报应刑论与目的刑论"等问题展开新一轮论战，这一学派以宾丁（Binding）、贝林（Beling）、毕克迈耶（Birkmeyer）、麦耶（Mayer）、麦兹格（Mezger）等一系列德国刑法学家为代表，在20世纪初叶形成后期旧派，也称"后期古典学派"或"规范学派"。后期旧派对近代保护处分理论影响颇深，尤其是毕克迈耶提出了保护处分的二元论认为：刑罚是对已经实施的犯罪行为的惩罚，它的目的在于镇压犯罪，而不是预防犯罪；而保护处分的目的是预防犯罪，其针对的对象是有人身危险性的人，为了防止未来发生的侵害，其本质是预防性、保护刑的措施，不含对既发犯罪进行报应的性质。这一理论深刻影响了当代刑事司法体系走向，正如屈学武教授形象地将其称之为"一体两支柱的刑事法体系"。[1]论及后期旧派对保护处分的发展，归结如下：

首先，后期旧派在坚持报应刑论的基础上，构建了以规范主义为基本立场的刑法体系。受实证主义的影响，德国刑法学家宾丁构建的规范主义不仅是当代大陆法系刑法学的理论基础，也是其实证法研究的基础。他认为，刑罚的本质是一种威慑，而这种威慑的原因是行为对规范的违反。他所强调的规范并不依托于刑罚，换言之，并非因为刑罚而设立规范，就规范而言，刑

---

〔1〕 参见屈学武：《一体两支柱的中国刑事法体系构想》，载《法学研究》2008年第3期。

罚只是违反规范后法律后果中的一种，诚如他给规范所下的定义，即规范是一种"纯粹的、无意的、特别是无意进行刑罚威慑的指令。"[1]故规范的目的并非报应，而是预防。宾丁将前期旧派所主张的以报应刑论为要旨的刑罚目的与规范目的区别开来，不仅为保护处分衔接旧派构建的刑罚体系奠定了基础，还有利于人权保障，更为重要的是，这一思想客观上符合罪刑法定原则。因此，刑法法规与规范有本质区别：刑法法规将描述不同的犯罪行为并科处何种刑罚，使公众得知何为犯罪；而规范并不能直接揭示何为犯罪，只能从刑法法规中推断出哪些行为是刑法规范所不容许的禁止行为。由此可知，规范是以行为的禁止或命令作为其基本内容。所以，犯罪的本质就是违反规范，违反规范的形式包括作为和不作为。正如宾丁所言："规范就是行为的命令及禁止，它是作为一定刑罚法条的前提而存在的行为法即行为规范。它表现为国家为实现自己的目的而命令其国民及其国家机关而进行必要的行为，禁止实行被认为是有害的行为，体现的是国家意志。因此，规范是有行为能力的人的行为准则，又是自由的限制。规范对于个人来说，便是必须为和不得为。"[2]

其次，以贝林为代表构建的古典犯罪论体系确立以罪责为基础的犯罪论体系。后期旧派德国刑法学家贝林以新康德主义为基础，构建了构成要件理论。新康德主义法学理念认为，法理念与法概念分属两个不同的哲学范畴。法理念是本体的、应然的且不依赖于现实经验，而法概念则属于实然的、可认识的且可被描述。[3]故新康德主义刑法体现的是价值与事实的对立统一。由此，构成要件以实证法为据，从法条中以中等抽象的方式概括出不同的犯罪类型，正如贝林所言："观念形象表达了该犯罪类型之共性，此形象即该犯罪类型的'法定构成要件'。"[4]贝林的构成要件理论成为大陆法系国家犯罪论体系的基础，经过后世德国学者麦耶（Mayer）等人的不断发展，逐步形成了以构成要件符合性、不法性和罪责的三阶层理论体系。这三个阶层便是罪

---

〔1〕 参见［德］宾丁：《规范手册》，1885 年版，第 164 页，转引自马克昌主编：《近代西方刑法学说史》，中国人民公安大学出版社 2008 年版，第 256 页。

〔2〕 参见［日］竹田直平：《法规范及其违反》，有斐阁 1961 年版，第 76 页，转引自马克昌主编：《近代西方刑法学说史略》，中国检察出版社 1996 年版，第 208-209 页。

〔3〕 参见魏胜强主编：《西方法律思想史》，北京大学出版社 2014 年版，第 269 页。

〔4〕 参见［德］贝林：《构成要件理论》，1930 年版，第 3 页，转引自马克昌主编：《近代西方刑法学说史》，中国人民公安大学出版社 2008 年版，第 285 页。

刑法定原则、保护法益原则和罪责原则（Schuldprinzip）的具体化。由此，无罪责便不构成犯罪。这就说明，刑罚所对应的一定是犯罪行为，而客观上虽造成不法但因欠缺责任能力或期待可能性等罪责要素便不能对其科处刑罚。后期旧派通过这种方式将刑罚与保护处分区别开来，刑罚的依据是符合构成要件、不法且有罪责的行为，保护处分的依据则是行为人的人身危险性，因此保护处分作为刑罚的补充处遇方式，既有可能对有罪责能力的行为人实施保护处分，也有可能对无罪责能力的行为人实施保护处分。

最后，以毕克迈耶为代表的后期旧派在坚持报应刑论的基础上，与新派为代表的李斯特展开对话，虽然带有浓重的论战色彩，但在客观上进一步明晰了后期旧派与新派的缺陷，并在一定程度上衔接了两学派的观点。毕克迈耶承认前期旧派的观点，认为刑罚本质仍是报应，这种报应不同于复仇，是一种国家报应，是国家为了恢复已被破坏的法秩序并满足其复仇愿望对不法行为实施者施加的一种恶害。在"三阶层"犯罪论体系下，毕克迈耶承认刑罚的根据是罪责，因此他反对李斯特的观点，应将所有无罪责能力人排除在科处刑罚的范围之外。与之不同的是，李斯特认为即便是无罪责能力人也具备人身危险性，即便对这些无罪责能力人科处刑罚，可能最终也无济于事。因此需要特殊的收押场所才能矫正这些具有人身危险性的行为人，包括戒毒场所、戒酒场所或者是精神病医治场所等。李斯特设立这些场所的原因在于："我们是想治疗病人，如果这种治疗不再有希望，就只能给予久病者以照料。建立这些机构的目的不是惩罚，而是治病救人。"[1] 故李斯特认为对于无罪责能力人（尤其是精神病人）并不能适用意志自由论，必须适用决定论作为其基本立场，故不能对其实施以威慑和报应为内容的刑罚。正是在这一基础上，毕克迈耶将保护处分与刑罚区别开来，保护处分针对的对象是有社会危险的人，为了防止未来发生的侵害，其本质是预防性、保护性的措施。

## 四、一体论对保护处分的影响

保护处分可以说是刑法新旧两派之间论战的焦点之一，后期旧派与新派之间的论战本质上促进了保护处分的完善和发展。尤其是在二战后，旧派与

---

[1] 参见［德］冯·李斯特：《论犯罪、刑罚与刑事政策》，徐久生译，北京大学出版社 2016 年版，第 164 页。

新派之间的对立趋于缓和，在借鉴西方刑法两大学派基础上，逐步形成了以意大利刑法学家格拉马蒂卡（Gramatica）、法国刑法学家安塞尔（Ancel）和团藤重光等学者主张的一体论。这里主要介绍格拉马蒂卡及安塞尔的社会防卫论。"社会防卫"是一个刑事政策学专用的概念，它所涉及的领域与犯罪现象、反犯罪斗争的战略战术有密切联系。最初的含义是指保护社会免受犯罪侵害。[1]自 19 世纪起，以人道主义作为理论基石的激进的刑事法学家对以报应和打击为主要内容的旧刑罚制度进行抨击，主张一种预防、打击犯罪的新途径，这一途径的要旨兼有社会防卫及人权保障。正如安塞尔所言："社会防卫有两大侧重点：一方面，它坚决反对传统的报复性的刑事惩罚制度，由此，它自一开始就是一个反刑罚，起码是超越刑法领域的范畴。另一方面，它积极主张保护个人的权利和自由，保卫人类并提高人的价值；它是建立在人道主义思想基础之上的。"[2]社会防卫论对保障犯罪人的人权及预防犯罪都有积极的影响，因此一体论学者格拉马蒂卡主张的社会防卫论、安塞尔主张的新社会防卫论也是保护处分的重要渊源之一，在此做重点介绍。

（一）格拉马蒂卡的社会防卫论对保护处分的影响

意大利刑法学家格拉马蒂卡的思想集中体现在他 1961 年完成的《社会防卫原理》。他认为，应以"反社会性"来取代"犯罪"的概念，在此基础上，用"反社会性的指标及其程度"来取代"罪责"的概念。因此，对于反社会性行为所采取的措施不应是以报应为主体内容的刑罚措施，而应以心理学、社会学及生物学等知识构建的处遇措施。申言之：[3]

第一，格拉马蒂卡提出的"反社会性"是指"对于不遵守法律规范者在法律上的一种称呼"，虽然行为是"人内心的活动"，但本质上属于一种人格要素，包括客观要素、心理要素及法要素。下文详细介绍与保护处分有密切联系的客观要素与心理要素，法要素主要讨论的是不法性问题，包括正当防卫和紧急避险等阻却不法事由。对于客观及心理要素来说：（1）客观要素即

---

〔1〕 参见卢建平主编：《刑事政策学》，中国人民大学出版社 2013 年版，第 56 页。

〔2〕 参见［法］马克·安塞尔：《新刑法理论》，卢建平译，天地图书有限公司 1990 年版，第 31 页。

〔3〕 参见［意］格拉马蒂卡：《社会防卫原理》，［日］森下忠译，成文堂 1980 年版，第 67-150 页，转引自马克昌主编：《近代西方刑法学说史略》，中国检察出版社 2004 年版，第 348-354 页。

指行为，其形式包括作为和不作为。应当整体地看待客观要素，纯粹的犯罪心理活动（或称"犯意"）和危害结果都不能代表客观要素。纯粹的心理活动以当时的科技水平基本上不可能被证明；而危害结果本身并不能反映反社会性，因为即便是非反社会性行为也可能造成与反社会性行为相同的危害结果。（2）格拉马蒂卡认为心理要素由反社会性能力要素和反社会性意识要素组成。反社会性意识是指主要是指主观不法构成要件要素，包括故意和过失两种，这里我们主要介绍反社会性能力。反社会性能力即我们通常所说的罪责能力，格氏将罪责一分为二看待：对于有罪责能力的行为人应当接受刑罚，而对于无罪责能力且对社会造成严重危害的行为人应当采取保护处分。而对于保护处分的核心概念——人身危险性，格氏持完全否定态度，他认为人身危险性的判断标准极不稳定，这是由当时的科学技术条件所导致的。人身危险性实指再犯风险，这种风险是对未来的一种预测和估计。尤其是二战中纳粹滥用保护处分，其主要依据即为行为人的人身危险性，所以被格氏所反感也在情理之中。但是格拉马蒂卡又不否认心理学、生物学及社会学对刑事科学的意义，因此他用"反社会性能力"中的心理要素来取代"人身危险性"的概念分而论之：对于有反社会性能力的行为人处以教育性、改善性处分，对于无反社会性能力的行为人则处以治疗性防卫处分。

第二，反社会性指标是指反社会性的表征，反社会性程度是指反社会的严重性。反社会性指标具体依照的是刑法分则中不同罪名的罪状，但是有别于犯罪构成体系的是，对行为人的处分并不依赖于罪责而是对于"人格"的调查；确定一个人的反社会性程度不能完全按照既定框架，仍应结合对于人格的调查来确定其人身危险性。基于格氏对反社会性能力的分类，他部分赞同毕克迈耶的观点，认为必须区分刑罚和保护处分二者之间的关系，但是所不同的是他既不承认刑罚也不承认保护处分，而是自创一种社会防卫处分。这种社会防卫处分是指：（1）在一元论的保护处分中保安多种处分，如教育性、治疗性、预防性处分；（2）在执行处分的过程中通过评估行为人的行为及人格来改变监禁期限，故他的社会防卫处分具有不定期间的特点。[1]但遗憾的是，格氏并没有论述其处分形式，只构建了社会防卫程序。社会防卫程序包括三个阶段，即观察阶段、判断阶段和执行阶段。观察阶段其实借用的

---

〔1〕 参见马克昌主编：《近代西方刑法学说史略》，中国检察出版社 2004 年版，第 352 页。

是旧派理论，即通过搜集证据证明行为人构成犯罪；判断阶段其实借用的是新派的行为人刑法理论，在搜集证据后，将与行为人"人格"有关的证据简练出来；执行阶段借用新派目的刑论及后期旧派的消极预防论，在社会防卫的基础上，通过矫正来保障行为人的人权。

本研究认为，虽然格氏反对人身危险性的概念，但在某种意义上仍是借助人身危险性的评估手段来进行社会防卫。因为格氏所称的"人格"是借助了心理学中的"人格"概念，心理学中的"人格"是体现个体心理差异的领域，包括人格特质论、类型理论和整合理论，总体上都是通过个体的基本特性，对不同类型的人进行人格分类——特质理论强调个体间的人格差异，类型理论强调群体间的人格差异；特质差异可以通过心理测量来评定，类型差异可以通过观察获得；特质理论显示了下位层面的人格差异，类型理论显示了上位层面的人格差异；二者从不同角度描绘了人格的复杂结构，整合理论则将人格特质理论和类型理论结合起来，更全面地描述了人格结构。[1]人身危险性[2]是指行为人今后对社会造成危害的可能性，也就是行为人的再犯风险。这种风险表面上看起来是一个不可控的变量，但从现在犯罪心理学等学科的发展来看，对再犯风险的测量其实就是运用了犯罪心理学技术进行测量。无疑，"人格"因素作为一个重要的反社会性测量指标，势必使"反社会性"和"人身危险性"两词同出一辙。因此，格拉马蒂卡的社会防卫论只是衔接了新派和旧派的理论，本质上并没有区别。但他成功地证明了一点：即新派理论和后期旧派理论在某种程度可以在同一刑事体系中并存。

（二）安塞尔的新社会防卫论对保护处分的影响

法国刑法学家安塞尔进一步发展了社会防卫论，提出新社会防卫论，主要体现在他的两本著作中：1954年的《新社会防卫论：人道主义的刑事政策运动》和1986的《新社会防卫思想》。安塞尔的新社会防卫论的基本观点是：[3]（1）制裁犯罪的手段不是单纯为了制裁触犯法律规则的行为，其要旨在于避免社会遭受犯罪行为之侵害。（2）社会防卫的措施排斥传统刑法的措施，安塞尔希望通过排除、隔离等一系列手段来实现教育和矫正之目的。（3）社会

---

〔1〕　参见彭聃龄主编：《普通心理学》，北京师范大学出版社2019年版，第434-463页。
〔2〕　关于人身危险性的概念将在本研究第三章详述，在此对其概念之争不展开论述。
〔3〕　参见吴宗宪：《西方犯罪学史》，警官教育出版社1997年版，第882-883页。

防卫论所提出的刑事政策赞同并强调新派的特殊预防论，刑事政策的目的是让犯罪人重新回归社会，他将这种重新返回社会的权利称之为"再社会化权利"。为了贯穿这一刑事政策，他对法官及刑罚执行官有具体要求：法官应当针对行为人类型的不同处以适合其个人矫正的处遇措施，而执行官的职责是通过个别矫正方式使行为人回归社会不再犯罪。（4）新社会防卫论反对决定论，主张刑事责任理论，但安氏所称的刑事责任理论与旧派所称的罪责、答责性都有不同，安氏所称的刑事责任是作为人而具有的一种责任感，即便是无罪能力人也应具备，社会中的人都应有这种责任感。（5）人格是刑法和刑事司法人道化的基础，必须从心理学和社会学的角度来了解行为人行为时深层的犯罪心理动机。司法实践中，对行为人定罪量刑须依照犯罪行为人的人格，对其实施特殊防卫，使之能够得到矫正并重新回归社会。

安塞尔对保护处分最有影响的是他承认人身危险性的概念。对于行为人的研究吸收和借鉴了龙勃罗梭犯罪生物学主张的"生物心理人"及菲利主张的"社会人"的概念，认为人同时是"自然人"和"社会人"；[1]同时，区分事实意义上的行为人和法律意义上的行为人。因此，安塞尔主张法官在审判过程中既要对行为进行评价也要对行为人进行评价，不仅如此，还应从行为人的生理、心理及社会背景等方面评价，建立专门的人格档案。这对保护处分具有极其重要的意义。新社会防卫论主张将保护处分与刑罚合成统一的刑罚制度体系，其目的是不同的人格分类矫正，这无疑是沿袭了新派主张保护处分一元论的观点。在新社会防卫论的基础上，安塞尔呼吁监狱改革，反对监禁型监狱，他认为监狱是一种名副其实的身体和痛苦的刑罚，监狱里的剥夺人身自由、精神惩罚以及混杂的暴力使人格异化；服刑人员之间交叉感染，一些初犯、偶犯非但没被矫正好，反倒离正途越来越远，因此安塞尔反对短期自由刑。综合而言，安塞尔的新社会防卫论不仅是保护处分重要的理论渊源之一，也兴起了非犯罪化、非刑罚化的理论思潮。

## 第三节　保护处分类型

根据保护处分立法内容，大体可分为监禁型保护处分、限制自由型保护

---

〔1〕　参见卢建平主编：《刑事政策学》，中国人民大学出版社 2013 年版，第 61 页。

处分和对物型保护处分三种。从处遇对象上来说，前两种保护处分是对人的保护处分，后一种保护处分是对物的保护处分，所以也有学者将保护处分的类型分为对人的保护处分和对物的保护处分，对人的保护处分又分为剥夺自由的保护处分和限制自由的保护处分。[1]本研究对保护处分的分类方法源自日本学者大谷实教授对保护处分的分类方法，他将保护处分类型归纳为剥夺自由的保护处分、限制自由的保护处分和对物性质的保护处分。[2]本研究认为对保护处分的分类方法源自德国社会学家马克斯·韦伯（Max Weber）所倡导的"理想类型"的方法论。再者，剥夺自由从某种程度上说也是在限制自由，与限制自由相比，剥夺自由显然比限制自由限制人身权利的程度更大，但以此作为两种保护处分的分类方法总显得不太周延。而剥夺自由的保护处分从本质上就是监禁行为人，因此笔者用监禁型保护处分来概括这一类型的保护处分。综上，笔者将保护处分归纳为监禁型、限制自由型和对物型保护处分，其实质与大谷实先生的分类大抵相同。本研究的主题是罪错未成年人保护处分，因此对物型保护处分不作论述，下文只介绍监禁型保护处分与限制自由型保护处分。

## 一、监禁型保护处分

监禁型保护处分是一种对人的保护处分，又称剥夺自由的保护处分，是指将需要接受保护处分的行为人监禁于保护处分执行场所，通过治疗、戒治、矫正等一系列手段从而祛除或减少其再次犯罪的风险，使之重新回归社会。从各国立法来看，保护处分主要包括以下六类：针对精神病人的强制医疗处分，针对罪错未成年人的专门教育，针对吸毒成瘾和酒精成瘾等瘾癖者的禁戒处分，针对具备特殊危险性的累犯和刑罚执行完毕后仍有高度再犯风险行为人的保安监督，针对患有性病等特殊传染病的强制治疗处分，针对习惯犯或因懒惰成性而犯罪者的强制工作处分。限于篇幅原因，本书只介绍前四种保护处分。

### （一）精神病人的强制医疗处分

对精神病人的强制医疗处分是指针对因罹患精神疾病而成为无罪责能力

---

〔1〕　参见徐久生：《保安处分新论》，中国方正出版社 2006 年版，第 50 页。

〔2〕　参见 [日] 大谷实：《刑事政策学》，黎宏译，中国人民大学出版社 2009 年版，第 160 页。

人或限制罪责能力人所采取的治疗、保护的保护处分。我国关于精神病人的强制医疗处分是保护处分，具体规定可从我国《刑法》第 18 条第 1 款及《刑事诉讼法》第 303 条中找到法律依据：行为人在实施不法行为后一旦被专业鉴定机构确认为不能辨认或控制自己行为的精神病人时，不负刑事责任；同时，该行为人如果有继续危害社会可能的，由人民法院决定对其进行强制医疗。对精神病人的强制医疗的性质是保护处分，无论从决定机关还是法定程序上来看，都十分接近日本对于精神病人的强制治疗。这是因为日本并没有体系性的保护处分制度，根据日本 2005 年 7 月开始实施的《医疗观察法》，在行为人实施了重大伤害行为时，为了改善病情以及防止与此病情相伴的同样行为再次发生，由法院决定入院、出院处遇，其执行机构是国家负责制定专门的入院医疗机构。[1]再看《德国刑法典》第 20 条、21 条和 63 条之规定：当某人在行为时因疾病的精神障碍等一系列精神病态因素，成为无罪责能力或降低罪责能力的行为人时，法院命令将其收容于精神病院，其原因在于从行为的整体评价上，该行为人仍会实施对公众造成危险的行为。[2]

因此，对精神病人强制医疗需满足以下三个条件：第一，行为人实施了符合构成要件的不法行为；第二，行为人在行为时因罹患精神疾病而丧失辨认、控制自己行为的能力；第三，该行为人有继续对公众造成危害的可能性。凡满足上述条件的，都应当对其采取强制医疗程序。这三个条件其实也是判断行为人是否具备人身危险性的标准。还有一点，对于精神病人的强制医疗采取的是不定期间。从 2021 年《最高人民法院关于适用〈中华人民共和国刑事诉讼法〉的解释》第 647 条第 1 款第 2 项之规定，对于被强制医疗后仍具有人身危险性，需要继续强制医疗的，应当作出继续强制医疗的决定。以上的这些论述都充分说明对精神病人的强制医疗在性质上是保护处分。

（二）罪错未成年人的专门教育

对于罪错未成年人的专门教育是本书的核心研究，详文在此不表，仅概而述之。与罹患精神疾病者相似，专门教育的处分对象是已经实施了符合构成要件的不法行为且具备继续危害社会的人身危险性，但因欠缺刑事责任年龄这一无罪责事由而阻却成立犯罪，但基于社会防卫及保护、教育和矫正罪

---

〔1〕 参见［日］大谷实：《刑事政策学》，黎宏译，中国人民大学出版社 2009 年版，第 428 页。
〔2〕 参见《德国刑法典》，冯军译，中国政法大学出版社 2000 年版，第 32 页。

错未成年人的目的，对其实施保护处分。由此，罪错未成年人是否需要被保护处分的核心是人身危险性的评估。所以，对罪错未成年人的专门教育是适用不定期间。

从我国刑事立法来看，对罪错未成年人的保护处分仍处于空缺状态。根据我国《刑法》第 17 条第 5 款之规定，因不满 16 周岁不予刑事处罚的，责令他的父母或者监护人加以管教；在必要的时候，依法进行专门矫治教育。因此，专门教育是我国刑法处理此类对象处遇方式。但何谓"专门矫治教育"，在刑法条文内部并不能找到相应的解释。在劳动教养制度废止之前，对于无罪责能力的罪错未成年人有实施不法行为的，一般都依据《劳动教养试行办法》及《治安管理处罚法》等行政法规对罪错未成年人采取劳动教养。劳动教养业已废止，也就是说对于这些行为人的处遇方式在《刑法》和《治安管理处罚法》之间有一个空缺，而如何在我国刑法体系中罪错未成年人保护处分的司法化，下文将会详述。

（三）瘾癖者的禁戒处分

对瘾癖者的禁戒处分是一种对吸毒成瘾、喝酒成瘾强制戒除瘾癖的保护处分。从《德国刑法典》第 64 条之规定可知，实施禁戒处分的先决条件是行为人实施了符合构成要件的不法行为。但同时必须满足另外两个条件才可实施该处分：其一是行为人在行为时因大量服用这些成瘾物品致使行为人陷入不能够完全辨认或控制自己的行为的状态；其二是如果从开始就没有戒治的希望，则不能对其实施禁戒处分。[1] 我国积极打击毒品犯罪，但对于吸毒行为仍未采取入罪化处理。劳动教养废止后，许多劳教场所为节省司法成本，纷纷改造为戒毒所。

根据我国《禁毒法》规定，对吸毒人员一般由公安机关采取强制收容戒治手段。一些学者希望将毒品戒治处分纳入保护处分的体系范围内，但在逻辑上容易造成"行刑关系"混乱，其本质原因是吸毒未入罪。本研究认为，将强制戒毒纳入保护处分的前提条件是将吸毒行为入刑。这样一来，为保护处分立法化进一步奠定了基础。通常来说，将吸毒入罪似乎违背了刑法的谦抑性原则，但实质上严密了刑事法网圈，因为其法律后果是保护处分。故本

---

〔1〕 参见《德国刑法典》，冯军译，中国政法大学出版社 2000 年版，第 32 页。

研究认为应当在我国《刑法》第 353 条之后增加一条设立吸毒罪：非法吸食或注射鸦片、海洛因或者甲基苯丙胺等毒品的，处六个月以下强制禁戒处分；禁戒处分执行完毕后，对有必要继续执行强制禁戒处分的，由强制禁戒机关报请人民法院批准，每次批准强制禁戒期限不得超过六个月。

（四）保安监禁

保安监禁是保护处分类别中最严厉的处遇措施，又称保安监置，是指对于具有特殊危险性的犯罪行为人在特定条件下采取的保安隔离措施。[1]无疑，保安监禁是保护处分二元论并科主义的产物，在《德国刑法典》及等刑事法律中都采用此种立法模式。刑罚的基础是罪责，而保护处分的基础是人身危险性。保安监禁实现了将二者结合起来的立法途径：当行为人的人身危险性较大且有罪责时，应当并处刑罚与保安监禁。当然，有学者批判这种立法模式。因为本质上，保安监禁也是剥夺服刑人员的自由，与刑罚无异。现代刑罚目的除了威慑、报应外，当然也包括预防和矫正的内容，所以笔者不赞成对其适用并科主义的保护处分。

## 二、限制自由型保护处分

限制自由型保护处分是除了监禁型保护处分以外另一种对人的保护处分，又称限制自由的保护处分。限制自由型保护处分，与监禁型保护处分不同，这种处遇方式并不将行为人监禁在固定场所，而是主要采取限制自由的方式将被保护处分人与社会隔离开来，其主要类型包括：保护管束、执业禁止、驱逐出境和吊销驾驶执照。由于执业禁止、驱逐出境和吊销驾照与本研究关联不大，故在此只介绍保护管束。

保护管束又称"保安管束""行状监督"，是一种针对特定的行为人交由特定的机关、团体或个人，加以保护及约束的保护处分。保护管束的处分对象与监禁型保护处分的处分对象有别，其既包括有罪责能力的行为人，也包括无罪责能力的行为人。将有罪责能力的行为人纳入保护管束范畴之内的原因是，针对服刑后重新踏入社会的行为人实施监督，以预防其再次犯罪。

从日本的立法体例来看，保护观察的具体类别包括五种：一是根据日本

---

〔1〕 参见徐久生：《保安处分新论》，中国方正出版社 2006 年版，第 48 页。

《少年法》第 24 条之规定接受保护观察处分；二是针对被准许从少年院临时退院后的人实施的保护观察；三是针对卖淫妇女从妇女辅导院临时退院后实施的保护观察；四是针对被交付缓刑之后所伴随的保护观察；五是针对被准许假释的人实施的保护观察。[1]因此，保护观察的执行方式包括两种，一种是单独执行，另一种是附随执行。我国台湾地区的保护管束也与之相似，包括用以替代不同保护处分类型的保护管束、缓刑期间附随的保护管束以及对于假释者附随的保护管束。[2]德国的行为监督（Fuehrungsaufsicht）包括三类：一是针对故意伤害、抢劫、盗窃等特定犯罪处以刑罚后的附加制裁手段；二是行为人因故意犯罪已被执行自由刑 2 年以上，或者初次从长达 10 年的保护处分中释放，因其极高的再犯风险而被施行保护管束；三是被判缓刑所附随的行为监督。[3]

由于保护管束并非将被保护管束人监禁在固定场所，通常来说，保护管束的执行机关是社会团体、慈善团体等。从法律性质上来讲，德国保护管束的性质都是保护处分，而日本并没有系统性的保护处分，基于此，有的日本学者认为依据日本《少年法》对少年实施的保护观察是一种保护处分而非保护处分；针对被假释者附随的保护观察以及从少年院、妇女辅导院临时退回人实施的保护观察是一种由司法机关决定的收容处分；对于被判缓刑附随的保护观察，其实质上具备刑罚的性质。[4]但从日本对少年犯的处罚依据上来看，其处罚基础是少年之人身危险性（或称再犯风险），而非罪责。因此，不管是保护观察还是保护管束，其性质虽属于保护处分，但仍可将其归为保护处分。这种保护处分以"隔离"作为其处遇特征，通常以社区矫正的执行方式来监管和矫正被处分人。从我国刑罚体系上来看，对于缓刑犯（我国《刑法》第 72 条至 77 条）和假释犯（我国《刑法》第 81 条至 86 条）在缓刑考验期和假释考验期内实行的社区矫正具有保护管束的性质，在日本称作假释型保护观察其本质都是一种保护处分。

---

〔1〕　参见［日］川出敏裕、金光旭：《刑事政策》，钱叶六等译，中国政法大学出版社 2016 年版，第 199 页。

〔2〕　参见林山田：《刑法通论》（下册），北京大学出版社 2012 年版，第 397 页。

〔3〕　参见徐久生：《保安处分新论》，中国方正出版社 2006 年版，第 51 页。

〔4〕　参见［日］川出敏裕、金光旭：《刑事政策》，钱叶六等译，中国政法大学出版社 2016 年版，第 199~200 页。

# 本章小结

作为本研究的开篇章节，本章对保护处分概念、性质、渊源、类型等内容分别进行概述，旨在厘清罪错未成年人保护处分的渊源及其理论基础。现对本章所述要点作以下简要回顾：

第一，保护处分是指以社会防卫和矫正行为人为目的，对一切被认定为有人身危险性的行为人或人身危险性的特定物，运用矫正、感化、医疗、禁戒、行为监督、从业禁止、保安没收、保安追缴等手段，由法院宣判的，替代或补充刑罚适用的各种保护处分的总称，包括监禁型保护处分、限制自由型保护处分和对物型保护处分。其中，监禁型保护处分和限制自由型保护处分是对人的保护处分。监禁型保护处分主要包括：精神病人的强制医疗、罪错未成年人的专门教育、瘾癖者的禁戒处分和保安监禁等处分类型。限制自由型保护处分包括保护观察、执业禁止、驱逐出境和吊销驾驶执照。

第二，关于保护处分与刑罚之间的关系有保护处分的一元论与二元论之争。保护处分的一元论者被新派所主张，他们认为刑罚的性质与保护处分完全相同，因此以报应为主要内容的刑罚则没必要继续存续下去，在此基础上，一元论者提出让保安处完全替代刑罚的观点。保护处分的二元论者为后期旧派所主张，他们认为刑罚的性质与保护处分不同，刑罚的目的是对犯罪的报应，而保护处分的目的是社会防卫及犯罪预防；进一步而言，刑罚的基础是罪责，而保护处分的基础是行为人的危险性格；故刑法以行为成立犯罪为前提，而保护处分不以犯罪作为前提，它以行为人的人身危险性作为前提。笔者支持保护处分的二元论。

第三，人身危险性是一种再犯风险。保护处分的先决条件是行为人实施了符合构成要件的不法行为，而并非对其依照罪责进行保护处分，其正当性依据其实是行为人具备再次犯罪的风险，这种再次犯罪的风险其实是一种反复犯罪的可能性。

第四，新派理论通过对前期旧派理论的批判及反思，逐步形成了以实证主义为理论基础的现代刑事科学研究体系。这套理论体系通过犯罪心理学、犯罪人类学、犯罪社会学等一系列新研究方法来反对前期旧派理论：在研究重点上，主张研究应侧重行为人而非行为；在责任论上，主张社会责任论而非道义责任论；在犯罪原因上，主张社会决定论而非意志自由论；在刑罚论上，主张目的刑论而非报应刑论；在研究方法上，主张借鉴心理学、统计学、社会学等学科的研究方法，以实证主义的哲学思想指导研究。由于保护处分的研究重点在于行为人的危险性格（人身危险性），势必导致以目的刑论为要旨的新派研究成果最终影响着保护处分理论的发展。

# 各国和地区罪错未成年人保护
# 处分立法及执行

## 第一节　德国罪错未成年人保护处分立法及执行

### 一、德国罪错未成年人保护处分立法状况

按照德国犯罪论体系，当行为人实施了符合构成要件的不法行为且具备罪责能力时，对其应当科处刑罚。除了这种处遇措施之外，德国还有专门的改善和保护处分（Maβregeln der Besserung und Sicherung），中国学者一般将其合称为保护处分。[1] 上文已述，保护处分并不以行为是否具备罪责能力作为其先决条件，因此保护处分的对象不仅包括有罪责能力的行为人，还包括无罪责能力的行为人。从保护处分的类型而言，监禁型保护处分（《德国刑法典》第 63 条至 66 条）包括安置精神病人的治疗处分、安置酒瘾者和毒瘾者的戒除处分以及保安监督；限制自由型保护处分（《德国刑法典》第 68 条至 70 条）包括保护观察、吊销驾照以及职业禁止。因此，德国刑法体系施行的是保护处分与刑罚双轨运行机制。但是从上述保护处分的类型中来看，《德国刑法典》似乎并不包括对于类似于针对罪错未成年人的专门教育措施，这是因为根据《德国刑法典》第 10 条和《少年法院法》第 1 条规定，针对青少年有专门的《少年法院法》（*Jugendgerichtsgesetz*，*JGG*），这就是学理中所称的少

---

〔1〕　参见梵文：《德国刑法中的处分制度及其保安监督述评》，载刘仁文主编：《废止劳教后的刑法结构完善》，社会科学文献出版社 2015 年版，第 506 页。

年刑法（Jugendstrafrecht）。[1]

　　德国刑事法将罪错未成年人区分为儿童（Kinder）、少年（Jugendlicher）和成长中的青年（Heranwachsende）。儿童是指行为时不满 14 周岁的罪错未成年人，根据《德国刑法典》第 19 条规定，儿童没有罪责能力。《少年法院法》第 1 条第 1 款和第 2 款对少年和成长中的青年的年龄范围作出了规定，少年是指行为时已满 14 周岁不满 18 周岁的罪错未成年人。根据《少年法院法》第 3 条之规定："少年在满足以下条件时承担刑事责任：当他在行为时其智力程度及道德认识程度已经达到了足以理解自身行为的不法性，并且在理解行为不法的前提下控制自身行为。如果在行为时因心智发育不成熟而不负刑事责任的，应对其进行教育；家庭和监护法官所命令的处分，少年法官同样可命令。"[2] 由此可见，即便是对待已满 14 周岁不满 16 周岁的少年，行为人也可能成立犯罪。显然，这种因年龄因素成为无罪责的事由与以精神障碍成为无罪责的事由完全不同，其是否具备罪责能力要从具体的案件进行评价。其主要原因在于，罹患精神病者从医学上容易被证明在行为时失去了辨别自己行为的认识能力（Erkenntnis）和控制能力（Steuerungsfähigkeit），而罪错未成年人行为时是否具备上述两种能力其实是很难证明的。更为重要的是，对于罪错未成年人的认识能力的评价不仅仅取决于其智力发育程度，还取决于他们对伦理和规范的态度。对此，德国刑法学家李斯特早在 19 世纪末早有论述："我们认为存在这样一个年龄段，在这个年龄段，归责能力（即使有所降低）在某个年龄段是存在的，而在另一个年龄段是不存在的。因此，应当具体情况具体分析和认定。这种分析和认定必须是全方位的，不仅仅是局限于其行为人的精神（智力），更为重要的是分析和认定其道德上的是否成熟……决定我们的行为，同时作为我们行为的价值标准并不是对应受处罚性的认识，并不是对好坏善恶的区分，而是明白、安全和力量，是它们影响了我们全部行为的法律观、宗教观、道德观。源自合乎规章的所谓的道德自由是主流学说的

---

　　[1]　《德国刑法典》第 10 条规定："对于少年和未成青年实施的犯罪行为，少年法院法未另行规定的，方可适用本法。"德国《少年法院法》第 1 条第 1 款规定："少年或未成年青年实施的违法行为，根据普通法律规定应判处刑罚的，适用本法。"引自《德国刑法典》，徐久生、庄敬华译，中国方正出版社 2004 年版，第 177 页、第 180 页。

　　[2]　参见德国《少年法院法》（英文版）第 3 条关于少年罪责能力的规定，载 http://germanla-warchive. iuscomp. org/？p = 756#3.

归责能力的基础。不是认识（Kennen）而是能力（Können）；不是观念的内容，而是强调合乎道德，才是归责能力的基础：这样一种规范无论从哪个立场出发无疑都是正确的。"[1] 由此可见，少年行为罪责能力要素中的认识能力不仅仅包括智力发育状况，还包括认识社会伦理的程度。除此之外，还必须拥有根据该认识决定其意志的控制能力。[2]

从法律后果而言，对于德国刑事法律体系中所称的儿童、少年及成长中的少年优先适用《少年法院法》，但并不排除适用《德国刑法典》。从宏观上看，《德国刑法典》辅助《少年法院法》的适用。因此，就少年保护处分而言，仅能适用《德国刑法典》第61条第1、2、4、5项中应当施以安置于精神病院的保护处分、安置于戒除瘾癖机构的保护处分、行为监督及吊销驾驶证等处遇措施，同样适用于上述对象。[3] 因此，少年因患有精神疾病而实施不法行为的，则会出现适用法律冲突的问题：到底是适用《德国刑法典》第20条（精神障碍者无罪责能力），还是适用《少年法院法》第3条。罗克辛认为应当按照有利于被告的基本原则进行法律适用。[4] 而对于德国《少年法院法》所称成长中的青年（Heranwachsende），其罪责能力与成年人一致，仅在法律后果上与之不同。

德国少年刑法与普通刑法最大区别在于其刑罚宗旨有着本质的区别。对于成年人适用的普通刑法重在惩处犯罪，其目的是实现一般预防和特殊预防。对于少年和成长中的青年而言，少年刑法更侧重以特殊预防为要旨的教育和矫正。虽然根据《少年法院法》第3条而言在证明少年在行为时其认识能力、控制能力及对道德认识成熟度达到了具备罪责能力的前提下成立犯罪，但是对其进行处遇的重点并非惩罚犯罪而是针对其具体的人身危险性及需求进行矫正。如此一来，少年刑罚与保护处分在某种程度上意义相同，都是从具体的人身危险性对其进行处遇。例如，《少年法院法》第17条规定，若少年犯

---

〔1〕 参见 ［德］ 冯·李斯特：《刑罚与强制教育》，载 ［德］ 冯·李斯特：《论犯罪、刑罚与刑事政策》，徐久生译，北京大学出版社 2016 年版，第 326 页。

〔2〕 参见 ［德］ 汉斯·海因里希·耶赛克、托马斯·魏根特：《德国刑法教科书》，徐久生译，中国法制出版社 2001 年版。

〔3〕 参见 ［德］ 乌尔斯·金德霍伊泽尔：《刑法总论教科书》，蔡桂生译，北京大学出版社 2015 年版，第 215 页。

〔4〕 参见 ［德］ 克劳斯·罗克辛：《德国刑法学 总论：犯罪原理的基础构造》（第 1 卷），王世洲译，法律出版社 2005 年版，第 599 页。

罪行为的危害倾向较大，用教育处分或惩戒处分不足以实现教育目的，或罪责较大必须判处刑罚的，法官可判处其少年刑罚。[1]从中可看出，针对少年处遇的主要标准仍是其个人的人身危险性，而少年刑罚虽然冠以"刑罚"之名，但本质上而言还是有别于成年人刑罚的，应将其理解为一种针对少年和成长中的青年的预防性隔离监禁措施，是以教育为要旨的处遇措施。

早在 20 世纪初叶，德国刑法学家冯·李斯特先生就在其"马堡计划"（*Marburger Programm*）中就针对青少年提出了以矫正为要旨的"修复式思考"，为日后的少年刑法奠定了理论基础。他认为："如果青少年在实施了不法行为之后侥幸逃脱法律制裁，其再次犯罪的风险程度要低于受到刑事制裁后再犯风险程度。"[2]在他看来，对青少年广泛适用刑罚是失败的，因此应当构建强制教养制度来弥补青少年司法制度，包括：家庭教养和代表国家监督教养的教养院。[3]这一做法为德国青少年教育矫正制度开辟了先河——从惩罚、报应为主的刑罚方式转为以教育、矫正为主的专门教育方式。在这一思想的影响下，借鉴美国等其他国家的经验，德国在 1923 年正式施行《少年法院法》，在随后的 1943 年、1953 年和 1990 年，《少年法院法》进行了三次修订。[4]当然，除了《少年法院法》外，还有 1922 年颁布的《少年福利法》（*Jugendwohlfahrtsgesetz*）共同保护青少年。从这三次修订的法律变迁上看，分离处遇、非刑罚化以及社区观护逐步成为青少年刑事司法的核心理念，甚至对成年人的刑事司法理念产生巨大影响。例如，在 1990 年修订的《少年法院法》中，就将监狱监禁模式转为由社区批准的社区矫正模式。[5]从整体政策、意识理念等方面都趋向于区分青少年刑法体系与普通刑法体系。可以这样说，除了纳粹统治时期，近代德国通过法律手段保护罪错未成年人权益走在世界的

---

〔1〕 参见《德国刑法典》，徐久生、庄敬华译，中国方正出版社 2004 年版，第 182 页。

〔2〕 Liszt, Franz von. "Die Kriminalität der Jugendliche." In *Strafrechtliche Aufsätze und Vorträge*, Vol. 2，pp. 331-355.

〔3〕 参见［德］冯·李斯特：《刑法与强制教育》，载［德］冯·李斯特：《论犯罪、刑罚与刑事政策》，徐久生译，北京大学出版社 2016 年版，第 321-322 页。

〔4〕 See Kerner, Hans Jügen, "Jugendkriminalrecht als 'Vorreiter' der Strafrechtsreform? Überlegungen zu 40 Jahren Rechtsentwicklung in Rechtsprechung, Lehre und Kriminalpolitik.", *40 Jahre Bundesrepublik Deutschland-40 Jahre Rechtsentwicklung Year*：1990，pp. 347-379.

〔5〕 See Oberwittler, Dietrich, *Von der Strafe zur Erziehung? Fugendkriminalpolitik in England und Deutschland（1850-1920）*, Frankfurt：Campus，2000.

前列。

## 二、德国罪错未成年人保护处分执行状况

德国少年及成长中的青年由青少年法院裁决，该法庭的法官需要具备社会学及心理学等知识。裁决后，交由少年法官（Jugendrichter）负责执行。执行方式包括教育处分（Erziehungsmaβregeln）、惩戒处分（Zuchmittel）和少年刑罚（Die Jugendstrafe）三种方式。从性质上而言，前两种处遇方式是一种非刑罚化的处遇方式，而少年刑罚的性质则为刑罚。因此，从严厉程度上来说，教育处分最轻，惩戒处分次之，少年刑罚最重。从类型上而言，教育处分属于限制自由型处分，惩戒处分处于限制自由型处分与监禁型处分之间。根据《少年法院法》第 10 条规定，[1]对于少年生活的限制主要是通过命令其居住在指定场所完成，从目的上来看，主要是将少年从不利于其身心发展的环境中隔离开来，从性质上而言，针对少年的教育处分是一种禁止令。而惩戒处分除了警告、向被害人道歉、赔偿损失等方式之外，还规定了少年禁闭（Jugendarrest）。《少年法院法》第 90 条第 2 款规定，少年禁闭由少年法官执行，其执行场所在各州司法行政部门所属的少年禁闭所或业余时间禁闭室执行。[2]再看《少年法院法》第 5 条第 3 款：若将少年安置于精神病院或戒除瘾癖的机构后，法官认为判处惩戒措施或少年刑罚已无必要的，则不得判处惩戒措施或少年刑罚。[3]由此可见，惩戒措施是与监禁型保护处分性质相同的处遇措施。这还说明，对于少年而言并不排除《德国刑法典》中保护处分的执行，而是采取一种"替代适用"的方式执行。当然，《少年法院法》93 条 a 第 1 款还特别规定了依照普通刑法典第 61 条第 2 项规定之处分（安置于瘾癖机构处分），为有瘾癖的少年提供所需要的特殊治疗方法和社会帮助机构的规定，这再次证明了对于少年采取替代执行戒除瘾癖保护处分。这与德国刑法体系采取的"二元双轨制"有密不可分的联系。德国刑法采取二元双轨运行制——刑罚与保护处分并行。从保护处分的类型而言，保安监禁是极其严厉的处遇措施，对于惯犯、累犯等具有严重人身危险性的行为人在

---

〔1〕 参见《德国刑法典》，徐久生、庄敬华译，中国方正出版社 2004 年版，第 180 页。

〔2〕 参见《德国刑法典》，徐久生、庄敬华译，中国方正出版社 2004 年版，第 209 页。

〔3〕 参见《德国刑法典》，徐久生、庄敬华译，中国方正出版社 2004 年版，第 178 页。

刑罚之后继续执行保安监禁，因此就保安监禁来说，采取的是并罚主义。而对于其他不同类型的保护处分而言，都采取替代主义，即保护处分可以折抵刑期。司法实践中，对于许多短期自由刑而言，在执行完保护处分之后，无需执行自由刑。《少年法院法》第 5 条仍是替代主义的体现。还需注意的是，根据《少年法院法》第 8 条，教育处分可与数种惩戒措施并处，但不能与少年禁闭并处，这再次说明了除少年禁闭以外的惩戒措施都是限制自由型保护处分。

对于判处缓刑少年而言，德国刑法规定通过考验帮助人（Bewährungshilfe）监督少年执行缓刑。这种考验帮助人制度其实是限制自由型保护处分行为监督的一种体现，通过法官聘任的考验帮助人，来监督少年完成法官规定和指示少年必须完成的义务。从《少年法院法》第 24 条至 26 条可知，考验帮助人具有以下权利和义务：[1]（1）考验帮助人在征得法官同意后，有权力监督法院对少年作出的指示、规定之义务及承诺的履行情况。（2）少年的监护人及其法定代理人应与考验帮助人积极合作。（3）考验帮助人有权进入少年住所，并有权向监护人、法定代理人、学校以及职业培训学校中的老师了解该少年的生活状况。（4）考验帮助人有义务向法官报告被判缓刑少年在缓刑执行期间的生活状况，如果有严重或屡次违反指示、规定之义务和承诺的情况时，必须及时告知法官。即便是对于成立犯罪的少年而言，执行少年刑罚的主要目的还是教育和矫正少年，所以纵观德国少年刑法，少年刑罚主要是以缓刑为主要执行方式的刑罚手段，例如《少年法庭法》第 88 条第 1 款特别强调了在考虑到公众安全利益的前提下，如果不再执行余刑有利于少年的成长，执行负责人可将刑罚的余刑予以缓刑交付考验。[2]由此可见，通过缓刑手段对少年的行为进行限制和监督在德国少年刑法中起着举足轻重的作用。

除了上述限制自由的处分之外，对少年的监禁型保护处分仅适用《德国刑法典》第 61 条第 1 项和第 2 项规定，即针对罹患精神疾病的保护处分和针对毒瘾、酒瘾的保护处分。这里涉及一个执行顺序的问题：当少年因罹患精神疾病或因毒瘾、酒瘾等原因而实施不法行为而需要被保护处分时，在有必

---

〔1〕《德国刑法典》第 24 条至 26 条，参见《德国刑法典》，徐久生、庄敬华译，中国方正出版社 2004 年版，第 184~185 页。

〔2〕 参见《德国刑法典》，徐久生、庄敬华译，中国方正出版社 2004 年版，第 208 页。

要继续对其实施刑罚的前提下，到底是先执行少年刑罚或惩戒措施还是先执行保护处分？从《德国刑法典》第 67 条 c 来看，自由刑限于同时判处的收容处分执行的，在刑罚执行完毕前，法官应考察对该人是否仍需收容才能达到处分目的，若无需收容，则暂缓执行收容交付考验，对行为人的行为进行监督；若收容处分命令自生效后 3 年后未开始执行，并因官方命令中关于某一机构的时间不计入这一期限内，为了处分目的仍需收容的，法院应命令执行处分。[1]按照这一规定，对成年人而言，刑罚执行完毕后若仍有对社会存在危险性需要执行保护处分的，应当在刑罚完毕后执行保护处分。虽然这种情况较为少见，但立法上如此规定是出于社会防卫的考虑。因此对于少年而言，确实存在刑罚执行完毕后继续执行保护处分的可能。当然，对于少年的保护处分设置了执行限制，根据《德国刑法典》第 67 条 c 第 2 款之规定，如果少年不符合暂缓执行安置于精神病院或戒除瘾癖机构的条件，且自命令生效后 3 年起，非经过法院命令不得再执行。这种情形在司法实践中虽然较少，但不能说没有，设置的目的是更好地实现保护处分的目的。[2]不仅如此，该条还规定如果有特别情况表明，能够通过暂缓执行达到处分目的，法官也可命令其交付暂缓考验，对其被暂缓考验的行为人进行行为监督；还有该法第 67 条 a，若法院被保护处分人经转换能够更好地促使其重返社会，可进行转换。这些都说明对行为人处以矫正处分或保护处分后拥有相互转换的法律依据，这一弹性规定旨在能够更好地治疗、矫正被保护处分人，使其重返社会。这一点在德国不来梅州（Bremen）保护处分执行法第 7 条有所体现："保护处分执行的目的在于，通过对病人实施医疗措施、心理治疗措施、社会治疗措施，以实现刑罚执行法第 136 条第 2 句和 137 条规定的刑罚执行目的，并使其适应社会生活和职业方面的需要。"[3]

总体上来说，针对少年的处遇理念是以限制自由为主、剥夺自由为辅进行处遇的。由于隔离性监禁措施、预防性监禁措施的存在，学者们对德国少年刑法的看法褒贬不一。犯罪学的研究成果显示，对德国少年采取剥夺人身自由的处分比对成年人更容易被批准，这意味着针对少年的刑罚上甚至要严

---

[1]　参见《德国刑法典》，徐久生、庄敬华译，中国方正出版社 2004 年版，第 30 页。

[2]　参见徐久生：《保安处分新论》，中国方正出版社 2006 年版，第 81 页。

[3]　参见徐久生：《保安处分新论》，中国方正出版社 2006 年版，第 220 页。

于成年人的刑罚。[1] 从少年刑罚的短期自由刑、矫正处分和保护处分执行状况来看，与成年人相比，对于少年执行这些类别的平均刑期要高于成年人。[2] 这样做的原因是，少年刑罚及惩戒处分的要旨是教育和治疗，它的积极意义要大于它的消极意义——通过教育、矫正等手段降低少年的再犯率（recidivism rate），从而使之回归社会。但也有学者反对这种观点，他们认为预防性监禁并不适合少年。例如，有学者认为没有充分理由相信教给少年一些职业技能或是给他提供其他的治疗、处遇方式能够有效地降低少年的再犯率，因为从差异性（differences）上而言，矫正组（the groups treated）在作为被试后在矫正前后并没有显著性差异，即便有差异也是在矫正前既存的差异。[3] 还有学者认为隔离监禁制裁的理念并不适合青少年犯罪行为人，对其再犯风险进行预测显然比预测成年人更难。[4] 从德国青少年司法体制改革来看，将青少年刑法从普通刑法区别开来的目的是更好保护青少年的利益，这都源自冯·李斯特先生所提出的"修复性思考"。其次，以监禁作为主要手段，各种处遇方式逐渐被限制自由的隔离处遇方式所取代，即便对行为人处以监禁型处遇措施，也大多处以确定的刑期而非不确定刑。最后，调解被害人与少年服刑人员之间的关系是近年来一种新的修复被害人与少年服刑人员之间关系的桥梁。

## 第二节　日本罪错未成年人保护处分立法及执行

### 一、日本罪错未成年人保护处分立法状况

从刑法体系来看，日本并没有在刑法典中规定保护处分，所以在形式上日本刑法采用了刑罚一元主义，但绝不能否认保护处分在日本刑事法中的存

---

[1] Heinz, Wolfgang. 1987. "Recht und Praxis der Untersuchungshaft in der Bundesrepublik Deutschland: Zur Disfunktionalitat der Untersuchungshaft gegeniiber dem Reformprogramm im materiellen Strafrecht." Bewihrungs- hilfe 34: 5-31.

[2] Pfeiffer, Christian, I. Delzer, D. Enzmann, and P. Wetzels. 1998. Ausgrenzung, Gewalt und Kriminalitat im Lebenjunger Menschen. Hannover: Deutsche Vereinigung fur Jugendgerichte und Jugendgerichtshilfe

[3] Geissler, Isolde, *Ausbildung und Arbeit im Jugendstrafvollzug: Haftverlaufs - und Rückfallanalyse*, Freiburg: Max-Planck-Institut fur Auslindisches und Internationales Strafrecht.

[4] Kizing, J, *Die Legalbewährung gefährlicher Rückfalltäter*, Duncker & Humblot, 2010.

在。日本罪错未成年人的保护处分主要体现在《少年法》所规定的保护处分中。按照德国通说，保护处分属于广义的保安处分，但是保护处分的基本思想源于社会防卫，而保护处分的基本思想是以少年保护的必要性作为其核心理念。因此《少年法》整部法律采取的都是以保护处分优先原则作为其首要适用原则的。因此，保护处分和保安处分的区别在于：（1）科处保护处分、保安处分二者的前提都是以行为人的社会危险性作为基础的，但所谓的目的不同，保护处分基于保安的要求，而少年则是基于福祉的要求；（2）保安处分是刑罚的补充、替代手段，而保护处分是回避以刑罚方式追究少年刑事责任的手段；（3）保安处分的是以消除反复实施犯罪的社会危害性作为其目的，而保护处分则是从少年的健康成长出发而采取必要的保护。[1]《日本刑法典》第 41 条规定："未满 14 岁者的行为，不处罚。"[2] 显然，这是基于行为人年少而推定其缺乏辨别是非的能力，故规定未满 14 周岁的行为人不具备罪责能力。这一规定与绝大多数国家规定相同，但针对少年的其他规定体现在《少年法》中，该法将已满 14 周岁不满 20 周岁实施不法行为的少年统称为"犯罪少年"。[3] 这与其他国家针对罪错未成年人的分类有所不同，当然这样做的原因是出于刑事政策的考虑，通过保护处分的方法预防犯罪，从而回避刑罚、意志处罚。

按照《少年法》的分类方法，保护处分对象包括犯罪少年、触法少年和虞犯少年三类（下文将此三类处遇对象统称为"非法少年"）：[4]（1）犯罪少年。犯罪少年应从两个层面来理解，犯罪少年中的"少年"是指根据《少年法》第 2 条第 1 款规定不满 20 周岁的少年，上文已述，不满 14 周岁的少年不具备罪责能力，因此犯罪少年的年龄范围仅指已满 14 周岁不满 20 周岁的少年；"犯罪"是指符合普通刑法犯罪构成要件，不法且有责的行为。《少年法》第 3 条第 1 款第 1 项中所指的犯罪少年是指已满 14 周岁不满 20 周岁实施了符合构成要件不法且有责行为的行为人。从保护刑的角度而言，如果青

---

〔1〕 参见 ［日］ 大谷实：《刑事政策学》，黎宏译，中国人民大学出版社 2009 年版，第 168-169
页。

〔2〕 参见 ［日］ 西田典之：《日本刑法总论》，王昭武、刘明祥译，法律出版社 2013 年版，第
251 页。

〔3〕 同上。

〔4〕 参见 ［日］ 大谷实：《刑事政策学》，黎宏译，中国人民大学出版社 2009 年版，第 356-357
页。

少年罹患精神疾病而实施不法行为，只要有保护的必要性，则应作为犯罪少年处理。但由于对该少年的保护内容包含矫正的处遇措施，所以必须将少年的罪责能力纳入评价范围，因此在少年心神丧失的情况下，应将其作为强制医疗对象而非保护对象。（2）触法少年。触法少年是指根据《少年法》第3条第1款第2项，不满14周岁触犯刑法法令的少年。[1] 这里触犯刑法法令是指少年实施了符合要件的不法行为。虽然日本《刑法》第41条否定了未满14周岁行为人的罪责能力，但这一规定并非认为未满14周岁的行为人属于日本《刑法》第39条第1款中所称的因"心神丧失"而欠缺罪责能力的情状。[2] 故触法少年并不包括未满14周岁心神丧失的情形，这也是从谴责的可能性上考虑的。（3）虞犯少年。虞犯少年中的"虞"有预料、可能之含义，因此从字面意思来讲，虞犯是指有可能犯罪。《少年法》第3条第1款第3项规定属于以下四种虞犯事由之一的称为虞犯少年：①具有不服保护人的正当监督的性格；②无故离家；③同具有犯罪之虞或不道德的人交往，或出入可疑场所；④具有伤害自己或他人德行的性格。虞犯少年并没有对年龄作特殊限制，因此按照前述《少年法》第2条第1款规定，虞犯少年是指不满20周岁符合上述行为类型的行为人。就虞犯少年虞犯的认定而言，对少年行为达到何种程度才能认定其虞犯性，是根据经验法则归纳出来的，这也是一种少年可能实施不法行为前置类型化的一种体现。《少年法》的提前介入，无非是一种对未然之罪的特殊预防，这也是防范少年犯罪于未然的体现。

对非法少年的处遇方式，《少年法》将其分为两类，第一类是属于少年保护案件，这一类案件仅由家庭法院就可处理；第二类属于少年刑事案件，这一类案件是指在家庭法院审查案件阶段，发现该案件属于刑事案件，应当移送检察官处理，并最终由法院判决。从处遇对象上来看，对于触法少年、虞犯少年，仅家庭法院就可处理此类案件；对于犯罪少年而言，由于少年已经构成犯罪，显然在程序上应由公诉机关及普通法院来处理，但是这并不排除在该过程中产生逆向移送的情形。从程序上来看，《少年法》对实施不法行为的少年采取措施在宏观上可分为三个过程：其一，发现少年实施不法行为并

---

[1]　参见《日本少年法》，尹琳译，载《小六法》，有斐阁，第1729–1735页，转引自尹琳：《日本少年法研究》，中国人民公安大学出版社2005年版，第253页。

[2]　参见 [日] 山口厚：《刑法总论》，付立庆译，中国人民大学出版社2011年版，第256页。

对其采取受案分选的过程；其二，对移送给家庭法院进行调查及审判的过程；其三，对被予以保护处分的少年及移送给检察官后被判处刑事处分的少年执行处分的过程。[1]在经历调查阶段和审判阶段后，家庭法院作出处分或者不处分的决定。如果有必要对非法少年采取保护观察的措施，则通过移送至相关执行机构来完成处分，包括：①移送保护观察所进行保护观察；②移送至教养院或保育设施；③移送少年院；④没收成为刑法上没收对象的物件；⑤在实施保护处分的同时，决定附加家庭法院调查官的观察，规定遵守其具体事项并令其履行，也可附条件地交付给其保护人，或适当设施、团体及个人，委托其进行辅导。[2]之所以如此处理是因为少年与成年人不同，因此在对待非法少年程序的各个阶段与成年人不同。对于少年保护程序各部分，申言之：[3]

第一，少年保护程序始于发现非法行为后移送至相关机关。警察或公民发现少年的不法行为后，应采用书面形式，连带调查的相关材料证据及参考资料全部移送给家庭法院。这就说明除了少年搜查机关之外，其他任何机关没有搜集非法少年的不法行为事实证据的权限。对于未满14的虞犯少年，根据《儿童福祉法》第25条之规定，只有在由都、道、政、县知事或儿童咨询所所长移送的情况下，家庭法院才可以进行审判。这是儿童优先保护主义原则的体现，在该原则下，只要发现少年的不法行为，都必须首先向儿童福利机关报告，在儿童福利所所长认为交付家庭法院较合适的情形下才能移送给家庭法院。如此说来，《儿童福祉法》是补充《少年法》处理非法少年事件的重要法律。以上所述的仅是针对触法少年和虞犯少年的移送，但并不包括犯罪少年。家庭法院对于法定刑为死刑、徒刑及监禁的犯罪的调查结果，对照其罪质及罪状，认为足够予以刑事处分时，应将该案件移送给检察官，这一司法过程称之为"反送"。[4]对于被通告给儿童福利机关的犯罪少年，因儿童福利机关不拥有受理犯罪少年的权限，儿童福利机关可以指示通告人直

---

[1] 参见尹琳：《日本少年法研究》，中国人民公安大学出版社2005年版，第114页。

[2] 参见［日］大谷实：《刑事政策学》，黎宏译，中国人民大学出版社2009年版，第365页。

[3] 参见尹琳：《日本少年法研究》，中国人民公安大学出版社2005年版，第115-179页。注：下文关于《少年法》法条的引注皆出自本书附录部分（第252页至第280页）中文版《少年法》，故下文概不赘注。

[4] 参见［日］大谷实：《刑事政策学》，黎宏译，中国人民大学出版社2009年版，第357页。

接向法院进行通告或者将所受的通告送交于家庭法院再反送至检察官。[1]

第二，在移送案件后，由家庭法院进行受理。家庭法院受理案件后，应对具体事项进行审查，包括：审判条件、是否需要移送、是否需要启动正式审判程序等。按照《少年法》第 8 条第 1 款之规定，认为应当将少年交付审判时，必须进行案件调查。法条中所称的"调查"是受理前调查，不是家庭法院受理案件后的正式调查（社会调查），主要为审判做准备。受理前调查主要有两项内容较为重要，即受理案件的分配、分类和观护措施。案件的受案分类是根据日本 1984 年制定的《少年案件处理要领模范试案》规定的具体办法进行处理的，其基本原则是"适当且迅速地处理案件"与"同性质案件的同样处理"两个原则。家庭法院受案分类的重点在于快速处理这些案件，其实质标准是审查少年不法行为的实质以及需要保护性的轻重，通常最初由经验最为丰富的主任调查官进行受理分选程序。[2]在受案分类后，为了审判需要，家庭法院可决定是否对少年采取观护措施。按照《少年法》第 17 条之规定，观护分为两种措施：一种是由家庭法院调查官进行的住宅观护，司法实践中将其称之为"一号观护"；另一种是移送少年鉴别所后的收容观护，司法实践中称之为"二号观护"。

第三，少年保护案件的实际评价标准是对不法行为实质的评价及少年需要被保护的程度，调查官需要在受案分类后对调查结果进行审查。根据《少年法》第 9 条之规定，调查官在调查过程中需运用心理学、医学、教育学及社会学等一系列专业知识，进行一系列的调查。但是单纯依靠调查官调查是不够的，因此《少年法》设立了鉴别机关来辅助调查官完成调查。鉴别的目的是探明少年的素质、经历及人格等各种因素的联系。不仅如此，家庭法院还设置一种试验观察来观察少年的行动状况。这种试验观察制度是一种中间性决定，旨在利用保留最后处分产生的心理效果，通过监督和指导的方式以求达到心理强制的作用。在调查过程中是一种暂时性保护措施，因此在审判生效时，试验观察即失去效力。

第四，审判少年案件与审判普通刑事案件有着很大的不同。首先，审判少年案件的家庭法官在审判前就通过阅览移送来的案卷及家庭调查官的调查

---

[1] 参见 [日] 平场安治：《少年法》，有斐阁 1987 年版，第 138 页。
[2] 参见 [日] 泽登俊雄：《少年法入门》，有斐阁 2003 年版，第 95 页。

结果有一定了解，在审判开始时就对少年是否存在非法行为及是否有必要适用保护处分持有"盖然性的心证"。这与审理普通民事案件不同，即带着空白心证亲临审判。但正如团藤重光教授所言："家庭法院调查官的调查更容易倾斜于少年，因此，法官即使根据这些资料得到一定的心证，还是应该尽可能怀着空白之心面对审判。"[1]这也说明持有心证法官在审理时可能会因为主观色彩过于浓重导致司法不公现象的出现。基于此，在审判少年案件的阶段应当遵守非公开原则、非正式原则、个别审理原则、合并审理原则、直接审理原则及保密原则。这些原则都是从保护少年作为最基本出发点进行规制的。

第五，少年保护案件终于最后阶段的决定，这一决定在两个阶段可能被完成：其一是调查阶段进行的决定；其二是经过审判后的决定。在调查阶段终结的决定包括：不予以审判的决定、移送儿童福利机关的决定和移送检察官的决定。必须经过审判才能进行的决定包括：不处分决定和保护处分的决定。上文已述，试验观察决定是一种家庭法院临时中间决定，除此之外，还包括观护措施决定、审判开始决定以及移送、递送决定等。在此，本书重点介绍"不予以审判、不处分决定""移送决定"和"保护处分决定"：（1）不予以审判决定、不处分决定。家庭法院在审判过程中如果认为少年没有必要进行保护处分，则作出不予以审判、不处分的决定。《少年法》第19条第1款规定了不予以审判决定的适用条件：根据调查结果，家庭法院对不能交付审判，或者交付审判不合适的案件，必须作出不予以审判的决定。该条第2款规定了不处分决定的适用条件：家庭法院根据审判结果，认为既不能交付保护又没有必要进行保护处分时，应当不交付保护处分。对比不予以审判决定和不处分决定，可以发现前者的决定依据是以家庭法院的调查结果为准，而后者的决定依据是根据审判结果而定的。（2）移送决定。移送决定是指家庭法院将案件转移给家庭法院之外的机关负责处理案件。具体来说，包括移送儿童福利机构的决定和移送检察官的决定。首先是移送儿童福利机构的决定。《少年法》第18条规定，家庭法院依据《儿童福祉法》的规定采取措施比较合适之时，可以通过决定将该案件移送给有权限的相关都、道、府、县知事或儿童咨询所所长。根据《儿童福祉法》第20条、23条的规定，对儿童采取的措施包括争取训诫或誓约书、委托指导、委托保护承诺人、安置在

---

〔1〕 参见 ［日］团藤重光：《新版少年法》，有斐阁1984年版，第201页。

教护院等。当然,受移送的少年也包括伴随着强制性措施的移送。根据《少年法》第 6 条第 3 款之规定,对有必要采取强制措施的少年可施以限制或剥夺其自由。一旦对少年采取强制措施,必须书面表示采取强制措施的期限及方式。其次是移送检察官的决定。移送检察官的决定也称之为"反送",根据《少年法》第 20 条规定,当少年的非法行为是犯罪行为时(即该行为的普通法律后果相当于死刑、徒刑等),必须通过决定将该案件移送给检察厅的检察官,这个检察厅必须对应着案件辖区的地方法院。但是,移送时不满 16 周岁的少年不得移送给检察官。除了"罪行相当于死刑、徒刑或监禁罪之刑"这一形式要件,还必须具备实质要件。实质要件要求非法行为的罪质以及情节与刑事处分相当,这意味着利用保护处分已经无法矫正少年的危险性,故应当交付刑事诉讼程序追究其行为。[1]还需说明的一点是,对于即将年满 20 周岁的少年,日本少年刑法将其称之为"年龄迫近少年",在调查的过程之中年满 20 周岁,也必须反送给检察官。(3)保护处分决定。保护处分决定是家庭法院作出的最后决定中最为重要的处分形式。在不法行为事实得以证明且在审判阶段亦采取了保护性措施,但即便如此仍要对少年采取保护性措施,根据《少年法》第 24 条,保护处分决定具体包括三种类型:保护观察、移送至儿童自立支援设施或儿童养护设施、移送至少年院。保护观察属于非监禁处遇,通过社会内的处遇方式,将其置于家庭或工作场所,予以指导监督及辅导援助。保护观察并非仅指针对少年保护处分(一号观察),还包括针对少年院退院者的观察(二号观察)、针对假释者的观察(三号观察)、针对缓刑者观察(四号观察)、针对妇女辅导院退院者的观察(五号观察)。移送至儿童自立支援设施或儿童养护设施是根据《儿童福祉法》的规定设置的,实行教育或抚育,原则上属于开放性收容处分,主要针对虞犯少年儿童,对其实施教养,改善性格倾向从而回归社会。移送少年院是根据《少年法》第 4 条第 1 款之规定,对少年进行矫正教育是诉诸自觉,将少年监禁于一定设施内而实施的保护处分。移送少年院是最严厉的保护处分措施,包括初等、中等、特别以及医疗少年院。少年院的处遇方式是对被监禁少年实施矫正教育,所谓矫正教育是以特殊预防为要旨对少年实施的矫正。在日本司法实践中,对少

---

〔1〕 参见 〔日〕 守屋克彦:《现代的非行与少年审判》,劲草书房 1998 年版,第 57 页。

年矫正重点放在训育方面，其内容主要是课程教育及训练等。[1]

第六，在作出少年保护处分的决定后，《少年法》还规定两种事后程序：一是上诉，二是撤销保护处分决定。被处以保护处分的法定代理人及陪同人依据《少年法》第 32 条的规定，对家庭裁判违反法令及重大事实认定错误的行为进行上诉；若该案件有检察官参与，则由高等裁判所提起上诉。除了上诉以外，在保护处分的存续期内，若原决定存在明显违反正义的情形下，应当撤销原决定，因此，保护处分的撤销具有"再审"的类似功能。[2]

## 二、日本罪错未成年人保护处分执行状况

上文已述，关于少年保护案件的决定大体包括两类，一类是处以保护处分决定的裁决，另一类是处以刑事处分决定的裁决。下文主要从保护处分决定的执行进行阐述。[3]

保护处分的决定分为保护观察、移送至儿童自立支援设施或儿童养护设施及移送至少年院三种处分类型。

### （一）保护观察的执行

保护观察包括 1 号观察和 2 号观察。1 号观察的法律依据是《改造保护法》第 47 条第 1 项第 1 款，保护期间是被判处保护之日起至 20 岁为止，若被判处之日起至 20 岁不足两年的，则以两年为限。在执行时，如果少年表现良好，符合解除保护观察的条件，没有必要对行为人继续施行保护观察的，执行机构可以停止实施保护观察。当然，这种"良好停止"的解除保护观察方式是一种有利地解除保护观察的措施。如果仅依靠保护观察不足以矫正青少年的，执行机构可依据家庭法院的通告取消保护观察，这是一种不利的解除保护观察的措施。2 号观察主要依据的是《改造保护法》第 48 条第 2 款之

---

〔1〕 参见 ［日］梅村谦：《作为教师的矫正职员》，载《刑政》1999 年 100 卷 6 号，第 17 页。

〔2〕 参见 ［日］川出敏裕、金光旭：《刑事政策》，钱叶六等译，中国政法大学出版社 2016 年版，第 280 页。

〔3〕 少年保护案件并不排除反送至公诉机关的公诉案件，对于公诉的少年案件，法院有可能对少年处以刑罚，其具体刑罚参照成年人的法定刑减轻处罚。例如根据《少年法》51 条之规定："对犯罪时未满 18 周岁的人，应判处死刑的，判处无期徒刑；应当判处无期徒刑的，判处 10 年以上 20 年以下的徒刑或监禁。"但对于少年的刑罚执行总归属于少年监狱的执行范畴，在此不展开论述。

规定，其处遇对象是决定在少年院执行假释出来的少年，这一期间通常来说始于假释开始之日终于假释结束之日。如果中少年违反假释过程中需遵守项目的情况时，应当撤销假释并继续由少年院收容。通常而言，2 号观察处遇对象的年龄到 20 岁为止，但根据矫正及保护的必要性，可以延长至 26 岁。

针对少年而言，不管是 1 号观察还是 2 号观察，因少年不法行为类型的不同，采取不同的保护观察形式加以约束，包括交通保护观察、交通短期保护观察、一般保护观察和短期保护观察。交通保护观察的处遇对象是因交通案件而被交付保护观察的人，通过实施与交通法规、驾驶技术等相关指导的方式进行教育观察。交通短期保护观察的实施对象因不法性程度不高，因此对其采取短期观察，期限一般在 3 个月至 4 个月之间，通过实施与安全驾驶相关的集体处遇来矫正其危险性，在执行这一处遇措施时，让参与人报告自己违反规定的事实，在全体成员中展开讨论。一般保护观察和短期保护观察是相对于交通保护观察及交通短期保护观察而言的，即除了交通案件以外的一般不法少年采取此两种措施。其中，一般保护观察的期限通常在 1 年后考虑是否应予解除，短期保护观察的实施期间大约在 6 个月至 7 个月之间。在执行一般保护观察时，应当从少年的生活习惯、学校生活、家庭关系、朋友关系等方面入手，通过勒令少年参与一些社会活动（包括在福利社会中的看护活动、社会服务活动等），改善少年不良生活习惯。从日本近年来执行保护观察的状况而言，最多的 1990 年达到了 78 112 人，至 2007 年时明显减少，大约有 31 000 人，其中 2 号观察者有 4 300 人。[1]

（二）移送至儿童福利设施的执行

移送至儿童福利设施的处遇包括移送至儿童自立支援设施和儿童养护设施。此处的"儿童"与《少年法》中的"少年"年龄范围不同，根据《儿童福祉法》第 4 条的规定，儿童是指未满 18 周岁的人。上文已述，儿童自立支援保护设施主要针对的对象主要是儿童，其前提条件是该儿童被评价为实施了不良行为或有实施不良行为之虞，家庭法院再根据其身处的家庭环境等其他方面理由综合决定将其收容在该设施中，通过个别矫正和处遇的方法（包括生活指导、课程指导和职业指导），从而改善其性格倾向，旨在使儿童能够

---

〔1〕　参见 ［日］ 大谷实：《刑事政策学》，黎宏译，中国人民大学出版社 2009 年版，第 365 页。

更快地回归社会并走向自立。儿童自立支援保护设施最早起源于 1990 年日本《感化法》设立的"感化院"，后来更名为"少年教护院"，1947 年根据《儿童福祉法》变为"教护院"。1998 年由于《儿童福祉法》的再次修改变更为"儿童自立支援保护设施"，以家庭式、非强制处遇的社会福利设施，为儿童提供必要的环境，对儿童进行生活指导的同时，还在设施内讲授义务教育的课程。至 2016 年，儿童自立支援设施在日本共有 58 所，其中国立的有 2 所，公立的有 54 所，原则上由道府县管辖。[1]

儿童养护设施所调整对象虽然也是儿童，但其功能与儿童自立支援设施不同，它的主要功能在于保护儿童，让儿童脱离受虐待及没有保护的状态。儿童自立支援设施的运营方式主要是以夫妇的小舍制为主，作为夫妇的职员在具有家庭氛围环境中与十名左右的儿童共同生活的执行方式。[2]儿童养护设施的前身是"孤儿院"，二战后更名为"儿童掩护设施"，1998 年根据《儿童福祉法》更名为"儿童养护设施"，主要针对亲人死亡、失踪、伤病住院、离异等原因需要保护的儿童，一般到 18 岁为止，可延长至 20 岁。故儿童养护设施与儿童自立支援设施虽同为儿童福利设施，但显然儿童养护设施更偏有保护性质。由于移送至儿童养护设施的前提仍是儿童具备非法行为，故在日本司法实践中很少将儿童移送至儿童养护设施，多数情况以收容至儿童自立支援设施代之。

(三) 移送至少年院的执行

将少年移送至少年院是一种较重的处遇措施，因为这种收容方式是以剥夺少年的人身自由作为主要执行方式。少年院主要包括四种类型，即初等、中等、特别及医疗少年院。这四种类型主要是根据少年的年龄和身心健康的程度进行划分的。初等少年院、中等少年院及特别少年院所监禁的对象都是身心没有明显障碍的少年，其划分标准主要从年龄和人身危险性进行划分。初等少年院主要监禁年满 14 周岁不满 16 周岁且身心无障碍的少年；中等少年院主要监禁年满 16 周岁不满 20 周岁且身心无障碍的少年；特别少年院主

---

〔1〕 参见 ［日］川出敏裕、金光旭：《刑事政策》，钱叶六等译，中国政法大学出版社 2016 年版，第 283 页。

〔2〕 参见 ［日］服部郎、佐佐木光明：《Hand Book 少年法》，明石书店 2000 年版，第 271 页以下，载尹琳：《日本少年法研究》，中国人民公安大学出版社 2005 年版，第 170 页。

要针对年满 16 周岁不满 20 周岁人身危险性较强且无身心障碍的少年。医疗少年院与前三者不同，主要收容身心有障碍的少年，其年龄范围在 14 周岁至 26 周岁之间。执行少年院处遇时应当遵循"个别矫正原则"，通过对少年个人实施的课程教育、职业训练内容来矫正少年。"个别矫正原则"深刻体现着新派对行为人所主张的特殊预防理念，在这一方针的指导下，少年院应当依据少年的个人的性格特征、喜好、意愿、情绪稳定性、身心状况等方面来制订少年的处遇方案。但是，日本少年院在实际运作过程中限于司法成本的原因，大都采取集体形式进行教育和指导。考虑到"个别矫正原则"，集体形式教育指导必然违背这一原则，日本司法机关想出一种折中的办法：按照少年的特点集体分类，分别对各个集体采取最为合适的处遇，这就是分类处遇。[1]

按照集体分类处遇的方针，少年院的处遇内容区分为一般短期处遇、特别短期处遇和长期处遇三种类型执行少年院：[2]

一般短期处遇包括文化教育课程（S1）、职业指导课程（S2）和前途指导课程（S3）。文化教育课程的对象是必须学习义务教育课程者，必须接受高中教育并具有该种意愿的人以及必须接受辅导教育的人；职业指导课程的对象是为了提高与将来就业相应的意识、知识、技能而有必要接受就业指导的人；前途指导课程的对象是为树立明确的生活设计而有必要接受前途指导的人。

特别短期处遇和一般短期处遇相比，其处遇少年的人身危险性并不明显，通过早期改造的可能性极大，故通过短期、持续的集中指导和训练，能够期待其矫正回归社会，适合开放处遇的人。

长期处遇包括生活训练课程、职业能力开发课程、文化教育课程、特殊教育课程和医疗措施课程。其中，生活训练课程包括三类：G1、G2 和 G3。G1 的课程对象主要是具有明显的性格偏执和反社会倾向、特别有必要接受指导以及身心训练的人；G2 的课程对象是必须接受和日本人不同处遇的外国人；G3 的处遇对象是不良行为重大、问题重大、复杂，在矫正过程中必须进

---

〔1〕　参见 ［日］ 大谷实：《刑事政策学》，黎宏译，中国人民大学出版社 2009 年版，第 368 页。
〔2〕　下文主要参考日本 2007 年的《犯罪白皮书》，载 ［日］ 大谷实：《刑事政策学》，黎宏译，中国人民大学出版社 2009 年版，第 368~369 页。

行特别处遇的人。这说明生活训练的 G1 和 G3 课程主要是运用犯罪心理学的技术手段对具有严重人身危险性及有人格障碍、性格偏执的少年进行处遇。职业能力开发课程包括 V1 和 V2。V1 的课程对象是有必要进行《职业能力开发促进法》中所规定的职业训练的人进行十个月以上的培训。V2 涵盖 V1 的课程对象，除此之外，还包括有必要增强职业意识、知识、技能而接受职业指导的人。文化教育课程包括 E1 和 E2。E1 的课程对象是有必要学习义务教育课程的人；E2 的课程对象是必须接受高中教育且具有该种意愿的人。如此说明，长期处遇中的职业能力开发课程和文化教育课程所针对的处遇对象是一般的少年。特殊教育课程包括 H1 和 H2。H1 的课程对象是由于智力障碍有必要接受专门的医疗措施但身心没有明显疾病的人，也包括类似于对智力障碍的人进行处遇。H2 的课程对象是由于情绪不稳定、明显地不适应社会，有必要接受专门治疗教育的人。医疗措施课程包括 P1、P2、M1 和 M2。P1 是针对身体患有疾病的人；P2 是针对肢体残疾的身体障碍的人；M1 针对的是精神病人及可能有精神病的人；M2 针对的是精神病质以及可能精神病质的人。与针对一般少年的职业能力开发课程和文化教育课程相比，特殊教育课程和医疗措施课程的对象主要是身心不健康及有罹患精神疾病的少年。

通常来说，在少年院进行的处遇分为新入时教育过程、中期教育过程和出院准备教育。其中，新入时教育包括：健康诊断、新入教育和分类调查；中间教育包括：生活指导、职业辅导、课程教育、保健体育和特别活动；出院准备教育包括：前程指导和院外活动。[1]少年院的分类处遇以上述阶段处遇为基础将被矫正少年分为不同阶段的人，包括 3 级、2 级下、2 级上、1 级下和 1 级上五个级别，根据其成绩的提高程度顺次由原级向各个阶段转移，据此来激发少年改过自新的愿望。少年院通过不同的培训课程，旨在帮助其养成良好的生活习惯，消除其不适应社会的因素，促使其更快回归社会。特别需要说明的是，这些机构还经常受到社会工作者及民间志愿者等社会组织的帮助，尤其是通过教诲、谈话等形式帮助被处分少年回归社会，因此少年院的处遇措施并非单独依靠司法机构进行矫正和教育。

根据《少年法》第 11 条第 1 款，当被处遇少年的处遇期限届满时，少年

---

〔1〕 参见尹琳：《日本少年法研究》，中国人民公安大学出版社 2005 年版，第 173 页。

院院长应当让被处遇少年出院。当然，少年院长如果认为少年已经达到了矫正、治疗或教育的目的，也可以在处遇期限届满前向更生保护委员会提出提前出院申请。更生保护委员会根据日本《更生法》第 46 条之规定，认为被申请人符合出院条件时，可以决定出院。除此之外，还有一种出院情形是假释出院。假释出院的情形是当在院少年达到处遇的最高阶段时，为了少年的改过自新，令其提前出院并将其交付保护观察所所长监督其行为，若少年不遵守应予遵守的事项时，保护观察所所长根据地方更生保护委员会可以向家庭裁判所提出将少年返回收容的申请，家庭裁判所认为返回收容较为合适时，可作出返回收容的决定。

## 第三节　英国青少年刑事法体系立法及执行

### 一、英国青少年刑事法体系的立法状况

英国司法体系与上述德国、日本的大陆法系不同，它是典型的衡平法国家，即便如此，英国法院在处理罪错未成年人案件时也有类似于大陆法系保护处分性质的隔离、监禁处遇方法。英国青少年司法体系（youth justice）与德、日两国相似，其裁决机关、司法程序、评价等方面内容都属于独立的青少年司法体系，与成人司法体系分隔。就司法性质而言，英国刑事司法制度并非体系化的保护处分，但其针对青少年处遇的部分法令具有保护处分的性质。在此对英国青少年刑事司法体系作简述，以此为构建我国罪错未成年人保护处分提供一定借鉴。

自 19 世纪末以来，出于对儿童及青少年福利、健康、教育等权益的保护，英国开始进行一系列的司法改革，逐步将青少年司法与成年人司法隔离开来，这一改革通过慈善帮助及社会控制来应对青少年犯罪问题，而导致这一问题的根源是工业革命致使大量农村人口流向城市。[1]将成年人与罪错未成年人的刑事司法体系分开的另一个原因是避免罪错未成年人与成年人监禁

---

〔1〕　See P. Parsloe, *Juvenile Justice in Britain and the United States：The Balance of Needs and Rights*, Routledge, 1978; R. Harris and D. Webb, *Welfare, Power and Juvenile Justice：The Social Control of Delinquent Youth*, Tavistock, 1987; A. Morris, H. Giller, *Understanding Juvenile Justice*, Croom Helm, 1987.

在一起形成交叉感染。基于此，英国政府在 1879 年通过了《1879 年简易审判法案》（Summary Jurisdiction Act 1879, SJA 1879），并以此来保护青少年权益。该法案规定几乎涵括所有被指控罪名的不满 16 周岁青少年，使他们避免到指控成年人严重罪行的季度审判法院（quarter sessions）进行审判。例如，在伯明翰（Birmingham）等其他城市设立专门审判青少年的治安法院（Magistrate's court）。[1]1908 年确立的《1908 年儿童法案》（The Children Act 1908, CA 1908）是英联邦政府 20 世纪初第一次司法改革的内容之一，该法案进一步扩大了青少年分离审判的范围及简易审判少年刑事案件的权力。但是，早年处理青少年案件也暴露出巨大的不足，比如，青少年案件审判工作一般由地方治安官（Magistrate Court）主持，不论在理论方面还是资金投入方面都不足。[2]青少年司法制度发生实质性改变的是《1920 年青少年法院（城市）法案》[Juvenile Courts（Metropolis）Act 1920, JC（M）A 1920]，该法案规定少年法庭法官必须由内阁大臣（Secretary of State）从地方法官提名，根据其经验及品质才能担任少年法庭的法官。该法案还规定有两名主审法官，其中一名必须是女法官，须由国务大臣提名才可担任。1925 年，由托马斯·莫罗尼爵士（Sir Thomas Molony）设立了青少年犯罪矫正委员会（Committee on the Treatment of Young Offenders），设立矫正委员会的目的是通过青少年生活环境、教育背景等因素来矫正青少年，委员会成员还敦促地方治安官放弃青少年司法权，从而实现青少年司法的改革目标。青少年矫正委员会提出的主张正反映了当时刑事思想体现——是否应通过惩罚来实现矫正青少年的效果？显然，委员会并不赞同这一观点，他们认为应当通过更加科学的方法及共情来实现青少年的矫正。[3]在青少年犯罪矫正委员会的倡导下，英国颁布了《1933 年儿童与青少年人法案》（Children and Young Persons Act 1933, CYPA 1933），进一步在程序上规范了审理青少年刑事案件的法官程序，明文规定只有在地方治安官中选拔才有担任少年法庭法官的条件，并且规定这些人必须具备特殊的

---

〔1〕 See P. Parsloe, *Juvenile Justice in Britain and the United States: The Balance of Needs and Rights*, Routledge, 1978, p. 107.

〔2〕 See V. Bailey, *Delinquency and Citizenship: Reclaiming The Young Offender, 1914 - 1948*, Clarendon Press, 1987.

〔3〕 See *Report of the Departmental Committee on the Treatment of Young Offenders*, Cmd. 2831, 1927, p. 19.

经验及条件才有资格被选拔。

二战后，英国政府为扫清战争中对青少年的刑事政策，在 1963 年修改了《1963 年儿童与青少年法案》（Children and Young Persons Act，CYPA 1963）。该法案仍保留了地方法院对青少年刑事案件的司法管辖权，在司法实践中，青少年法院对于青少年案件的司法认定解释较为弹性化。1969 年再次修改了《儿童与青少年法案》，有效地将法院进行非刑事化改革。在该法案中，将 14 周岁以下的青少年人规定为无刑事责任能力人，将已满 14 周岁不满 16 周岁的青少年人规定为限制刑事责任能力人可以被公诉。在监禁刑的执行中，其监督机构由政府新授权的社会服务机构取代原先的地方法官监督。如此一来，导致 14 至 16 周岁的青少年处以监禁刑的人数达到前所未有的高度，相对而言对于限制自由的隔离处置则呈现减弱趋势，例如在 1971 年监禁刑的人数是 3 200 人，1972 年增长到 5 900 人，到了 1981 年已经增长到 7 700 人之多。[1]基于重刑主义在青少年司法中的适用，英国政府又出台了《1989 年儿童法案》（Children Act 1989，CA 1989），该法案规定只有家庭法庭审理青少年案件，地方法官需经过特殊的程序考核选拔并经训练后才可任职，这从程序上将普通刑事案件与青少年刑事案件分离开来。[2]《1991 年刑事审判法案》（Criminal Justice Act 1991，CJA 1991）正式将审理青少年案件的法庭命名为少年法庭（youth court），即使行为人已满 17 周岁，也在其审理范围之内。[3]整体而言，有许多法案在许多方面覆盖了青少年司法，譬如，《1988 年犯罪与不法法案》（Crime and Disorder Act 1988，CDA 1988）、《1999 年青少年司法与刑事证据法案》（Youth Justice and Criminal Evidence Act 1999，YJCEA 1999）、《1994 年刑事司法与公共秩序法案》（Criminal Justice and Public Order Act 1994，CJPOA 1994）、《1998 年犯罪与不法法案》（Crime and Disorder Act 1998，CDA 1998）《2000 年刑事法庭权力（判决）法案》[Powers of Criminal Courts (Sentencing) Act 2000，PCC（S）A 2000]，限于篇幅原因，在此就不介绍了。

《1998 年犯罪与不法法案》对英国青少年司法具有重大意义，这一法案

---

〔1〕 See L. Gelsthorpe and A. Morris, "Juvenile Justice 1945-1992", in M. Maguire et al. eds., *The Oxford Handbook of Criminology*, Oxford University Press, 1994, p. 949.

〔2〕 See C. Ball, "Young Offenders and the Youth Court" [1992] Crim. L. R. 277.

〔3〕 See L. Gelsthorpe and A. Morris, "Juvenile Justice 1945-1992", in M. Maguire et al. eds., *The Oxford Handbook of Criminology*, Oxford University Press, 1994, p. 981.

是在英国工党的推动下出台的。[1]该法案旨在预防青少年犯罪并保护其利益，申言之：（1）对于被指控具有不法行为的青少年不法案件必须及时处理，不能拖延；（2）让青少年行为人直面自己犯罪行为，包括面对他们的家庭、被害人及社区中的成员，如此可以使青少年更有责任感；（3）针对不同的青少年采取不同干预方式进行矫正，其矫正方法取决于对青少年个人因素、家庭因素、社会因素、教育因素及健康状况的评估；（4）罪刑均衡；（5）鼓励青少年行为人对被害人进行赔偿；（6）加强青少年行为人对父母的责任感。不仅如此，该法案还诠释了青少年司法服务（youth justice services），专门构建青少年犯罪工作组（Youth Offending Team，YOT）来完成青少年司法服务。根据《1998年犯罪与不法法案》第38条第2款之规定，对青少年司法服务的范围作出如下界定：（a）应当向被警察拘留或羁押的青少年提供成年人的保障，以此来保护青少年及儿童的权益；（b）评估青少年的人身危险性并制定康复计划；（c）为等候审判或判刑期间还押或交付保释的儿童和青年提供支助；（d）根据《1969年儿童与青少年法案》第23条将被还押候审的青少年安置于地方当局；（e）向法院提供针对儿童和青少年的刑事诉讼中所需的报告或其他资料；（f）向有关的负责官员提供父母监护令、儿童安全令、赔偿令和执行计划命令；（g）监督执行青少年缓刑及社区矫正等命令；（h）监管被羁押以及被执行矫正训练令的青少年；（i）监督被释放后的青少年；（j）根据《2000年刑事法院权力（判决）法案》第103条（拘留及拘留后的矫正训练期限）必须由国务卿授权的行为。[2]在此之后，成立青少年司法委员会（The Youth Justice Board）用以指导青少年犯罪工作组的执行工作。

上文概括地对英国青少年司法体系发展历程进行简要梳理，现行英国青少年司法体系主要是处理18周岁以下的刑事案件。不满10周岁的青少年不负刑事责任，不满16周岁青少年的父母应当参加听证程序；在审理已满16周岁不满18周岁的青少年案件时，应当询问其父母是否参加听证。治安法院法官有权力强制青少年的父母参加听证。青少年案件的审判工作总体由专门设立的青少年法院小组（The Youth Court Panel）负责处理，这是《2008年儿

---

〔1〕 See J. Straw, A. Michael, *Tackling Youth Crime*; *Reforming Youth Justice*; *A Consultation Paper on an Agenda for Change*, Labour, 1996.

〔2〕 See *Crime and Disorder Act* 1998, URL: http://www.legislation.gov.uk/ukpga/1998/37/section/38. Last visited on 13th Sep. , 2024.

童与青少年法案》所规定的。[1]少年法庭小组由治安法院及一名英国皇家大法官共同组成，在伦敦内少年法庭依据《1994 年青少年法院令》 ［Youth Courts（London）Order 1994］由大法官指派。少年法庭应当由下列成员组成：一名地区法官和两名青少年法院工作小组成员，或者是三名成员都来自青少年法院工作小组，这些成员必须至少包括一名男性和一名女性。青少年法院的主席和副主席由青少年工作小组选举产生，整个选举过程以匿名方式投票选举。青少年法院小组成员在被选中之后有义务接受司法文员的训练。

　　程序方面的规制在《1933 年儿童与青少年人法案》第 46 条中。行为人必须未满 18 周岁才能由青少年法院管辖。[2]青少年必须有足够证据证明其年龄才能认定行为人是青少年。青少年法院有五种例外情形不在管辖范围内：（1）青少年被控告杀人罪。（2）被保释的青少年人。（3）有成年人参与的犯罪时，包括：（i）与成年人共同犯罪的成年人；（ii）受成年人教唆或帮助成年人犯罪的案件；（iii）教唆或帮助成年人犯罪的案件；（iv）在控诉青少年时产生与控诉成年人时相同情况。[3]鉴于上述情形由普通法院审理，但即便如此普通法庭在处理这些案件时也区分成年人与罪错未成年人之间的判决。譬如，在处理成年人与青少年人共同完成的案件中，即使在成年人认罪而青少年人不认罪的情形下，普通法庭可能比照青少年司法的规定减免青少年的处罚。[4]（4）英国皇家刑事法院（Crown Court）有权审判青少年案件。当未满 18 周岁的罪错未成年人被控告杀人罪时，须由英国皇家刑事法庭审判。当然，在下列两种情形下，如果青少年犯有其他罪行，治安法院仍可将青少年案件移交给皇家法院，具体包括两种情形：①如果是年满 10 周岁不满 17 周岁的青少年触犯最低法定刑为 14 年以上的罪名，或者触犯威胁男人或女人的罪行，或者因毒驾或醉驾造成他人死亡的情形时，地方法院如果有充足理由相信应当对行为人处以长期监禁刑，根据《2000 年刑事法院（判决）法案》

---

　　[1]　See *Children and Young Persons Act* 2008，URL：http：//www. legislation. gov. uk/ukpga/2008/23/contents. Last visited on 13th Sep. ，2024.

　　[2]　See s. 46（1）of *Children and Young Persons Act* 1933，URL：http：//www. legislation. gov. uk/ukpga/Geo5/23-24/12. Last visited on 13th Sep. ，2024.

　　[3]　See s. 46（1）of *Children and Young Persons Act* 1933，URL：http：//www. legislation. gov. uk/ukpga/Geo5/23-24/12. Last visited on 13th Sep. ，2024.

　　[4]　See s. 29 of *The MCA* 1980，URL：http：//www. thessdreview. com/forums/members/mca1980. 24095/.

[Pouers of Criminal Courts（Sentencing）Act 2000]，治安法院应当案件将其移交给皇家刑事法院审判。[1]②如果不满 18 周岁的青少年与已满 18 周岁的成年人共同犯罪，法院从审判利益考量认为有必要合审时可以交由皇家刑事法院合并审判；法院应当慎重酌情行使这一权力，在实际审判当中应当将少年与成年人分开审判。（5）凡青少年人在审判前被认为是不满 18 周岁的青少年人但在审理之后发现该少年已满 18 周岁，法院可以继续审理该案件，但应当比照青少年人相关法案审理。

青少年法院对不法少年判决主要包括以下五种刑事法律后果：社区判决（Community sentences）、监禁判决（Custodial Sentence）、免于刑事处罚（Discharge）、非监禁令（Non-custodial orders）、罚金刑（Financial Penalties），这五种法律后果的渊源是《1991 年刑事审判法案》（Criminal Justice Act 1991）。申言之：（1）社区类判决（Community sentences）是针对青少年不法行为的主要的处遇方式之一。根据英国政府签署的《司法及公众保护白皮书》（The White Paper on *Crime*, *Justice and Protecting the Public*），英国政府建议针对青少年的刑事政策应通过非监禁手段完成犯罪预防及司法矫正，所以政府在司法实践中处理青少年案件应把握以下三点内容："首先，社区判决本质上是对实施不法行为的青少年采取部分限制人身自由的制裁措施；其次，对于违反社区判决法令的青少年，应当延长社区判决时间并要求其继续履行禁止令；最后，执行标准应当一致。"社区判决还包括不同种类的法令，将在下文"执行部分"详述，在此不表。（2）监禁判决（Custodial Sentence）是最为严厉的处罚措施，主要针对实施严重犯罪行为（包括杀人、强奸等法定刑 14 年以上的犯罪行为）的青少年人采取的刑事制裁措施，旨在避免其误入歧途，以犯罪为生。因此，监禁判决本质上不属于保护处分，而是刑罚。（3）释放（Discharge）通常是指对实施不法行为的青少年没有必要对其采取任何刑事制裁手段的刑事法律后果。如果青少年在被宣判免于刑事处罚后的一段特殊时期之内仍继续不法行为，法官应当对其采取刑事制裁措施。（4）非监禁令（Non-custodial orders）的主要司法形式是转介令（referral order），该法令是针对青少年不法性行为的一种替代性刑事处遇措施，主要通过限制青少年自由的方

---

[1] See 91（1）of *Powers of Criminal Courts*（*Sentencing*）*Act* 2000，URL：http://www. legislation. gov. uk/ukpga/2000/6/contents. Last visited on 13th Sep. , 2024.

式实现刑罚目的。转介令通常适用于青少年初犯，即将具体案件的执行工作移交给青少年犯罪工作组并按照"修复式正义原则"（principles of restorative justice）帮助矫正青少年。（5）在正式审理之前，警察对于轻微不法的行为可以不经过审判自行处理，包括：签订端正行为令（Acceptable Behavior Contact）、反社会行为令（Anti Social Behavior）和地方儿童宵禁令（Local Child Curfew），这些法令是对初犯青少年的警告处罚，当然，警察也可通过提醒（reprimand）和最终警告（final warning）来警告青少年的不法行为直至起诉并移交给青少年法庭。[1]严格意义上来说，这五种刑事法律后果中的社区判决和非监禁令有保护处分的作用，在此对其立法以及下文对其执行的介绍，其目的是想借助英国青少年司法制度中的评估及矫正技术来构建我国保护处分制度。

## 二、英国青少年刑事法体系的执行状况

上文已述，针对青少年类似保护处分性质的司法处分主要是指社区类判决（Community sentences），根据《2000 年刑事法院权力（判决）法案》（Powers of Criminal Courts（Sentence）Act 2000，PCC（S）A 2000），社区类判决主要包括以下法令：①行动规划令（action plan order）；②出席中心令（attendance centre order）；③监管令（supervision order）；④宵禁令（curfew order）；⑤驱逐令（exclusive order）；⑥社区惩罚令（community punishment order）；⑦社区康复令（community rehabilitation order）；⑧社区惩罚及康复令（community punishment & rehabilitation order）；⑨吸食毒品治疗及测试令（drug treatment and testing order）。[2]除了庞大的社区类判决法令体系除外，还包括非监禁、非社区惩罚令（Non-custodial，Non-community Orders）。

（一）行动规划令

行动规划令（Action Plan Order）是一种专门针对青少年且具备保护处分性质的法令，仅适用于不满 18 周岁的行为人。这种法令的目的性极强，虽然

---

〔1〕　参见赵勇：《英国青少年司法体系的改革及启示》，载《中国青年政治学院学报》2003 年第 5 期。

〔2〕　See s. 33（1）of *Powers of Criminal Courts（Sentencing）Act* 2000，URL：http://www.legislation.gov.uk/ukpga/2000/6/contents. Last visited on 13th Sep.，2024.

是短期限的处遇措施，但却是一种特殊防卫，行动规划是根据行为人的个人特点而定的，旨在矫正与犯罪行为具有密切关联的因素。司法实践中，该法令往往作为判决不法青少年首选处遇方案，其具体规定在《2000 年刑事法庭权力（判决）法案》第 69 条第 1 款及第 3 款之规定："凡不满 18 周岁的青少年或儿童被法院认定为不法行为，为了保护青少年的利益并使其远离犯罪，可以对青少年采取以下处遇措施：（a）要求行为人在三个月之内的行动受规划命令的制约，在被执行期间对行为人的下落及日常生活有一系列要求；（b）行为人在被执行期间应受负责人的监督；（c）行为人必须按照负责人的要求及指导实施规划法令。"〔1〕可以对不法青少年作出该法令的机关包括青少年法院或英国皇家法院，必须满足下述三个条件才可对不法青少年适用行动规划令：其一，行为人不法行为的严重性足以适用该处遇措施；其二，行动规划令只有在成为最适合行为人矫正方案的情形下才可实施这一处遇措施；其三，行为人受到的惩罚应当与其罪行严重程度相称。

《2000 年刑事法院权力（判决）法案》第 69 条第 5 款还规定了不得判决行动规划令的情形："（a）当行为人曾经受到过这类法令的处罚不得再适用行动规划令；（b）当法院准备对行为人适用监禁判决、社区康复令、社区惩罚令、社区惩罚及康复令、出席中心令、监管令或者转介令时，不得再对其适用行动规划令。"〔2〕青少年犯罪工作组有向法院汇报青少年行动规划令的执行情况的义务，英国内政部规定法院可以要求青年工作队制作执行报告，青年工作队须在十个工作日内完成该报告。〔3〕除了向法院汇报执行情况之外，青少年犯罪工作组还承担着调解不法青少年与被害人之间的赔偿问题的责任。因此，青少年犯罪工作组在行动规划令的执行中发挥着重要的作用。

《2000 年刑事法庭权力（判决）法案》第 70 条第 1 款和第 2 款对行动规划令中的被执行人的要求作出具体规定："（1）负责执行的官员可以选择执行或全部执行下列事项：（a）被执行人按指定时间参与指定的活动；（b）被执行人按照执行负责人的规划在指定地点或指定时间完成规划事宜；（c）除第

---

〔1〕 See s. 69 of *Powers of Criminal Courts（Sentencing）Act* 2000，URL：http://www. legislation. gov. uk/ukpga/2000/6/section/69. Last visited on 13th Sep. ，2024.

〔2〕 See s. 70 of *Powers of Criminal Courts（Sentencing）Act* 2000，URL：http://www. legislation. gov. uk/ukpga/2000/6/section/70. Last visited on 13th Sep. ，2024.

〔3〕 Home Office（2000）*Guidance Document*：*Action Plan Order*，para3. 3.

2款另有规定外，被执行人须在本法指定的出席中心出席如此指明的数小时；（d）远离行动规划所禁止出入的地方；（e）被执行人应当遵从行动规划所指明的教育规划；（f）按照规划向被害人或社会大众进行指明的补偿；（g）出席由法院根据下文第71条所订定的任何聆讯。（2）上述第1款（c）只适用于可判处监禁刑的罪行。"[1]法院对青少年作出的行动规划令不得与行为人的宗教信仰、教育、工作等利益相冲突。监管执行人必须在执行的第一天与被执行人联系，被执行人的父母或其他主要监护人应当参加首次见面。青少年犯罪工作组在执行过程中负责确保规划中的各项内容是否按照规划完成。行动规划令的意义在于通过法令的强制隔离或禁止出入某些特定场所的方式使青少年远离暴力行为、酒精或毒品成瘾以及不良社会同伴，从而矫正青少年，达到社会防卫的目的。

（二）　出席中心令

出席中心令（Attendance Centre Order）适用于21周岁以下的青少年，其强制行为人必须参与出席中心的法令，按照其指导完成出席中心的相关活动。青少年法院和英国皇家法院根据《2000年刑事法庭权力（判决）法案》第60条之规定对不法青少年适用出席中心令。[2]与行动规划令相似的是，法院需要青少年犯罪工作组作出审前报告才能对青少年作出是否适用出席中心令的判决。出席中心根据年龄和性别对出席的青少年进行划分，包括初级类型和高级类型。初级类型包括不满17周岁的男性和女性，高级类型只有已满17周岁不满21周岁的男性青年，对于已满17周岁不满21周岁的女性青年不适用该法令。另外，出席中心令不得与监禁并罚。出席中心令的总计时间一般不得超过12小时，若矫正时间不足，可适当进行延长，但是不得超过其最长时间：10~15周岁的被执行人最长出席时间不得超过24个小时，16~20周岁的被执行人最长出席时间不得超过36个小时。这项法令的意义在于通过强制不法青少年的参与出席中心活动的方式，从而督促他们如何在纪律严明环境下合理运用自己的闲暇时间。

---

〔1〕　See s. 69（5）of *Powers of Criminal Courts（Sentencing）Act* 2000, URL：http://www. legislation. gov. uk/ukpga/2000/6/section/69. Last visited on 13th Sep. ，2024.

〔2〕　See s. 60 of *Powers of Criminal Courts（Sentencing）Act* 2000, URL：http://www. legislation. gov. uk/ukpga/2000/6/section/60. Last visited on 13th Sep. ，2024.

（三）监管令

监管令（Supervision Order）适用于不满 18 周岁的不法青少年，是一种既不同于出席中心又不同于羁押中心的监管方式，由地方政府负责的对少年一种具有建设性意义的法令，具体规定在《2000 年刑事法庭权力（判决）法案》第 63 条。法院在判决监管令之前，须依照青少年犯罪工作组审前调查，对适用该法令的必要性及适当性作出判断后，才能对其作出最终判决。在判决监管令前，法院无须征得被监管人的同意，但法院亦不得对罹患精神疾病的被监管人强制治疗精神疾病。法官在选择监管人上拥有自由裁量的权力，按照《2000 年刑事法庭权力（判决）法案》第 63 条第 1 款之规定，可以在本地已被授权的监管人、缓刑执行官或者青少年犯罪工作组成员中选择监管人。[1] 司法实践中，青少年犯罪工作组成员成为监管人员的概率最大。如果青少年在执行监管令过程中达到 18 周岁，虽然可以转交缓刑执行官执行，但监管令不停止执行。被监管人应当服从法院指定或授权地点居住，监管人应尽其监管义务，但是不得强制让受监管人在一夜内在同一居住地居住超过 10 小时，且累计天数不得超过 30 天。如果青少年在接受专门教育的年龄范围内，应在家长监护下继续完成学业。

监管人应在法院审理的次日会见被监管人并开展监管工作，被监管人的父母或主要监护人应当参加首次会见，第二次会见应在五个工作日内进行，其主要内容是确定日后会见的日期以及制定监管计划草案。[2] 监管计划的内容包括评估被监管人对被害人最初的态度。在适当情况下，应当采取干预的方式在监管计划的前 12 周内确定对被害人的损害并尝试修复损害。如果被监管人涉及性犯罪或家庭暴力犯罪，则不应安排被监管人与被害人的直接见面。监管计划在 10 个工作日内可以受到青少年犯罪工作组组长的质疑。在前 12 周的监管执行中，由青少年犯罪工作组协助监管人共同完成监管计划；青少年犯罪工作组的主要职责是通过评估工具（assessment tool）对被监管人进行追踪式评估。

---

〔1〕 See s. 63（1）of *Powers of Criminal Courts（Sentencing）Act* 2000, URL：http：//www. legislation. gov. uk/ukpga/2000/6/section/63（1）. Last visited on 13th Sep.，2024.

〔2〕 Young Justice Board（2000）para. 7. 1.

（四）宵禁令

宵禁令（Curfew Order）是一种类似于限制夜晚出行的监督法令，不仅仅适用于青少年人，还适用于所有年龄的行为人，司法实践中经常对 16 周岁以上且具有不法行为的青年人判决执行宵禁令。宵禁令的执行有赖于电子标签工具（tagging）从而监视被执行者的去向。当然，电子标签工具不仅仅运用在宵禁令的执行上，还运用在行动规划令的执行上。司法实践中，无论青少年是否被判处监禁刑，青少年法院或者英国皇家法院都可以对 10 周岁以上的青少年作出单处或并处宵禁令的判决。对于不满 16 周岁的青少年，宵禁令期限不得超过 6 个月。执行宵禁令的形式各不相同。例如，可以只禁止行为人周末不得出入特殊场所；当然，理论上也可以禁止行为人晚间不得出入特定场所累计时间 2 至 2 000 个小时。宵禁令一般规定行为人晚间只能待在自己的家中，但也可以包括法院允许出入的场所。根据 1990 年上诉法院发布的《1990 年白皮书》（1990 White Paper）来看："宵禁令旨在减少盗窃、酒吧斗殴及其他一些影响社会治安的不法行为。对于那些有必要限制行为人晚间出入购物中心、酒吧或者只能待在家的行为人，法院应对其判处宵禁令。"[1] 设立该法令的目的并不是单纯限制人身权利，更重要的是该法令具有建设性意义，譬如训练青年人的职业能力或者对其采取戒毒治疗等。宵禁令的司法管辖权一般由治安法院管辖，对于有特殊情况的青年人不适用宵禁令，例如罹患精神或身体疾病的青少年。

（五）驱逐令

驱逐令（Exclusive Order）适用于已满 10 周岁的行为人，该法令与宵禁令相似，都是通过限制并监视被执行人的动向来限制其人身自由。与之不同的是，该法令通过禁止行为人出入某些特定场所来限制行为人自由。《2000 年刑事法庭权力（判决）法案》对驱逐令作了一般性规定，根据该法案第 40A 条之规定："（1）法院可宣判禁止行为人进入特殊区域，但是其禁止期限不得超过一年……（3）驱逐令只有在禁止期才有效；在不同时期存在不同禁止区域。（4）按照本条第一款判处的，当行为人不满 16 周岁时，禁止期限一般不

---

〔1〕　See Home Office, *Crime, Justice and Protecting the Public*, Cm, 965（HMSO, London, 1990）para. 4. 20.

得超过三个月。（5）禁止出入的区域不得与宗教信仰相冲突；驱逐令的执行不得影响被执行人的工作权及受教育权。"[1]驱逐令也是通过电子监视设备来监视行为人是否进入禁止区域。

（六）社区惩罚令

社区惩罚令（Community Punishment Order）在《2000 年刑事法庭权力（判决）法案》第 46 条中，司法实践中对不满 18 周岁的青少年较其他几种法令适用的并不多，根据该法第 46 条第 1 款之规定："凡已满 16 周岁的行为人触犯监禁以上的法定刑时，法院可以按照本法第 47 条社区惩罚令对行为人适用无薪酬义务强制劳动；根据本款之规定，青少年人被判处社区惩罚令时，不得再执行其他任何限制或剥夺人身自由的法令。"除此之外，本法第 46 条第 3 款和第 8 款还规定了强制工作时间："（3）社区惩罚令的强制工作时间合计不得低于 40 个小时，最长工作时间不得超过 240 个小时。（8）凡行为人因两项以上的罪名而被并处社区惩罚令及社区服务令的，其总计时间不得超过 240 小时。"[2]最初，社区强制性服务是为了给不法行为人提供一个赔偿性的、惩治性的机会，从而修复社区之间的关系。这种方式迅速在司法界发酵，通常使用在 17 至 21 岁的男性青少年当中。这一法令通常难以在女性当中适用的主要原因是在社区工作当中容易出现性别歧视。从 1998 年社区惩罚令的司法数据就可以看出这一问题：大约有 8% 的适用于 15~17 岁的男性青年，相比而言，只有 4% 的法令适用于该年龄段的女性青年。

（七）社区康复令

社区康复令即之前的缓刑令（Community Rehabilitation Order），《1991 年刑事司法法案》将缓刑令更名为社区康复令，适用于已满 16 周岁行为人，具体规定在《2000 年刑事法庭权力（判决）法案》第 41 条。[3]按照该法第 41 条第 1 款之规定，为了保护公众安全及矫正犯罪人，凡满 16 周岁的被青少年

---

〔1〕 See s. 46A of *Powers of Criminal Courts（Sentencing）Act* 2000，URL：http://www.legislation.gov.uk/ukpga/2000/6/section/46A. Last visited on 13th Sep.，2024.

〔2〕 See s. 46 of *Powers of Criminal Courts（Sentencing）Act* 2000，URL：http://www.legislation.gov.uk/ukpga/2000/6/section/46. Last visited on 13th Sep.，2024.

〔3〕 See s. 41 of *Powers of Criminal Courts（Sentencing）Act* 2000，URL：http://www.legislation.gov.uk/ukpga/2000/6/section/41. Last visited on 13th Sep.，2024.

法院或英国皇家法院认定为有罪的行为人都可判处社区康复令，其最低期限不得低于 6 个月，最高期限不得超过 3 年。由于社区康复令有缓刑的性质，所以从性质上，社区康复令应属于刑罚，在此不做过多的介绍。

（八）社区惩罚及康复令

社区惩罚及康复令（Community Punishment and Rehabilitation Order）最初出现在《1991 年刑事审判法案》，这项法令与缓刑即社区服务制度有很大的关系，这是因为社区康复令即缓刑令。随后在 2000 年，将社区惩罚及康复二者合并，并重新命名为社区惩罚及康复令，其惩罚宗旨规定在《刑事司法及法院服务法》第 38 条。虽然说社区惩罚及康复令是一项明确的单独法令，但是该法令由两个独立的部分组成，其一般适用条件是按照法条本应当处以多项法令的青少年，法官基于不同的矫正目的，将其合并执行。[1]只有已满 16 周岁的人才可适用该法令，其适用目的旨在保护社会公共安全并使不法者康复。在作出社区惩罚及康复令前，法院需要对行为人作宣判前调查报告（pre-sentence report）来确定行为人是否适合该法令。按 1995 年英国司法标准而言，社区惩罚及康复令应由一名负责人负责执行惩罚及康复两项内容。由于这一法令针对未成年青少年的执行标准与成年人相同，故在司法实践中较少适用于青少年。

（九）吸食毒品治疗及测试令

吸食毒品治疗及测试令（Drug Treatment and Testing Order）适用于已满 18 周岁的行为人，这一法令规定在《2000 年刑事法庭权力（判决）法案》第 53 条，青少年法院或英国皇家法院对于具备不法行为且有滥用药物行为的行为人，都可判决执行该法令。[2]法院在适用该法令前应对行为人进行审前测试，从而制定针对行为人的治疗方案。法官应当向不法行为人说明治疗的要求及效果。根据《2000 年刑事法庭权力（判决）法案》第 54 条，应在缓刑执行官的监督下或者让被执行人到指定地点执行吸食毒品治疗及测试令；

---

　　〔1〕　Home Office *National Standards for the Supervision of offenders in the Community*（HMSO, London, 1995）Chap. 6, para. 10.

　　〔2〕　See s. 53 of *Powers of Criminal Courts（Sentencing）Act* 2000, URL：http://www. legislation. gov. uk/ukpga/2000/6/section/53. Last visited on 13th Sep. , 2024.

被执行人应当按照负责人的要求完成吸食毒品的戒治；负责人对被执行人的戒治状况进行追踪评估；负责人应当及时向法院汇报被执行人戒治的进展状况。[1]英国内政认为不应当将不满18周岁的青少年排除在该法令外，其原因在于吸食毒品及药物成瘾行为对青少年危害巨大，这也有可能诱发青少年成为某一类犯罪常习犯。

（十）转介令

转介令（Referral Order）最初由《1999年刑事证据法》（Criminal Evidence Act 1999）引入，是一种针对已满10周岁不满18周岁的青少年不法行为的初犯适用法案。具体规定在《2000年刑事法庭权力（判决）法案》第16至20条。[2]转介令旨在通过确保青少年了解其犯罪活动的影响和后果，防止其再次犯罪。转介令的执行期限最短不得少于3个月，最长不得超过12个月。按照转介令的要求，应协同各方召开商讨会议，会议须由不法青少年的父母或者主要监护人陪同才可完成，其会议成员包括受过专门训练的志愿小组成员、青少年及其父母及监护人、青少年犯罪工作组组长。会议按照修复式正义原则进行协商，商定向受害者或社区提供赔偿或者偿还协议以期得到被害人的谅解；还有一个目的是矫正青少年的犯罪行为。考虑到犯罪被害人的意愿和感受，在转介令小组会议上允许他们在可对协议中商定的内容发表不同意见。

被害人可以通过协议要求青少年犯义务做些什么，无论是为自己还是为社区，都是青少年犯赎罪行为，这种赎罪亦称之为"赔偿"。赔偿方式不一，包括写道歉信或参加几个小时的实际活动，使被害人受益。如果受害者不想让青少年犯直接赔偿，也可让其对整个社区进行间接赔偿，这涉及为了社区的利益而开展的各种活动。协议由转介令会议小组主席和青少年的父母或监护人共同签署。一旦协议生效，即成为具有法律约束力的文件。如果青少年在没有经过转介令小组同意的情况下未完成合同，将导致该青少年被重新送回法庭。不符合程序规定青少年将被送回法院。法院可以重新组成移转令会议小组，或者作出撤销转介令的判决。如果青少年不能按照协议的约定合作，

---

〔1〕 See s. 54 of *Powers of Criminal Courts（Sentencing）Act* 2000，URL：http://www. legislation. gov. uk/ukpga/2000/6/section/54. Last visited on 13th Sep.，2024.

〔2〕 See s. 16-20 of *Powers of Criminal Courts（Sentencing）Act* 2000，URL：http://www. legislation. gov. uk/ukpga/2000/6/section. Last visited on 13th Sep.，2024.

青少年将获得两次书面警告。倘若青少年仍对警告置之不理，法院可随时将青少年召回法院重审，并将犯罪记录记入不遵守转介令的青少年档案中。

# 本章小结

本章主要对德国、日本以及英国罪错未成年人保护处分及其相关制度进行综述，共分为三节内容，每节内容都是从保护处分的立法和执行状况分别进行论述。而英国相关青少年刑事司法体系并非保护处分，但针对其立法及执行状况进行阐述的目的，是希望借鉴该制度从而构建我国罪错未成年人保护处分制度。具言之：

第一节对德国罪错未成年人保护处分立法及执行状况进行概述。德国刑事法将罪错未成年人区分为儿童、少年和成长中的青年。儿童是指行为时不满 14 周岁的罪错未成年人，没有罪责能力。德国少年刑法与普通刑法最大区别在于其刑罚宗旨有着本质的区别。对于成年人适用的普通刑法重在惩处犯罪，其目的是实现一般预防和特殊预防。对于少年和成长中的青年而言，少年刑法更侧重以特殊预防为要旨的教育和矫正。虽然根据《青少年法院法》第 3 条而言，在证明少年在行为时其认识能力、控制能力及对道德认识成熟度达到了具备罪责能力的前提下成立犯罪，但是对其进行处遇的重点并非惩罚犯罪而是针对其具体的人身危险性及需求进行矫正。如此一来，少年刑罚与保护处分在某种程度上意义相同，都是从具体的人身危险性对其进行处遇。德国少年及成长中的青年由青少年法院裁决，该法庭的法官需要具备社会学及心理学等知识。裁决后，交由少年法官负责执行。执行方式包括教育处分、惩戒处分和少年刑罚三种方式。从性质上而言，前两种处遇方式是一种非刑罚化的处遇方式，而少年刑罚的性质则为刑罚。因此，从严厉程度上来说，教育处分最轻，惩戒处分次之，少年刑罚最重。从类型上而言，教育处分属于限制自由型处分，惩戒处分界于限制自由型处分与监禁型处分之间。对于少年生活的限制主要是通过命令其居住在指定场所来完成，从目的上来看，主要是将少年从不利于其身心发展的环境中隔离开来，从性质上而言，针对少年的教育处分是一种禁止令。而惩戒处分除了警告、向被害人道歉、赔偿损失等方式之外，还规定了少年禁闭。

第二节对日本罪错未成年人保护处分立法及执行状况进行概述。日本罪错未成年人的保护处分主要体现在《少年法》所规制的保护处分中。按照《少年法》的分类方法，保护处分对象包括犯罪少年、触法少年和虞犯少年三类（下文将此三类处遇对象统称为"非法少年"）。对非法少年的处遇方式，《少年法》将其分为两类进行处理，第一类是属于少年保护案件，这一类案件仅由家庭法院就可处理；第二类属于少年刑事案件，这一类案件是指在家庭法院审查案件阶段，发现该案件属于刑事案件，应当移送检察官处理，并最终由法院判决。从处遇对象上来看，对于触法少年、虞犯少年，仅家庭法院就可处理此类案件；对于犯罪少年而言，由于少年已经构成犯罪，显然在程序上应由公诉机关及普通法院来处理，但是这并不排除在该过程中产生逆向移送的情形。从程序上来看，《少年法》对实施不法行为的少年采取措施在宏观上可分为三个过程：其一，发现少年实施不法行为并对其采取受案分选的过程；其二，对移送给家庭法院进行调查及审判的过程；其三，对被予以保护处分的少年及移送给检察官后被判处刑事处分的少年执行处分的过程。关于少年保护案件的决定大体包括两类，一类是处以保护处分决定的裁决，另一类是处以刑事处分决定的裁决。保护处分的决定分为保护观察、移送至儿童自立支援设施或儿童养护设施及移送至少年院三种处分类型。

英国司法体系与上述德国、日本的大陆法系不同，它是典型的衡平法国家，即便如此，英国法院在处理罪错未成年人案件时也有类似于大陆法系保护处分性质的隔离、监禁处遇方法。从司法性质而言，英国刑事司法制度并非体系化的保护处分，但其针对青少年处遇的部分法令类似于保护处分的性质。在此对英国青少年刑事司法体系作简述，以此对构建我国罪错未成年人保护处分有借鉴意义。现行英国青少年司法体系主要是处理 18 岁以下的刑事案件。不满 10 周岁的青少年不负刑事责任，不满 16 周岁青少年的父母应当参加听证程序；在审理已满 16 周岁不满 18 周岁的青少年案件时，应当询问其父母是否参加听证。治安法院法官有权力强制青少年的父母参加听证。青少年案件的审判工作总体由专门设立青少年法院小组负责处理，这是《2008年儿童与青少年法案》所规定的。[1]少年法庭小组由治安法院及一名英国皇家大法官共同组成，在伦敦内少年法庭依据《1994 年青少年法院令》由大法

---

〔1〕 See *Children and Young Persons Act* 2008, URL：http://www. legislation. gov. uk/ukpga/2008/23/contents. Last visited on 13th Sep. , 2024.

官指派。少年法庭应当由下列成员组成：一名地区法官和两名青少年法院工作小组成员，或者是三名成员且都来自青少年法院工作小组，这些成员必须至少包括一名男性和一名女性。青少年法院的主席和副主席由青少年工作小组选举产生，整个选举过程以匿名方式投票选举。青少年法院小组成员在被选中之后有义务接受司法文员的训练。青少年法院对不法少年判决主要包括以下五种刑事法律后果：免于刑事处罚、罚金刑、社区判决、非监禁令、监禁判决，这五种法律后果的渊源是《1991年刑事审判法案》。申言之：（1）社区判决是针对青少年不法行为的主要处遇方式之一。（2）监禁判决是最为严厉的处罚措施，主要针对实施严重犯罪行为（包括杀人、强奸等法定刑14年以上的犯罪行为）的青少年人采取的刑事制裁措施，旨在避免其误入歧途，以犯罪为生。因此，监禁判决本质上不属于保护处分，而是刑罚。（3）释放通常是指对实施不法行为的青少年没有必要对其采取任何刑事制裁手段的刑事法律后果。如果青少年在被宣判免于刑事处罚后的一段特殊时期之内仍继续不法行为，法官应当对其采取刑事制裁措施。（4）非监禁令的主要司法形式是转介令，该法令是针对青少年不法行为的一种替代性刑事处遇措施，主要通过限制青少年自由的方式实现刑罚目的。转介令通常适用于青少年初犯，即将具体案件的执行工作移交给青少年犯罪工作组并按照"修复式正义原则"帮助矫正青少年。（5）在正式审理之前，警察对于轻微不法的行为可以不经过审判自行处理，包括：签订端正行为令、反社会行为和地方儿童宵禁令，这些法令是对初犯青少年的警告处罚，当然，警察也可通过提醒和最终警告来警告青少年的不法行为直至起诉并移交给青少年法庭。青少年刑事法体系的执行主要从行动规划令、出席中心令、监管令、宵禁令、驱逐令、社区惩罚令、社区康复令、社区惩罚及康复令、吸食毒品治疗及测试令来介绍这些法令的执行。

# 罪错未成年人保护处分立法完善

## 第一节 立法缺位——罪错未成年人不法问题日趋严重的根源

根据《中华人民共和国未成年人保护法》（以下简称《未成年人保护法》）第 2 条之规定，未成年人是指不满 18 周岁的公民。顾名思义，罪错未成年人保护处分即指针对未满 18 周岁行为人的保护处分。研究将罪错未成年人案件冠以"罪错"而非"犯罪"之名，有其特殊原因。根据我国《刑法》第 17 条第 5 款之规定，虽然有些不法行为因欠缺刑事责任年龄而被法律强制推定为无罪责能力致使该行为不成立犯罪，但是这些行为毕竟符合刑法分则各罪名的构成要件要素而具备违法性，应属于刑法所处遇的对象。基于此，本研究概括地将所有符合刑法分则罪名构成要件要素的行为称之为"不法行为"。故，由未成年不法行为引发的诸多问题称之为"罪错未成年人行为不法问题"。

近年来，罪错未成年人斗殴、校园欺凌等不法事件层出不穷。例如，因曹某（未成年女性）殴打、凌辱汤某（未成年女性）视频而引发网友热议的"施虐女事件"，再如江西永新县多人围殴女生、甘肃女生 6 分钟被打 38 个耳光等事件，触目惊心。除了层出不穷的校园暴力、凌辱事件，由吸食毒品、精神致幻类物质滥用而引起的相关不法事件也屡见不鲜。当然，除了一般的治安问题外，恐怖主义、极端主义的魔爪也开始伸向罪错未成年人，例如在 2014 年 3 月 1 日的云南昆明暴恐事件，就有年仅 16 岁的女孩参加。这些事件引发的社会问题广泛地引起了人们的关注。作为一项罪错未成年人司法制度的研究，笔者认为造成罪错未成年人不法问题日趋严重的主要原因在于法律制度的缺位。笔者收集了从 1994 年至 2014 年《中国法律年鉴》二十年来未成年犯、青少年犯人数的司法统计数据，并据此制作出 1994 年—2014 年不满 26 周岁青少年犯及未满 18 周岁少年犯人数变化统计表（表 3-1）和柱状图表（图 3-1），未满 18 周岁的少年犯在不满 26 周岁的青少年犯当中所占的比例及在所有服刑人员当中所占的比例（图 3-2）。[1]

表 3-1

| 年份 \ 类型 | 不满 18 周岁的未成年少年犯 | 已满 18 周岁不满 26 周岁的服刑人员 | 所有不满 26 周岁的青少年犯 | 所有刑事服刑人员 |
|---|---|---|---|---|
| 1994 | 35 832 | 211 559 | 247 391 | 543 276 |
| 1996 | 40 220 | 229 529 | 269 749 | 665 556 |
| 1998 | 33 612 | 174 464 | 208 076 | 528 301 |
| 2000 | 41 709 | 179 272 | 220 981 | 639 814 |
| 2002 | 50 030 | 167 879 | 217 909 | 701 858 |
| 2004 | 70 086 | 178 984 | 249 070 | 764 441 |
| 2006 | 83 697 | 219 934 | 303 631 | 889 042 |
| 2008 | 88 891 | 233 170 | 322 061 | 1 007 304 |
| 2010 | 68 193 | 219 785 | 287 978 | 1 007 419 |
| 2012 | 63 782 | 219 208 | 282 990 | 1 174 133 |
| 2014 | 50 415 | 199 161 | 249 576 | 1 184 562 |

---

〔1〕 表 3-1、图 3-1 和图 3-2 的数据均由笔者从 1994 年至 2014 年二十年间的《中国法律年鉴》（中国法律年鉴编辑部编辑，中国法律年鉴社出版）统计资料隔年收集制成此三个表格。

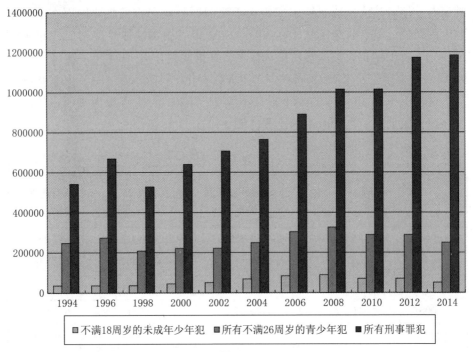

图 3-1

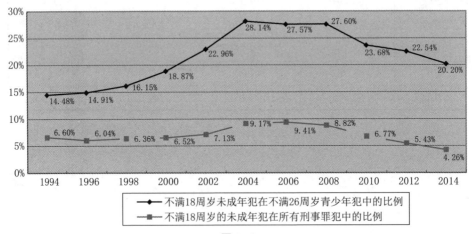

图 3-2

以规范角度来看，从 1994 年至 2008 年（图 3-1），不满 18 周岁的少年犯几乎是持续增长。但是在随后的六年间（2008 年至 2014 年），不满 18 周岁的少年犯无论是在犯罪人数上抑或是在犯罪总人数的占比上都呈递减趋势，尤其是到 2014 年，不满 18 周岁的少年犯人数较 2008 年以来同比下降 43.28%。再看 2008 年以来不满 18 周岁的少年犯的占比来看（图 3-2），无论是在不满 26 周岁青少年犯中占比，还是在总犯罪人数上的占比，都呈递减趋势。从 2008 年至 2014 年的 6 年间，不满 18 周岁未成年犯人数在不满 26 周岁青少年犯人数中所占比例从 2008 年的 27.6% 连续下降至 2014 年的 20.2%，所占比重同比下降 26.81%；不满 18 周岁未成年犯人数在所有刑事服刑人员人数所占比重从 2008 年的 8.82% 连续下降至 2014 年的 4.26%，所占比重同比下降 51.70%。

在 2008 年前后，未成年犯开始减少的主要原因是最高人民法院在 2006 年 1 月 23 日开始施行的《最高人民法院关于审理未成年人刑事案件具体应用法律若干问题的解释》，开始从司法层面缩小入罪口。不止如此，最高人民检察院在 2007 年 1 月 9 日发布了《人民检察院办理未成年人刑事案件的规定》严格了针对罪错未成年人的批捕条件。在中国司法实践中，除少数例外情形，"批准逮捕"几乎等同于"有罪判决"，这就意味着如果不批捕罪错未成年人，则极有可能在审查起诉甚至更早的立案侦查阶段将该案件消化掉。正是由于入罪口的缩小，导致犯罪率降低。当时由于劳动教养制度还未废除，大部分有关罪错未成年人校园暴力事件的处理方式都是用劳教处理。据一个知情刑警所言："在河南地区，因罪错未成年人校园暴力事件被抓的罪错未成年人，只要有一次寻衅滋事、斗殴、盗窃等违反治安的行为或者其他犯罪行为的，可以直接通过劳动教养制度被公安机关专门教育。"当然，因未达到刑事责任年龄而以劳教处理不法未成年的事件并不在少数。再如，两个少年在北京海淀区纵火"蓝极速"网吧一案，其中一个未达到刑事责任年龄，那个达到法定刑事责任年龄的就依照刑法定罪量刑，而未达到刑事法律责任年龄的，就被公安局按照劳教制度专门教育反而被剥夺了公开听审、律师辩护以及上诉等权利。[1]

劳动教养制度与我国《立法法》规定相悖，而且其内容陈旧，与当代法治国精神明显不符。在这一背景下，2013 年中共中央计划在年内完全废止施

---

〔1〕　参见刘仁文：《将所有剥夺人身自由的处罚纳入刑法的思考》，载刘仁文主编：《废止劳教后的刑法结构完善》，社会科学文献出版社 2015 年版，第 85 页。

行近半个世纪的劳动教养制度。随着劳教制度将被废止的势头凸显，最高人民法院、最高人民检擦院在这一年连续出台三部司法解释用来弥补废止劳教后带来的法律空缺，即 2013 年 4 月 2 日公布的《最高人民法院、最高人民检擦院关于办理盗窃刑事案件适用法律若干问题的解释》、2013 年 4 月 23 日公布的《最高人民法院、最高人民检擦院关于办理敲诈勒索刑事案件适用法律若干问题的解释》和 2013 年 11 月 11 日公布的《最高人民法院、最高人民检擦院关于办理抢夺刑事案件适用的司法解释》。这三部司法解释有相似之处，针对盗窃、敲诈勒索、抢劫、抢夺或聚众哄抢等犯罪类型，都有类似这样的规定："曾因这些犯罪行为受过刑事处罚的或者一年内曾因这些犯罪行为受过行政处罚的情节，可以按照'数额较大'的 50% 来确定这些犯罪的犯罪数额。"这些司法解释无疑在某种程度上扩大了入罪口，其目的是通过刑罚手段来控制社会治安。通过 2013 年一年内的司法改革及司法解释的铺垫，全国人大常委会在 2013 年 12 月 28 日通过废止劳教制度的决定。从人权保障的角度，废止劳教制度固然合理，但在客观上给打击罪错未成年人不法行为的刑事法网上撕开了一个裂口。从近年来司法解释颁布情况来看，公检法三机关对罪错未成年人案件确实是按照教育、感化挽救的方针，坚持教育为主、惩罚为辅的原则办理案件。这不仅是基于刑事政策的考虑，更重要的是制度的确保。2012 年 3 月 14 日修正的《刑事诉讼法》将针对罪错未成年人的附条件不起诉正式写入刑事诉讼法的特别程序中，这也是未成年犯在 2013 年之后进一步减少的原因之一。

但是反观犯罪总人数，从 1994 年至 2014 年几乎是递增状态，这与不断严密的刑事法网有关，这也说明社会治安仍不容乐观，这是因为绝大多数案件都是与社会治安息息相关的刑事案件。从《中国法律年鉴》的统计数据可知（表 3-2），与社会治安相关审结案件数在 2010 年占当年总案件数的 92.46%，2012 年占当年总案件数的 90.3%，2014 年占当年总案件数 91.37%。从这一抽样调查可知，90% 左右的案件都是与社会治安密切相关的刑事案件。因此，90% 左右的服刑人员都是因有社会治安的犯罪行为受到刑罚制裁。从逐年增长的服刑人员人数可以侧面反映社会整体治安状况并不乐观。

表 3-2

| 案件数量（件）\　\年份 | 危害公共安全罪 | 侵犯人身权利、民主权利罪 | 侵犯财产罪 | 妨害社会管理秩序罪 | 总案件数 |
|---|---|---|---|---|---|
| 2010 年 | 89 028 | 184 729 | 294 233 | 152 873 | 779 641 |
| 2012 年 | 174 510 | 194 269 | 339 849 | 182 128 | 986 392 |
| 2014 年 | 217 826 | 185 295 | 307 688 | 223 954 | 1 023 017 |

　　虽然笔者并没有找到 2015 年和 2016 年司法统计的大数据，但从新闻报道可知罪错未成年人校园暴力事件有增无减。从 2015 年到 2016 年两年内就有 12 起足以引起社会轰动的罪错未成年人校园欺凌、校园暴力事件。这 12 起暴力事件大多是一群罪错未成年人采取围殴、辱骂、掌掴、脱光受害人衣服等方式凌辱一名未成年人。这样的暴力事件说大不大，说小不小，但是对施暴参与的罪错未成年人以及受害的未成年人都有很大心理刺激和伤害。由于实施不法暴力行为人往往未达到刑事责任年龄，再加诸多立法及刑事政策的保护，导致公安机关应对此类事件时主要依靠行政教育、短期的行政拘留等手段处理。从矫正效果上看，这种简单的处理方式实际上对不法行为的罪错未成年人基本上起不到任何作用；从社会防卫的角度上来看，刑事法网的疏漏及失灵导致了未成年人的法益不断遭受侵害，这包括两方面内容：一方面，在刑事立法上，劳教废止后的刑事立法和《治安管理处罚法》等行政法规之间撕开一个裂口；另一方面，在刑事政策上，最高人民法院在 2010 年发布了《最高人民法院关于贯彻宽严相济刑事政策的若干意见》的通知——宽严相济刑事政策的波及面远不止法院，还包括公安机关和检察机关，可以说刑事诉讼的各个阶段在这一时期均贯彻宽严相济的刑事政策，但正如哥伦比亚大学李本教授所言，宽严相济的"宽"的维度已经远超过其"严"的维度，有时甚至违背罪刑法定原则，[1]对未成年不法行为的处理更是如此。因此，仅仅依靠现存的刑事法律制度解决罪错未成年人不法问题远远不足。再者，从国外的犯罪学研究也能看出，仅对青少年适用刑罚是远远不足的：

---

〔1〕　See Benjamin L. Liebman, "Leniency in Chinese Criminal Law? Everyday Justice in Henan", *Berkeley Journal of International Law*, Vol. 33, No. 1., 2015, pp. 153-222.

Wolfgang 等人对一万名出生在美国宾夕法尼亚州的青少年进行初犯和再犯的统计，结果显示：有三分之一的青少年一生只有一次被捕的经历，但若被捕三次以上，其再犯率高达 70%；不仅如此，在针对美国费城的青少年涉案研究中，6%的青少年犯要对全城 52%的案件负责。这充分说明对不法少年的首次不法行为应当予以重视，一旦形成犯罪人格或习惯，恐怕很难纠正。

本书主张保护处分恰能解决上述问题——首先，从严密刑事法网的角度来说，保护处分填补了我国《刑法》与《治安管理处罚法》之间的空缺；其次，从刑法体系上来讲，罪错未成年人保护处分作为一种刑罚之外的刑事法律后果，进一步完善了我国的刑罚体系；最后，罪错未成年人保护处分并不是以罪责作为其处罚依据，而是以行为人再犯风险作为其处罚依据和解除条件，从这一角度而言，罪错未成年人保护处分的构建是我国刑法从"单一的行为刑法体系"向"二元的'行为+行为人'刑法体系"转变。

## 第二节　罪错未成年人保护处分立法的正当性

### 一、罪错未成年人保护处分的司法化更能彰显国家保障人权的宪法精神

《中华人民共和国宪法》（以下简称《宪法》）第 33 条第 3 款确立了国家尊重和保障人权的基本理念，这一基本理念贯彻于我国不同的法律法规。首先，《立法法》第 10 条第 2 款规定只有全国人民代表大会才有权制定和修改刑事、民事及其他基本法律，《立法法》第 11 条第 4、5 项规定有关犯罪、刑罚、对公民政治权利的剥夺、限制人身自由的强制措施和处罚必须制定法律，这些都足以说明国家对剥夺和限制公民人身自由的立法十分慎重。之前劳教制度的主要法律依据——1982 年由国务院转发、公安部发布的《劳动教养试行办法》就是由于制定机关上与我国《立法法》相冲突，才成为劳教制度被废止的原因之一。其次，《刑法》和《刑事诉讼法》是在司法层面上通过刑罚及其他刑法体系内的非刑罚措施来实现社会防卫和保障人权的目的。这一方面说明在法律程序上必须遵从《刑事诉讼法》的规定———般由侦查机关立案、侦查、检察院审查起诉、最终由法院审判，另一方面说明在实体

判决上对公民进行定罪量刑从而实现长期剥夺人身自由权的法律依据只有《刑法》，司法过程如此严苛了体现国家保障人权的宪法精神。最后，《治安管理处罚法》作出的最严厉处罚是短期剥夺公民自由权的决定，其性质仍属于行政处罚，例如该法第 16 条规定："……行政拘留合并执行的，最长不超过二十日。"之前饱受诟病的劳教制度业已废除，其根本原因在于这一制度违背了国家保障人权的宪法精神。

反观本研究所欲构建的罪错未成年人保护处分，这一制度在创立之初即在刑法体系范围内，这与行政处罚就发生了本质的区别——必须通过保安评估团的评估和法院的审判，才能对罪错未成年人作出最终裁决。对于实施不法行为但不成立犯罪的罪错未成年人，政府的态度本质上是草率的或者说是放任的。这种放任体现在我们的《刑法》《刑事诉讼法》《治安管理处罚法》之中，倘若实施不法行为的罪错未成年人因欠缺罪责年龄不成立犯罪，这些少年只能按照《治安管理处罚法》的相关规定进行处罚，此即说明即使发现罪错未成年人的不成立犯罪的不法行为，也无法通过刑事手段处理。如此一来，既对社会造成潜在的犯罪威胁，又增加了罪错未成年人继续实施加重犯罪行为的可能，事实上不利于人权的保障。长久以来，刑事法与行政法之间出现了一道凹痕，这道凹痕本应当由一种针对罪错未成年人未然行为特殊预防的法律制度来填补。保护处分在设立之初即以特殊预防为目的，针对不法行为人进行特殊预防，其本质并不以传统刑法的责任刑为基础，恰恰是以预防刑作为其基础。针对罪错未成年人，不能以责任刑作为其处罚的基本原则，因为责任刑的目的虽然也有社会预防，但其主要目的是惩罚和报应，而罪错未成年人心智尚未发育成熟，须以预防作为其刑罚的目的。当然，保护处分也符合比例原则。比例原则作为现代法治国的基本原则，为世界各国所遵循。保护处分处遇遵循比例原则。不仅如此，就具体制度构建而言，保护处分恰恰符合储槐植先生"严而不厉"的刑法设计——刑法应当是一张严密的刑事法网，而刑罚则不应当苛厉。[1]保护处分制度正体现了"严而不厉"的刑法完善，针对罪错未成年人的不法行为进行保护处分，既慎重对待心智尚未发育成熟的罪错未成年人，又对其实施较成年人而言较轻的处遇措施，本质上

---

更能体现国家保障人权的宪法精神。

## 二、罪错未成年人保护处分的本质是"以教代刑"

罪错未成年人保护处分的本质是"以教代刑",因此罪错未成年人保护处分的刑罚立论基础是预防刑(目的刑)而非责任刑。因为这里所说的"刑"并非一种广义的刑罚,通常也可理解为所有不法行为的刑事法律后果。因此,刑罚的目的是指国家制定、适用和执行刑罚的目的,即通过国家刑事立法采用刑罚对付犯罪现象的强制措施及其具体适用和执行所预期实现的效果。[1]既然保护处分是一种刑事法律性质的处遇措施,故保护处分是广义刑罚概念的下位概念,因此,有必要先厘清刑罚目的的正当化根据,才能弄清楚保护处分的正当化根据。长久以来,新旧两派学者关于刑罚的讨论从未止息。其实,所争论内容并非刑罚目的,而是以"何为刑罚正当化根据"作为主要的争论内容。[2]前期旧派主张绝对的报应刑论,绝对的报应刑论认为刑罚的正当化根据是一种报应,这种报应是以对服刑人员施加痛苦而惩罚犯罪所产生的恶害,通过这种对服刑人员施以痛苦的惩罚方能彰显正义。新派主张目的刑论,目的刑论认为应当将刑罚限制在必要的限度之内,如此刑罚才是正当的。因此,目的刑论中刑罚的正当化根据并不包括报应,而是以犯罪预防作为其主要内容的。当然,新旧两派的折中派学者认为报应和预防都是刑罚的正当化根据,因此持该学说的学者一般被称为相对主义的报应刑论。从现代刑罚正当性观念来看,相对主义的报应刑论似乎是解释刑罚正当化根据的最佳理由。因为我国刑罚规范的正当化根据显然不仅包括犯罪预防,也包括报应。举例说明,对于轻微的犯罪,可以通过缓刑,甚至是非刑罚手段进行处罚,这显然是从预防的角度考虑的。再如,我国《刑法》第 383 条第 4 款关于因贪污罪、受贿罪终身监禁不得减刑、假释的规定,刑罚的正当化根据是报应而非预防。受到贪污罪、受贿罪刑罚处罚的服刑人员基本上不可能有再犯的机会,因为他们基本上不可能在刑满释放后再次成为国家工作人员。既然没有再次犯罪的机会,而又对其适用终身监禁,显然是从报应角度考虑的。因此,刑罚正当化根据既包括预防,又包括报应。从我国现存刑罚体系来看,

---

〔1〕 参见张明楷:《刑法学》,法律出版社 2016 年版,第 509 页。

〔2〕 参见张明楷:《责任刑与预防刑》,北京大学出版社 2015 年版,第 9 页。

其刑罚正当化根据虽然包括一般预防和特殊预防，但仍是以刑事古典学派主张的报应刑论作为主要的刑罚正当化根据，这是因为报应刑论是以罪责作为基础的刑罚，而我国刑罚的正当化根据就是罪责，因此无法通过刑罚处罚符合构成要件是违法但是无罪责的行为。

正是在此情形下，应当构建我国罪错未成年人保护处分，这是由于我国刑罚的正当化根据既包括报应又包括预防，倚重任何一方都失之偏颇。作为目的刑论的产物，保护处分的正当化根据是特殊预防。因此，从预防罪错未成年人犯罪的角度来看，保护处分无疑是处遇罪错未成年人的最佳途径。显然，这种处遇方式的发展与现代自然科学、社会科学的发展密不可分。已有研究表明，通过医学的模式来矫正青少年使其回归社会的效果，要比单纯依靠刑罚惩罚的矫正效果好得多。这是因为本书所主张的针对罪错未成年人的保护处分其正当化依据是特殊预防，而非一般预防。特殊预防论与一般预防论不同，一般预防论是通过刑罚的威慑来实现犯罪预防论，如费尔巴哈的强制说即为一般预防论。张明楷教授将一般预防分为积极的一般预防与消极的一般预防。[1] 无疑，以罪责为基础的刑罚理论体现的是一种消极预防——只有行为人成立犯罪时，才能对其通过刑罚进行矫正，否则无正当根据。这种消极预防的滞后性显然不能满足对青少年的犯罪预防。根据破窗理论，[2] 如果放任罪错未成年人尚未成立犯罪的不法行为，其在今后继续从事违法犯罪行为，甚至以犯罪为业的可能性就非常大。特殊预防是为了防止行为人再次犯罪，其剥夺、限制自由不再是惩罚，而是在客观上消除实施不法行为的条件。当然，特殊预防并不排除刑罚威慑目的，只是其主要目的并非如此，而是通过改善、教育使其回归社会，如同罹患疾病之患者被治愈一般。如李斯特所言："犯罪既已发生，为何还要处罚？为何生病之人需要治疗？为何不治疗犯罪的人？这两个问题其实是一样的。如同我们讲医生与疾病作斗争的活动称作治疗一样，我们将刑罚只能称作由犯罪行为引起的、国家对犯罪人加以侵害的活动。在这两种情况下都没有排除预防，或者说医生治疗行为和国

---

[1] 参见张明楷：《责任刑与预防刑》，北京大学出版社 2015 年版，第 52 页。

[2] See Harcourt, B. E. , "Reflecting on the subject: A critique of the social influence conception of deterrence, the broken windows theory, and order-maintenance policing New York style", *Michigan Law Review*, Vol. 97, No. 2. , 1998, pp. 291-389.

家对犯罪人的处罚，无不包含了预防的任务。"[1]特殊预防论正是如此，不是依靠惩罚震慑罪犯，而是通过对行为人个人的评估积极干预，实现真正意义上的"因材施教"，使其回归社会。从尚未成立犯罪的罪错未成年人角度来讲，由于行为人欠缺刑事责任年龄这一罪责事由而不成立犯罪，故对罪错未成年人采取的保护处分恰恰是一种积极预防——即在犯罪发生前预防犯罪。对于已经成立犯罪的罪错未成年人而言，虽说在执行假释时的方式是保护管束，是一种消极预防。但是，这种执行方式的内容正是以罪错未成年人个人的矫正状况而制定的，其目的是让罪错未成年人更好地回归社会。据此，罪错未成年人保护处分的正当化根据是特殊预防，故这种处遇以实施处遇的必要性作为其基本前提，即：如果没有必要对罪错未成年人实施保护处分，则不能对其实施任何形式的保护处分，这不仅符合刑法的谦抑原则，也进一步保障罪错未成年人的权益。当然，保护处分中监禁、隔离内容在客观上体现了社会防卫的理念。而保护处分最主要的正当化根据——特殊防卫，与下文所述的循证医学在刑事矫正的发展有密不可分的关系。

### 三、罪错未成年人保护处分评估及矫正模式符合循证矫正的基本理念

循证矫正是指遵循现有证据的司法矫正。这一矫正方法源于循证实践，是指遵循以证据为基础的实践（Evidence-based Practice，EBP），最早出现在医学领域，始于 20 世纪 70、80 年代。[2]从循证实践的起源上来看，循证实践与当时西方国家的医疗体制有很大关系。当时医保水平不高、医疗费用昂贵，而医生经常给患者采取多余或者不适当的医疗措施，致使整体医疗水平下降。为提高医疗水平、改善医患矛盾，主张循证医学（Evidence-based Therapy）的医生认为应当在临床活动中遵循"最佳证据"原则，从而确保患者的医疗质量，使整个医疗过程都成为一种以"循证"作为基础的临床实践。由于循证科学在医学领域的发展，从而影响到人文社会科学的发展，产生循证矫正、循证教育、循证管理等一系列相关科学，故循证科学为其他学科提

---

[1] 参见［德］冯·李斯特：《论犯罪、刑罚与刑事政策》，徐久生译，北京大学出版社 2016 年版，第 36 页。

[2] 参见张苏军：《张苏军在循证矫正方法及实践与我国罪犯矫正研讨班上的讲话》，载《犯罪与改造研究》2013 年第 1 期。

供一条切实可行的方法论。循证科学蓬勃发展的时代，也正是新旧两派理论争论不休的时代。循证科学的发展为新派关于刑罚的主张提供一条路径——即通过循证的矫正的方式完成特殊预防。这种以循证方式介入刑罚技术的现象，与西方刑罚理论提出的"康复理念"有密不可分的关联——将服刑人员看作是罹患疾病的患者，只有通过入狱后不断地矫正才可重获自由。[1]不仅如此，还有学者认为个别化治疗（individualized treatment）在监狱矫正中的效果要比纯粹的矫正效果好得多，这是因为应根据疾病和病因进行不同的治疗，矫正也不例外，所以只有个别化治疗才是适当的。[2]正是由于这些理念的发展，才促使循证矫正的形成。从西方循证矫正的发展来看，困难重重，尤其是在 1960 年至 1975 年之间，暴力犯罪仍以当时历史上最快的速度呈三倍激增，这说明循证矫正并未达到预期的效果。[3]从世界循证矫正近十年的发展状况来看，走在最前沿的是美国和加拿大。从刑事司法制度上来看，在加拿大、美国、澳大利亚、新西兰等国家，循证矫正还获得了立法支持并在司法实践中运用。譬如在美国，许多州都拥有循证矫正的工作手册。

按照循证矫正的要求，最重要的是遵循"最佳证据"（Best Evidence）原则。循证矫正源于循证实践（EBP），故这些证据其实是通过大量实践经验总结而成，既然是通过实践寻求的证据，就存在一定的不周延性，因此所遵循的绝不是孤立、静止的证据。在循证实践中必须客观、辩证、发展地看待所遵循的证据，这样才不会使"所循之证"片面化，如此才有可能提高评估预测风险的能力及矫正效果。循证矫正是围绕着服刑人员的再犯风险而进行评估和矫正的，换言之，如果服刑人员没有风险则无需对其矫正。其实，这也为循证矫正的研究提供了一个开放性的思维模式：由于所循之证的不完善性，促使学者们不断地完善循证矫正的评估工具及矫正工具。至今为止，由加拿大学者研究的风险评估工具已经更新到第四代，第五代风险评估工具的开发也即将完成；矫正工具方面，认知行为疗法（Cognitive Behavior Therapy，CBT）、辩证行为疗法（Dialectical behavior Therapy，DBT）、心智化疗法（Mentalization-

---

〔1〕　See Warren, R. K., "Evidence-Based Practices and State Sentencing Policy: Ten Policy Initiatives to Reduce Recidivism", *Indiana Law Journal*, Vol. 82, 2006, p. 1307.

〔2〕　参见吴宗宪：《国外罪犯心理矫治》，中国轻工业出版社 2004 年版，第 24 页。

〔3〕　参见王平、安文霞：《西方国家循证矫正的历史发展及其启示》，载《中国政法大学学报》2013 年第 3 期。

based Treatment，MBT）以及由认知行为疗法衍生出的正念与接受（Mindfulness and Acceptance）都在不同程度上推进我国刑事执行学的发展。

保护处分与罪责模式的刑罚不同，刑罚的评价根据首先是行为人外部的行为样态，包括行为的客观要素及主观要素；再看行为是否达到可以非难的程度，包括三项内容：行为人是不是适格的受规范者、是否能够或必须接受法律规范、是否在刑法价值可以苛责的范围之内。这样来说，罪责刑法本质上是一种行为刑法，也可以说是一种责任刑，其所关注的焦点在行为上而非行为人上。而保护处分的评价根据是行为人的再犯风险，所以其基本模式是"行为人的人身危险性——保护处分"。因此，本书所主张的在我国刑法体系下构建的罪错未成年人保护处分，可以说从审判到执行都是围绕着行为人的再犯风险而展开的，其实现过程无非是"评估→矫正→再评估→再矫正"的循环往复的过程，而这一过程正如患者去医院治病一般，直至其康复为止。

举例来说，我国台湾地区相关规定，对于触犯妨害性自主罪有特定情形的，施以强制治疗。[1]这种强制治疗显然是一种保护处分，与罪错未成年人感化教育处分不同，这种保护处分显然是针对成年人性犯罪的保护处分。由于我国台湾地区刑罚体系与德国相似，适用的是一种刑罚与保护处分双轨并行的体系，这使得对同一行为人并处保护处分和刑罚成为可能。从强制治疗的目的来看，利用循证矫正的方法对再犯危险性较高且有性病的服刑人员通过心理干预师、医师、社会工作师等人员实施治疗或辅导，从而实现治愈疾病和预防犯罪的目的。通常来说，评估的期限为两个月，应当根据患者实际情况选择合适的时间治疗。在评估期间，建立被强制医疗者的档案，包括再犯危险评估表、心理测验表等信息。当然，对所有的被处分人都应当进行精神医学诊断及智力测验，这是因为罹患精神疾病或智力发育不正常者有可能实施不法行为。在确定其智力状况及精神状况后，再考察其再犯风险程度。通常来说，有关性犯罪的评估工具包括 Static-99 性犯罪再犯危险评估表、明尼苏达性犯罪筛选评估表（Minnesota Sex Offender Screening Tool）、K 式两性关系量表（KSRS）、韦氏成人智力量表（第三版）。根据上述评估，评估小组

----

〔1〕 限于资料原因，笔者在此举一个与循证矫正相关的保护处分的例子，其内容是针对成年人实施性犯罪后的保护处分，其中评估及矫正的内容方法主要来源于陈志海：《台湾循证矫正及其启示》，载《犯罪与改造研究》2013 年第 12 期。

会最终作出《受处分人处遇评估报告书》，决定通过密集治疗的方式对其实施强制医疗。治疗期限一般是五个月，包括药物治疗、团体治疗、辅导教育等，其目的是戒治被处分人的不良嗜好及瘾癖，降低其再犯的风险。当然，从犯罪心理学的角度来看，这里的降低再犯风险的疗法包括上文所述的认知行为疗法、辩证行为疗法以及心智化疗法等。矫正时间依据不同的被处分人视情况而定，基本上是个人治疗及团体治疗一周一次，每次的辅导矫正时间不少于一小时。在强制医疗七个月之后，由心理学专家、精神科医师等人组成专家小组对矫正的各项内容评估并作出评估意见，在一个月之内将《强制治疗结案鉴定报告书》函报给检察院，由检察官申请法院裁定是否停止执行强制治疗处分。如果法官裁定通过《强制治疗结案鉴定报告书》，在收到释放通知书时，立即予以释放。如果法官认为其再犯危险尚未降低，则裁定不通过《强制治疗结案通知书》，被保护处分者仍需继续接受强制治疗。

罪错未成年人保护处分的矫正模式正是这种"评估→矫正→再评估→再矫正"模式，笔者在下文主张构建的罪错未成年人调查评估机构正是评估罪错未成年人再犯风险的机构，而这种评估不是如同法院判决式的一次判决，而是一种"追踪式"评估——从全案移交至罪错未成年人调查评估机构之始至罪错未成年人被矫正完毕都由该机构评估，这不仅有利于罪错未成年人不法行为的矫正，还有利于循证矫正研究，因为如果没有前测与后测的对比，就无法得到科学的、令人信服的结论。既然罪错未成年人保护处分的评估及矫正工作从头至尾符合循证矫正的基本理念，那么这一制度的构建对我国刑法学、刑事执行学意义重大，因为循证矫正是我国未来刑罚改革的发展方向。

## 第三节　罪错未成年人保护处分立法的可行性

现行处理罪错未成年人不法行为的法律主要依靠《刑法》《刑事诉讼法》《治安管理处罚法》，这要从两个层面上来说明。首先，在法律责任的划分方面，如果罪错未成年人未达到具体不法行为的法定责任年龄，则依照《治安管理处罚法》处理；如果罪错未成年人达到具体不法行为的法定责任年龄，则依照《刑法》和《刑事诉讼法》定罪量刑。其次，在法律程序分流方面，依照《刑事诉讼法》中罪错未成年人刑事案件诉讼程序对所有不满 18 周岁的罪错未成年人放宽逮捕标准及公诉标准，可以对其适用附条件不起诉，司法实践中大部分涉及罪错未成年人轻微犯罪案件都消化在检察机关的审查起诉阶段。但是仅仅依靠现行的司法制度是远远不足的。笔者同意费孝通先生关于制度的看法——制度改变的核心在于技术的更迭。因此，基于保护处分人身危险性评估和矫正技术的发展，应在实体层面和程序层面构建我国罪错未成年人保护处分，以此更能体现国家保障人权的宪法精神。因此，应对我国刑事法律作出修改从而实现罪错未成年人保护处分的司法化，在法条中具体包括三处修改：

第一处修改：在我国《刑法》第 37 条之一后面添加一条成为第 37 条之二，以此作为罪错未成年人保护处分的立法主体内容：

"对已满十四周岁不满十六周岁不受刑罚处罚的人，应根据罪错未成年人调查评估机构的评估报告，对其适用专门教育或保护管束。

对不满十四周岁的人，实施故意杀人、故意伤害致人重伤或者死亡、强奸、抢劫、贩卖毒品、放火、爆炸、投放危险物质的行为，虽不受刑罚处罚，但应根据罪错未成年人调查评估机构的评估报告，对其适用保护管束。

对不满十八周岁吸食毒品成瘾的人，应对其实施罪错未成年人强制戒治处分。

保护管束及专门教育的执行期间根据罪错未成年人个人矫正及戒治的综合情况而定，最长期限不得超过两年，最短期限不得少于六个月。

专门教育由罪错未成年人教育矫正所执行，保护管束由社区矫正机构执行，罪错未成年人强制戒治处分由戒毒所执行。

罪错未成年人调查评估机构应定期对执行专门教育和保护管束的罪错未成年人进行再犯风险评估。对于服从管理、确有悔过、再犯风险明显降低的罪错未成年人，在执行一个月后，可以由法院撤销专门教育或者变更为保护管束。

对已满十四周岁不满十八周岁执行徒刑以上的未成年犯，罪错未成年人调查评估机构应定期对执行刑罚的未成年犯进行再犯风险评估，并根据本法第八十一条综合判断，对符合假释条件的未成年犯，依法假释。在假释考验期内的未成年犯，依法实行保护管束。"

第二处修改：将未成年犯缓刑的修改内容添加在《刑法》第 76 条后，成为 76 条之一：

"对宣告缓刑的罪错未成年人，在缓刑考验期内，依法实行专门教育，如果没有本法第七十七条规定的情形，缓刑考验期满，原判的刑罚就不再执行，并公开予以宣告。"

第三处修改：将附条件不起诉的决定权交由法院，修改《刑事诉讼法》第 282 条为：

"对于罪错未成年人涉嫌刑法分则第四章、第五章、第六章规定的犯罪，可能判处一年有期徒刑以下刑罚，符合起诉条件，但有悔罪表现，并且根据罪错未成年人再犯风险评估报告，其再犯风险显著偏低，人民法院可以作出附条件不起诉的决定。人民法院作出附条件不起诉的决定前，应当听取公安机关、被害人的意见。

地方各级检察机关向上一级人民法院提出抗诉的，适用本法第二百二十八条的规定。被害人申诉的，适用本法第二百五十二条的规定。罪错未成年人调查评估机构可以向人民法院或者检察机关提出申诉。

未成年犯罪嫌疑人及其法定代理人对人民法院决定附条件不起诉有异议的，人民法院应当重新审理案件。"

罪错未成年人保护处分不仅能与我国现行司法制度衔接，而且在犯罪心理学、犯罪学层面已经有了充足的理论准备，因此整体来说是可行的，申言之：

## 一、罪错未成年人保护处分与我国刑法体系的衔接

### （一）现行刑法体系与罪错未成年人保护处分衔接的可能性

保护处分主要存在于德国、日本等国家和地区的刑法体系中，德国、日本等国家的犯罪论体系统称大陆法系国家犯罪论体系。即，判断行为人是否成立犯罪应当首先从构成要件的符合性上判断，再看该行为在违法性上消极地排除不法的事由（即正当防卫、紧急避险等正当化事由），最后看行为是否在罪责的层面是否具备排除犯罪的事由（即罪责能力、期待可能性等排除罪责的事由）。在罪责能力层面，由于行为人未达到法定刑事责任年龄而被法律强制推定为不成立犯罪，但其行为实质上已经符合刑法分则的具体罪名的构成要件。因此，实施不法行为的罪错未成年人其实具备社会危害性及人身危险性。以预防为目的的保护处分并不以罪责作为其处遇基础，而是以行为人的人身危险性（或者说是再犯风险）作为其处遇基础。事实上，每个人都有

潜在犯罪的可能，但无论是意志自由论抑或是决定论的发展，我们都不可能依照这些理论对没有实施犯罪的行为人采取任何刑事处遇措施，即便这个人是极有可能实施严重暴力的行为人，我们也不可能对其采取任何处遇措施。从这个意义上而言，即便是以罪责为基础的报应刑所做的一般预防，也是消极意义上的一般预防。从社会防卫的功利角度出发，我们总希望将犯罪遏制在预防犯罪的未然状态上，但从现在的科学技术发展来看，这仅仅是人类的一个理想。从法律程序角度而言，判定任何一个人成立犯罪，都要有证据来证明行为人的不法事实是否存在，哪怕是虞犯，都要先行不法行为来证明。从特殊预防的角度而言，保护处分确实弥补了报应刑一般预防的不足，尤其是针对欠缺罪责能力的行为人而言，本身就有证据证明其具有不法行为，若非罪责因素，在规范上已经达到了足以对其科处刑罚的程度。保护处分正是对行为人的个人状况运用犯罪心理学的技术手段对其个人进行评估和分析，从而做出具体科学矫正。在这一方面，不仅有利于社会防卫，更重要的是对行为人个人回归社会具有巨大意义。尤其是青少年（包括已成年的青年），如果在一段时间内没有给予矫正，这些青少年很可能成长为终生犯罪常惯犯。

我国关于罪错未成年人刑事责任人的规定主要规定在《刑法》第 17 条中，该条将刑事责任年龄划分为四类，即：已满 16 周岁的完全刑事责任年龄人；已满 14 周岁不满 16 周岁的部分刑事责任年龄人（只有犯故意杀人、故意伤害致人重伤或者死亡、强奸、抢劫、贩卖毒品、放火、爆炸、投放危险物质罪的才负刑事责任）；已满 12 周岁不满 14 周岁的部分刑事责任年龄人（犯故意杀人、故意伤害罪致人死亡或者以特别残忍手段致人重伤造成严重残疾、情节恶劣，经最高人民检察院核准追诉的应负刑事责任），不满 12 周岁完全不负刑事责任年龄。我国刑法学传统犯罪论体系继承苏联学者特拉伊宁的"四要件说"，即成立犯罪必须具备四个方面的构成要件：犯罪客体、犯罪客观方面、犯罪主体和犯罪主观方面。[1] 这种"耦合式"犯罪论体系有诸多弊病，本书在此就不展开论述。德国刑法教义学所主张的大陆刑法犯罪论体系与我国刑法立法体系并不冲突，虽然这一犯罪体系并未在刑法条文中显现，但法官完全可以按照这一方法论将具体的事实涵摄于刑法分则的条文中进行

---

〔1〕 参见高铭暄、马克昌主编：《刑法学》，北京大学出版社、高等教育出版社 2007 年版，第 57 页。

处罚。有差别的，其实是刑法体系中的刑事法律后果。我国刑法并不具备体系性保护处分，只有具有保护处分性质的执业禁止、驱逐出境等措施。将吸毒成瘾的物质滥用行为与不法行为并列，是从吸毒成瘾行为的虞犯性进行考虑的，因为我国并未将吸毒行为列入刑法分则。虞犯性是指实施不法行为的可能性，这种虞犯性是从司法实践中总结而出。虞犯性是一种"初犯可能性"而非"再犯可能性"。毒品成瘾不仅对生长发育中的罪错未成年人造成极大生理损害，还极有可能诱发罪错未成年人实施不法行为。这里需要说明的是，强制戒治处分的对象是吸食毒品成瘾的罪错未成年人，如果罪错未成年人出于好奇吸食并未成瘾，则不在强制戒治处分的范围之内。针对罪错未成年人不法行为，现行《刑法》显然已经不能解决这些问题，必须从立法层面完善我国刑法。

就此，本研究认为，应当按照我国刑法对刑事责任年龄的划分及吸毒成瘾这一虞犯事由，以保护罪错未成年人为基本立场，对不满 18 周岁的罪错未成年人适用不同种类的保护处分：

第一，针对不法儿童适用的保护管束。对于不满 14 周岁实施故意杀人、故意伤害致人重伤或者死亡、强奸、抢劫、贩卖毒品、放火、爆炸、投放危险物质的罪错未成年人，对其采取限制自由型保护处分，即保护管束。这种保护管束的性质是一种保护处分。这主要是基于《刑法》第 17 条第 2 款这八种犯罪的性质是严重的暴力犯罪。如果不满 14 周岁的罪错未成年人实施的不法行为属于这八种行为之一，可推测出其心理及生理条件与其他罪错未成年人不同。但是采取专门矫治教育显然过重，出于保护罪错未成年人的考虑，在其父母或监护人的监督下，应在社区内执行保护管束。

第二，针对不法未成年少年适用的专门教育。对于已满 14 周岁不满 16 周岁实施上述八种犯罪之外但符合刑法分则规定的不法行为的罪错未成年人，应当对其采取专门教育。专门教育属于监禁型保护处分，具体执行地点在地区监禁罪错未成年人的保护处分执行场所执行。在保护处分执行期间由罪错未成年人调查评估机构对其定期进行再犯风险评估，法官根据再犯风险评估及矫正情况作出是否对其改变为保护管束的决定。

第三，针对吸毒成瘾的罪错未成年人强制戒治处分。对于不满 18 周岁吸食海洛因、大麻、可卡因、摇头丸等毒品的罪错未成年人，应当对其采取罪错未成年人强制戒治处分，这种罪错未成年人强制戒治处分是一种监禁型保护处分，强制戒治处分的根据是吸毒成瘾行为的虞犯性，因此可以盖然地将这种具有虞犯性的行为纳入不法行为的范畴。这里需要强调的是，强制戒治处分的对象是吸食毒品成瘾的罪错未成年人，如果罪错未成年人出于好奇吸食并未成瘾，则不在强制戒治处分的范围之内。

第四，对判处缓刑和附条件不起诉的罪错未成年人适用专门教育。对判处缓刑的罪错未成年人适用专门教育，主要是从保护处分的效果上进行考虑的。毕竟，专门教育是一种剥夺人身自由的保护处分，而现行刑法对于缓刑而附条件不起诉、在考验期内的未成年犯罪嫌疑人需要向考察机关报告自己的活动情况，离开居住市县需考察机关批准。因而也是一种限制自由的处遇形式。如果在设立专门教育的前提下，不更改原来缓刑和附条件不起诉的执行方式，恐怕多数人愿意执行社区矫正而非保护处分。

第五，对假释未成年犯适用保护管束。对于符合假释条件的未成年犯应当执行保护管束。对于符合假释条件的未成年犯应当执行保护管束，其原因在于专门教育毕竟是一种剥夺人身自由的保护处分，而被假释的罪错未成年人已在监区内服刑过一段时间，如果再剥夺其自由让其入罪错未成年人矫正所执行假释，显然违背比例原则，也违背假释的目的。故未成年犯的假释应当在社区内执行，其执行方式应为保护管束。

第六，对于专门教育、强制戒治处分罪错未成年人在一定考验期内实施的保护管束。这种情形类似于服刑人员的假释，但服刑人员的假释是以成立犯罪作为其前提要件，故不可将这种情形称之为"假释"，相对而言，可将这种保护处分内部的处遇转换情形称之为"假出所"。适用专门教育的罪错未成年人，可以根据其再犯风险等其他综合因素，完全解除保护处分，或者一定的考验期内转换为保护管束。适用强制戒治处分的罪错未成年人，即便其戒治情况良好可以出所戒治的，也不能直接解除保护处分，必须在转换为保护管束，在接受一段时间的考验期后才能解除保护处分。

（二）罪错未成年人保护处分立法标准的理由

1. 对罪错儿童适用的保护处分的理由

将不满 14 周岁实施故意杀人、故意伤害致人重伤或者死亡、强奸、抢劫、贩卖毒品、放火、爆炸、投放危险物质和吸食毒品的罪错未成年人纳入保护管束的适用范围，首先是因为我国刑法规定不满 12 周岁的人完全不负刑事责任。其次，上述行为除了吸食毒品行为之外，在行为样态上已经符合刑法分则具体罪名的构成要件且违法，已经具备了实质的违法性。因此，实施这些行为的儿童在某种程度上是一种"准犯罪"状态，按照张明楷教授的说法，这种状态是一种不法层面的犯罪。[1]保护处分需以这种"不法"层面的犯罪作为前提。上文介绍的日本的《少年法》第3条第1款第2项中所称的"不法少年"即类似于这种情形，因为日本刑法中不满14周岁的人尚未达到刑事责任年龄。不满14周岁的儿童仍是一个生理发育极为不成熟的年龄，故并不赞同以剥夺这些儿童的人身自由作为代价从而预防犯罪。即便是符合构成要件且违法的行为，所触犯的罪名也应当是刑法中的重罪。但实施这些行为的儿童已经足以让社会为之担忧，必须及时遏制这种严重行为，故对不法儿童施以保护管束较为妥当。有学者指出，我国未成年人刑事政策在"惩罚"与"保护"之间摇摆，与社会稳定等因素相关，应务实地平衡保护权与社会防卫，即使犯罪率上升也应坚守特殊保护，减少传统司法模式的影响。[2]

2. 对罪错未成年人优先适用专门教育的理由

本书将已满14周岁不满16周岁相对刑事责任年龄的行为称之为"不法未成年少年"，因为在这个年龄段的罪错未成年人十分特殊，只有八种行为成立犯罪。这是因为这个年龄段的罪错未成年人心智虽然尚未成熟，但是他们对其自身行为的违法性已经有了基本的认识。法律在此推定这些行为尚不成立犯罪主要是出于保护罪错未成年人的目的，因为我国刑罚是责任刑，是报应刑的产物，虽然带有一定消极预防的特点，但是刑罚主要目的仍是报应。但是，保护处分并非以罪责作为其基础，故其适用的基础是行为人的人身危险性。对于一些轻微的不法行为，例如校园霸凌行为、聚众斗殴行为，虽然因刑事责任年龄不够尚不成立犯罪，但实际上已经达到值得刑罚规范科处的程度，有必要剥夺其人身自由来进行司法矫正。从我国台湾地区罪错未成年人保护处分的执行状况来看，其执行状况并不理想。按照林山田先生的说法："由于现行法规定受感化教育、监护、禁戒、强制工作等保安处分者，得以保护管束代之（§921），更使现行法规定的主要保安处分手段，若因为未设有

---

〔1〕 参见张明楷：《刑法学》，法律出版社2016年版，第502页。

〔2〕 参见桂梦美、孙平：《罪错未成年人司法保护的理论供给与实现愿景》，载《河北法学》2024年第7期。

相当的执行场所可供执行时，则轻易即得以保护管束代之，使保安处分手段的成效大打折扣，甚至于因而虚无化，故导致现行法规定的保安处分制度，至今形同虚设。"[1] 这说明我国台湾地区真正执行保护处分时，大都以保护管束取而代之，故本研究认为对于不法未成年少年，应当优先适用监禁型保护处分，并至少执行一个月，再根据再犯风险评估报告，才能撤销或改变教育处分为保护管束。

3. 将罪错未成年人毒品成瘾行为纳入罪错未成年人强制戒治处分的理由

将罪错未成年人毒品成瘾行为纳入罪错未成年人强制戒治处分，是从吸毒成瘾行为的虞犯性进行考虑的，因为我国并未将吸毒行为列入刑法分则。上文已述，虞犯性是指实施不法行为的可能性，这种虞犯性是从司法实践中总结而出，是一种归纳逻辑，也是一种法律的强制推定。吸毒成瘾的罪错未成年人不一定实施不法行为，只是在此通过法律强制推定他犯罪的可能性很大。虞犯性是一种"初犯可能性"而非"再犯可能性"，鉴于刑法的谦抑性及最后性，必须限制虞犯事由。

近年来除了海洛因、吗啡、可卡因等传统毒品的非法使用呈现低龄化以外，更有新型毒品如冰毒（甲基苯丙胺，MDA）、摇头丸（亚甲二氧基甲苯丙胺，MDMA）、K 粉（氯胺酮，Katamine）等人工合成致幻剂与兴奋剂类毒品。[2] 新型毒品的特点是，成本极其低廉、成瘾速度快、短时间内能致幻食用者。由吸食毒品等行为而引发的未成年不法事件并不在少数。我国暂未将吸食毒品作为犯罪处理，只在《刑法》第 348 条规定了非法持有毒品罪，该罪名显然是以持有一定数量的毒品作为前提基础的。对吸毒者的处理主要规定在《治安管理处罚》第 72 条以及《禁毒法》中，因此对这些"瘾君子"的处罚的性质仍是一种行政处罚，而非刑事处罚。本研究认为，针对未满 18 周岁的罪错未成年人而言，不管是《治安管理处罚》还是《禁毒法》的规定都是远远不足的，在刑事立法中缺少一套专门针对罪错未成年人强制戒毒的配套制度。从现行《禁毒法》所创设的强制隔离戒毒来看，其执行效果并不理想。

首先，强制隔离戒毒制度本质上是劳教制度的产物。

---

〔1〕 参见林山田：《刑法通论》（下册），北京大学出版社 2012 年版，第 398 页。
〔2〕 参见夏国美等：《新型毒品滥用的成因与后果》，载《社会科学》2009 年第 3 期。

　　在劳教业已废止的今天，保留强制隔离戒毒制度其实违背了废止劳教制度的本意，因为原来被劳教人数有相当一部分人属于强制隔离戒毒的类型。现在大部分劳教所改为戒毒所，这种改变"换汤不换药"，其处罚决定机关仍是公安机关，所以从制约警察权力的角度来看，保留强制隔离戒毒并不可取。其次，从强制隔离戒毒的评价管理体系上来看，各地戒毒所的评估标准并不统一，且评估程序繁琐，要层层上报上级公安机关审批。这样一来执法成本过大，二来过度扩大警察的职权，不利于限制警察权的扩张。[1]再次，从强制隔离戒毒实际执行状况来看，普遍存在迟延移交、不予移交的问题，这些问题使得强制隔离戒毒工作很难落实，在一定程度上导致强制隔离戒毒所人员不足、司法浪费的状况。[2]最后，从罪错未成年人的角度来看，我国《禁毒法》第 39 条第 1 款规定："……不满十六周岁的未成年人吸毒成瘾的，可以不适用强制隔离戒毒。"这就说明在实际执行情况当中，很少对罪错未成年人执行强制隔离戒毒。即便是对罪错未成年人适用强制隔离戒毒的，也并未在法条中看见与成年人隔离治疗的类似条款，这就说明在实际执行状况中，并未将罪错未成年人与成年人分开戒治。

　　就此，笔者赞同刘仁文教授对强制戒毒的改革方案：如果想从根本上改变强制隔离戒毒制度，必须从立法上改变强制戒毒的权属划分。不管是针对成年人还是罪错未成年人，应当将强制隔离戒毒的决定权交由法院决定，其执行工作交由司法工作机关执行，再由检察机关监督其执行状况。就罪错未成年人强制戒毒而言，虽然吸毒成瘾并不具备实质的刑事违法性，但就其人身危险性而言，我们姑且可推定吸毒成瘾的罪错未成年人在今后极有可能实施不法行为。这里可以借鉴日本《少年法》关于虞犯少年的概念，其中第 3 条第 1 款第 3 项认为具有不服保护人的正当监督的性格、无故离家、同具有犯罪之虞或不道德人交往、具有伤害自由或他人德行的性格，可被认定为"虞犯少年"，这里虞犯事由是根据经验法则而总结出来，是表明少年可能实施犯罪行为、触法行为的类型化。[3]在此，本研究认为未成年的吸毒行为，即为一种虞犯事由，这也是许多犯罪产生的原因。从我国《预防未成年人犯

---

　　〔1〕　参见姚建龙：《〈禁毒法〉的颁行与我国劳教制度的走向》，载《法学》2008 年第 9 期。

　　〔2〕　参见刘仁文、王栋：《强制隔离戒毒工作存在的问题及改进建议》，载《人民法院报》2014 年 7 月 30 日，第 6 版。

　　〔3〕　参见［日］大谷实：《刑事政策学》，黎宏译，中国人民大学出版社 2009 年版，第 357 页。

罪法》第 38 条中可以看出，罪错未成年人吸食、注射毒品的行为属于"严重不良行为"，虽然尚不及刑事处罚的要求，但已经是严重危害社会的行为。既然已承认了吸毒成瘾行为的社会危害性，但在《预防未成年犯罪法》及相关法条中很难找到处理这类"严重不良行为"的法律后果。这就说明《预防未成年人犯罪法》虽然承认了这种行为的虞犯性，但并未对其在实体层面及程序层面进一步特别规制，本研究认为这显然不妥。既然在我国刑法体系中构建保护处分，那么就说明对于吸毒成瘾这种轻微不法行为，可以用"非犯罪化"的手段进行处理，尤其针对身体、心理发育尚未成熟的罪错未成年人，更需要通过保护处分来进行强制戒毒。若要实现这一目标，必须将强制隔离戒毒制度进行司法化改革，以此来保障罪错未成年人的人权。

4. 针对判处缓刑的罪错未成年人以及附条件不起诉的罪错未成年人适用专门教育的理由

根据我国《刑法》第 72 条和第 74 条之规定，判处缓刑应当同时具备三个条件：第一，适用于被判处拘役或者三年以下有期徒刑的犯罪；第二，犯罪情节轻微、有悔罪表现、没有犯罪的危险、宣告缓刑对所居住社区没有重大不良影响；第三，不是累犯和犯罪集团的首要分子。满足这三种条件的且针对不满十八周岁的人的应当对其实行缓刑，凡宣告缓刑的人员依法实行社区矫正。笔者在此将处以缓刑的罪错未成年人改为适用专门教育，有三个原因。其一，从罪错未成年人社区矫正的实际情形上来看，其矫正效果并不理想，现在又在社区矫正中增添保护管束的内容，恐怕难以实现对判处缓刑罪错未成年人的矫正。其二，未成年保护处分已将尚未达到刑事责任年龄但实施不法行为的罪错未成年人列入剥夺自由保护处分的范围，而对已经成立犯罪未成年犯适用限制自由的刑罚执行方式显然不妥，因为剥夺自由比限制自由的处罚程度重。如果按此立法，则会出现缓刑轻于保护处分的现象。其三，虽然保护处分并不是以罪责作为刑罚基础，但如果将成立犯罪的罪错未成年人隔离出保护处分显然不周延。应当对所有实施不法行为的罪错未成年人（包括处以缓刑之人）都列入可能被保护处分的范围之内，因为犯罪的前提是以实施不法行为作为前提要件，故再对这些罪错未成年人进行再犯风险评估，在理论上并不矛盾。再说罪错未成年人附条件不起诉的情形。《刑事诉讼法》针对罪错未成年人的附条件不起诉，其本质目的是在刑事程序上分流。但是实际上附条件不起诉可能导致大量的可能成立刑事犯罪的罪错未成年人在检察院审查起诉阶段就被分流，因此笔者主张将所有附条件不起诉的权力移交给法院，法院可根据罪错未成年人调查评估报告综合判断作出最终裁决（这一点本节第二部分还会详述）。而从执行效果上来看，基于与缓刑执行的相同理由，其执行方式应为专门教育，由罪错未成年人专门教育矫正所执行。

5. 针对假释和假出所的未成年犯适用保护管束的理由

未成年犯专指已经受到刑罚处罚的对象，其执行机关一般是未管所，这是因为司法实践中，大部分罪行较轻的罪错未成年人在审查起诉阶段，按附条件不起诉即被分流，故未管所中羁押的大部分罪错未成年人其罪行并非轻微。由于对于未成年犯采取的是拘役以上的刑罚，其刑罚内容难免有报应的色彩，其预防的形式也是以一般预防为主，而非特殊预防。但本研究认为，应当对罪错未成年人采取以特殊预防为主的刑罚，换言之，即"刑罚的个别化"。在这一前提背景下，应当让罪错未成年人调查评估机构介入，对符合假释条件的罪错未成年人进行再犯风险评估。这不仅将保护管束与我国社区矫正相结合，也在一定程度上完善了社区矫正。对于强制戒治后不能完全解除保护处分的强制性规定，是因为罪错未成年人想要一次性完成毒品成瘾十分困难（参见本书第五章第三节"改变轮"理论），因此必须将其转化为保护管束对其进行追踪观察评估，故这种"强制隔离戒毒+社区戒毒"的模式较为适合罪错未成年人毒瘾戒治。

综上，应当将罪错未成年人保护处分内容添加在我国《刑法》第 37 条之一后成为第 37 条之二，并以此作为罪错未成年人保护处分立法的主体内容：[1]

"对已满十四周岁不满十六周岁不受刑罚处罚的人，应根据罪错未成年人调查保护机构的评估报告，对其适用专门教育或保护管束。

对不满十四周岁的人，实施故意杀人、故意伤害致人重伤或者死亡、强奸、抢劫、贩卖毒品、放火、爆炸、投放危险物质的行为，虽不受刑罚处罚，但应根据罪错未成年人调查保护机构的评估报告，对其适用保护管束。

对不满十八周岁吸食毒品成瘾的人，应对其实施强制戒治处分。

保护管束和专门教育的执行期间根据罪错未成年人个人矫正的综合情况

---

〔1〕　关于在我国《刑法》第 37 条之二增设保护处分的原因，可见本节第三部分内容，在此不赘述。另外，关于附条件不起诉的内容属于程序法的范畴，在本节第二部分详述。

而定，最短期限不得少于三个月，最长期限不得超过两年。强制戒治处分的执行期间根据罪错未成年人戒治瘾癖情况而定，最短期限不得少于六个月，最长期限不得超过两年。

专门教育由罪错未成年人教育矫正所执行，保护管束由社区矫正机构执行，强制戒治处分由戒毒所执行。

罪错未成年人调查保护机构应定期对执行专门教育和保护管束的罪错未成年人进行再犯风险评估。对于服从管理、确有悔过、再犯风险明显降低的罪错未成年人，在执行一个月后，可以由法院撤销专门教育或者变更为保护管束。

对已满十四周岁不满十八周岁执行徒刑以上的未成年犯，罪错未成年人调查保护机构应定期对执行刑罚的未成年犯进行再犯风险评估，并根据本法第八十一条综合判断，对符合假释条件的未成年犯，依法假释。在假释考验期内的未成年犯，依法实行保护管束。"

不仅如此，还应当将未成年犯缓刑的修改内容添加在《刑法》第 76 条后，成为第 76 条之一：

"对宣告缓刑的罪错未成年人，在缓刑考验期内，依法实行专门教育，如果没有本法第七十七条规定的情形，缓刑考验期满，原判的刑罚就不再执行，并公开予以宣告。"

## 二、罪错未成年人保护处分与我国刑事司法程序的衔接

国外和一些地区在处理罪错未成年人案件时大都交由青少年法院审理。但青少年法院审理的年龄范围往往不限于未满 18 周岁的罪错未成年人，有时还包括已满 18 周岁不满 21 周岁的青年，例如英国青少年法院即如此。日本《少年法》《儿童福祉法》在处理少年（不满 20 周岁的罪错未成年人）的不法事件时，以保护处分优先为基本原则处理，将犯罪少年、虞犯少年和触法少年分类处理。不管属于哪一类少年，警察发现少年的不法行为时都应首先移送至家庭裁判所（或称"家庭法院"）处理。如果少年有成立犯罪的盖然性时，则应被评价为犯罪少年，应将全案反送（或称"逆送"）至检察机关，再由检察机关起诉至法院进行刑事审判。如果少年是不满 14 周岁被法律推定为无罪责能力的触法少年，或者是具有虞犯事由的虞犯少年时则应当家

庭法院审判。而对于少年裁判所的受理及审判程序，并不是只要移交就开启审判程序，而必须经过家庭调查官的调查才能对触法少年及虞犯少年作出处分决定。这些调查官大都由具备心理学、教育学及社会学知识的专业人员组成，家庭裁判所所长应当根据家庭调查官的调查情况作出最终判决。[1]

实际上，家庭调查官的调查环节就是保护处分评估团的评估环节，这其实是罪错未成年人保护处分与普通刑事司法程序的重大区别——普通刑事案件仅依靠法官就能作出最终裁决，而是否对行为人采取保护处分则必须依据保护处分的先行评估才可作出裁决。而在程序分流方面，如果涉及交通案件则可以直接由警察在警察阶段（侦查阶段）处理。并且，如果不法情节非常轻微，单依靠警察的训诫就可以处理的案件不用移送至家庭。英国亦是如此，青少年法院在对少年裁决到底适用何种法令时，必须依靠青少年犯罪工作队（Young Offender Team，YOT）的先行调查才能作出最终裁决。耗费如此大的周章去评价罪错未成年人的主要原因在于，国家对于个人人权，尤其是青少年人的人权——处于青春期发育的青少年很可能因为自己心智不成熟和冲动作出离经叛道的不法行为，就日本少年刑事司法体系来看，社会防卫的价值位阶已经放到了少年保护的价值位阶之后。如果依据少年调查官的调查断定一个少年没有再次犯罪的可能性时，则不能对其采取任何处遇措施（包括保护处分）。因为任何具有保护处分性质的处遇措施都是以牺牲被处分人一定的人身自由作为代价的。从这个意义上而言，虽然该制度以保护和矫正为目的，但是不得不说这一制度在客观上仍带有惩罚的色彩。

我国针对罪错未成年人的刑事诉讼程序主要规定在《刑事诉讼法》的特别程序及相关司法解释中。根据 2012 年《最高人民法院关于适用〈中华人民共和国刑事诉讼法〉的解释》（以下简称《刑诉法解释》）第 462 条，法院一般在机构内设置独立建制的罪错未成年人审判庭或合议庭来处理罪错未成年人的刑事案件，所组成的合议庭或审判庭统称少年法庭。原则上来讲，少年法庭审理被追诉人的年龄范围须遵循"犯罪时不满 18 周岁，立案时不满 20 周岁"的原则，这说明我国少年法庭的年龄审理范围较德国、英国和日本的审理范围小，如不包括德国法所称的成长中的青年（Heranwachsende），故我

---

　　[1]　参见［日］川出敏裕、金光旭：《刑事政策》，钱叶六等译，中国政法大学出版社 2016 年版，第 270 页。

国少年法庭针对的是实施不法行为时的罪错未成年人。《刑事诉讼法》和《刑诉法解释》虽然给予罪错未成年人特殊保护，但本研究认为在司法实践中是远远不足的。其原因不言自明，少年法庭缺少专业化处理罪错未成年人的技术团队作为法院审理判决罪错未成年人案件的根据。从本研究第二章的罪错未成年人保护处分的立法综述可以看出，一些国家和地区无论给予罪错未成年人何种处遇方式，都要经过类似于少年调查机构的先行调查才能作出最终裁决。而纵观我国司法体制，无论是《刑事诉讼法》还是《未成年人保护法》都没有类似于这样的专业化团队进行评估。之所以要设置少年调查机构或青少年犯罪工作小组，其目的主要是符合个别矫正原则从而达到特殊预防的目的。对行为人采取以一般预防为主的报应刑在一定程度上能够节约司法成本，便于司法人员操作。而针对罪错未成年人来说，一般预防的作用显然过于粗放，应当用精细化的个别矫正作为犯罪预防的主要手段。个别矫正是当代预防罪错未成年人犯罪的主要手段，罪错未成年人正处于发育阶段，其心智都未发育成熟，其不法行为有其自身原因也包括周遭生活环境及境遇的影响。对于他们应当如医生治病一样，根据专业知识去除其疾病，这也是保护处分为什么是不定期刑——通过针对患者个人独特的矫正方案，定期对患者进行评估，一旦患者康复即可出院。

综上，本研究认为在我国刑事司法程序中应仿效日本、英国等国家在地级市设立罪错未成年人调查评估机构，隶属司法部管辖。罪错未成年人调查评估机构由获得犯罪心理学、教育学以及社会学专业学士学位（及以上）的人员组成，少年法庭应当根据罪错未成年人调查小组的评估意见作出裁决。在法律程序上，公安机关发现罪错未成年人的不法行为进行立案后，应将全案移送至罪错未成年人调查评估机构。罪错未成年人调查评估机构应当就罪错未成年人的家庭背景、个人状况、犯罪原因进行单独调查，并作出罪错未成年人风险评估报告。当然，在法律程序上，我国《刑事诉讼法》第279条规定将庭前调查罪错未成年人的权力赋予公安机关、检察机关和法院，因此在机构设置上新增罪错未成年人调查评估机构也是在客观上完善我国刑事诉讼法中对于罪错未成年人的庭前调查。

我国罪错未成年人保护处分应当建立在现行刑法四个罪责年龄档次的基础上处理其实施的不法行为——不满12周岁的完全无罪责能力人、已满12周岁不满16周岁的相对有罪责能力人、已满16周岁不满18周岁的完全有罪责能力人。保护处分的处遇基础是行为人的人身危险性而非罪责,因此客观上符合犯罪构成要件且不具备正当化事由的行为即具备保护处分的基本条件。基于此,本研究认为应当在侦查和起诉之间增加一个环节——罪错未成年人的人身危险性评估环节,这一环节也是重要的审前环节。侦查机关在发现罪错未成年人实施不法行为后,不管行为人是否已经达到刑事责任年龄,均应立案侦查,在查举初步证据之后,应将全案移送给罪错未成年人调查评估机构评估。

罪错未成年人调查评估机构应当将涉案罪错未成年人进行分为罪错未成年人和未成年犯罪嫌疑人。未成年犯罪嫌疑人顾名思义,是指因涉嫌犯罪而受到刑事追诉的罪错未成年人。这里虽然没有对犯罪嫌疑人作刑事责任年龄的区分,但在司法实践中,对于有证据证明行为人未达到刑事责任年龄的情形,除共同犯罪外,一般不予立案。因此这里有区别犯罪嫌疑人与罪错未成年人的必要,对于实施不法行为后未达到刑事责任年龄的行为人,应将其称之为罪错未成年人。对于涉及刑事犯罪的罪错未成年人,应将其列入未成年犯罪嫌疑人的范围。罪错未成年人调查评估机构应当将全部案卷连同罪错未成年人风险评估报告反送给公诉机关审查起诉,再由少年法庭裁决;对于罪错未成年人而言,应当将全部案卷连同罪错未成年人风险评估报告直接移交给少年法庭裁决,因为罪错未成年人并不涉及刑事犯罪。如此并不违背《刑事诉讼法》第 109 条和 2013 年公安部《公安机关办理刑事案件程序规定》第 175 条之规定关于立案的规定:立案的基本标准是有犯罪事实需要追究刑事责任。法条中所称的"刑事责任"并非德日刑法中的"责任"或"罪责"(Schuld),这里"刑事责任"其实是一种刑事法律后果,这种法律后果既包括刑罚,也包括非刑罚处遇措施,当然包括保护处分。少年法庭关于共同犯罪的管辖问题,按照 2012 年《刑诉法解释》第 463 条之规定,被指控犯罪时不满 18 周岁、立案时不满 20 周岁的刑事被告,如果满足上述条件的行为人被指控为主犯或者犯罪的首要分子,由少年法庭审判。因此,罪错未成年人保护处分原则上也应由少年法庭作出裁决。当然,如果涉及全案由普通刑事法庭审理的案件,也必须先经过罪错未成年人调查评估机构再反送至公诉机关,再由普通刑事法庭处理案件,普通刑事法庭对于罪错未成年人的审判应当参照罪错未成年人调查保护报告。

但是罪错未成年人保护处分很可能被审前分流程序所吸收。上文已述,检察机关可依据《刑事诉讼法》第 282 条对涉嫌刑法分则第四、五、六章犯罪行为的罪错未成年人作出附条件不起诉决定。如果在我国刑事法体系内构建保护处分，对涉及刑事犯罪的罪错未成年人则很可能被检察机关作出附条件不起诉的决定，换言之，罪错未成年人的最终处遇很可能在审查起诉阶段被消化。反观本书所主张构建的保护处分，因为其包含监禁内容而比附条件不起诉的法律后果严苛，这样一来很可能出现保护处分与附条件不起诉处罚失衡的现象。如此，对于罪错未成年人及其家属而言，甚至希望自己被罪错未成年人评估机构评价为未成年犯罪嫌疑人，因为这有被作出不起诉决定的可能性。就附条件不起诉本身而言，其立法的目的本身具有特殊预防的性质，检察机关必须强制行为人负担一定条件才可作出不起诉的决定，这种"附条件"包括三种类型：其一是损害修复型条件，即通过向被害人赔礼道歉、赔偿等方式弥补被害人的损失；其二是社区服务型条件，即通过向社区指定团体或其他公益机构进行义务型服务；其三是隔离观察型条件，通过强制戒除毒瘾、心理治疗等隔离手段，完成对行为人的强制医疗。[1]凡此三种"附条件"类型其本质都与保护处分相似，旨在完成针对罪错未成年人的特殊预防。但是，即便这种附条件不起诉的法律后果再轻，其处罚理由是罪错未成年人的犯罪行为，故检察机关的附条件不起诉决定本身具备刑事终局裁决的性质，这显然与我国《刑事诉讼法》第 12 条有悖，该条确立了法院是裁决行为人是否成立犯罪的唯一机关。[2]附条件不起诉所涉及的行为类型显然符合刑法分则罪名的构成要件，因此从实体法的角度而言，行为人已然具备成立犯罪的可能性，但是就法律程序而言，必须经过法院的审判才能生效，否则将违背《刑事诉讼法》第 12 条的规定。《刑事诉讼法》附条件不起诉的立法目的显然是立法者通过对罪错未成年人犯罪行为从宽的刑事政策，从而达到矫正罪错未成年人并使之再社会化、回归社会。显然，这与司法实践中长期形成的司法习惯有关——一经公诉的刑事案件，被追诉人很难被判决无罪。尤其对罪错未成年人而言，即便是再轻的刑罚，背负刑事判决对罪错未成年人的一生都会产生负面影响，甚至会被贴上"犯罪化"的标签，这也与我国刑罚较为苛厉有直接关系。故附条件不起诉对罪错未成年人刑事立法的

---

〔1〕 参见刘学敏：《检察机关附条件不起诉裁量权运用之探讨》，载《中国法学》2014 年第 6 期。

〔2〕 《刑事诉讼法》第 12 条规定："未经人民法院依法判决，对任何人都不得确定有罪。"

进步意义毋庸置疑，但其弊端显而易见。究其根源是在刑事立法中缺少罪错未成年人保护处分——刑事后果的单一化造成立法者不得不依靠检察机关的分流程序来完成针对罪错未成年人的特殊预防。保护处分不仅完全符合附条件不起诉的特殊防卫的目的，而且其处遇手段也比附条件不起诉处遇方式更为丰富。

所以，应当将附条件不起诉与保护处分相互衔接，将附条件不起诉的权力最终交由法院的少年法庭裁决。德国在附条件不起诉中就有类似的立法机制，必须由法官同意，才能作出"罪责相报"的不起诉裁决，并且不得再诉。[1] 由此，本研究认为，对于涉及罪错未成年人附条件不起诉的案件，检察机关应当在审理全案后对未成年犯罪嫌疑人作出附条件不起诉的建议书将全案移交给少年法庭，由少年法庭法官根据不起诉决定书、罪错未成年人风险评估报告作出不起诉的决定，其执行方式先为专门教育，如果其再犯风险降低才能在此基础上变更为保护管束，保护管束由社区矫正机构执行。

综上，可将《刑事诉讼法》第 282 条修改为：

"对于罪错未成年人涉嫌刑法分则第四章、第五章、第六章规定的犯罪，可能判处一年有期徒刑以下刑罚，符合起诉条件，但有悔罪表现，并且根据罪错未成年人再犯风险评估报告，其再犯风险显著偏低，人民法院可以作出附条件不起诉的决定。人民法院作出附条件不起诉的决定前，应当听取公安机关、被害人的意见。

地方各级检察机关向上一级人民法院提出抗诉的，适用本法第二百二十八条的规定。被害人申诉的，适用本法第二百五十二条的规定。罪错未成年人调查评估机构可以向人民法院或者检察机关提出申诉。

未成年犯罪嫌疑人及其法定代理人对人民法院决定附条件起诉有异议的，人民法院应当重新审理案件。"

## 三、罪错未成年人保护处分与作为一种刑事后果的立法完善

（一）专门教育处遇的立法完善

我国现行罪错未成年人刑事执行体系以罪行之轻重分类，由不同部门分

---

[1]　参见《德国刑事诉讼法典》，李昌珂译，中国政法大学出版社 1995 年版，第 73 页。

别执行。有学者将其归纳为四类：即监禁刑罚处遇、非监禁刑罚处遇、非刑罚处遇以及触法行为处遇。[1]这种分类处遇方式仍然是以罪错未成年人不法行为触法的轻重为标准，而非以其人身危险性作为处罚依据。申言之：

第一，监禁刑罚处遇的对象主要针对罪行较为严重的罪错未成年人。按照《刑法》规定，对此类罪错未成年人一般适用拘役及徒刑，但不包括死刑。司法实践中，罪错未成年人涉嫌《刑法》第 17 条第 2 款规定的故意杀人、故意伤害致人重伤或者死亡、强奸、抢劫、贩卖毒品、放火、爆炸、投放危险物质这八种犯罪类型时，一般被少年法庭评价为重罪。被判处监禁刑罚的罪错未成年人，由未成年犯管教所执行。

第二，非监禁处遇的对象主要针对罪行较轻的罪错未成年人。对此类罪错未成年人一般适用管制、缓刑等社区矫正处遇措施，即"有罪轻罚"。当然，对此类罪错未成年人也附带适用罚金刑以此来避免监禁刑罚。被判处非监禁刑罚的罪错未成年人，一般由社区矫正机构执行。这里需要特别注意的是，《刑事诉讼法》第 282 条针对罪错未成年人的附条件不起诉虽然在检察机关审查起诉阶段就已经终结，但是仍属于"有罪轻罚"的非监禁刑罚类型。这是因为从实体法意义上而言，虽然没有经过法院审理宣告其无罪，但是从《刑事诉讼法》282 条的描述来看，附条件不起诉的对象是"未成年人涉嫌刑法分则第四章、第五章、第六章规定的犯罪，可能判处一年有期徒刑以下刑罚"，故已经成立刑罚规范所规定的罪名，只是通过刑事程序分流手段贯彻对罪错未成年人一律从宽的刑事政策。故附条件不起诉强制罪错未成年人所负担的条件而言，这些条件既具备非监禁刑罚的性质（例如完成戒瘾治疗、心理辅导、不得进入特定场所、与特定人进行会面等），也包括下文所述非刑罚处遇性质的措施（例如向被害人赔偿损失、赔礼道歉等）。总体而言，附条件不起诉的执行应当被归在非监禁处遇措施的执行范畴。

第三，非刑罚处遇措施的对象主要是针对"有罪免罚"这一类型的罪错未成年人。即罪错未成年人虽然触犯了刑法分则的罪名，但其情节轻微、没有必要判处刑罚，可以在宣告其成立犯罪的前提下对其实施训诫、责令具结

---

[1] 参见冯卫国：《"后劳教时代"未成年人刑事处遇制度的改革与完善》，载《山东警察学院学报》2016 年第 3 期。

悔过、责令赔礼道歉、责令赔偿损失等一系列非刑罚处遇措施。

第四，触法行为既包括上文所述罪错未成年人客观上符合犯罪构成要件但因年龄因素而被法律强制推定欠缺罪责能力的不法行为，也包括一般行政违法行为。从我国现行立法来看，对于罪错未成年人触法行为的处遇规制混乱，分别规定在《刑法》及其相关司法解释、《治安管理处罚法》、地方性法律法规等行政法规中。不仅法律依据不同，对罪错未成年人触法行为的处理结果也各不相同。对于罪错未成年人因欠缺刑事责任年龄而不成立犯罪的不法行为，按照《刑法》第 17 条第 5 款之规定，对于实施不法行为但因不满 16 周岁不予刑事处罚的罪错未成年人，可以责令其家长或监护人管教，必要时可交由政府专门矫治教育。这里的专门矫治教育制度对罪错未成年人监禁型保护处分执行的本土化具有十分重要的意义，而专门矫治教育之弊在劳教废止后尤为突出。

而对于专门矫治教育性质的说法众说纷纭，因此有必要对其进行简要梳理：

其一，刑事司法处罚性质说。这一学说认为专门矫治教育属于具有刑事司法处罚的性质，这是因为：第一，专门矫治教育的主要法律依据虽然包括部门规章等行政法规，但其主要法律依据是我国《刑法》第 17 条第 5 款之规定；第二，专门矫治教育的适用对象是实质上具备刑事违法性的犯罪人；第三，专门矫治教育的执行场所是未管所而非一般的矫正机构。[1]

其二，刑事司法处罚保护性质说。持该说的学者认为专门矫治教育因为其具有的刑事强制性及司法保护性故具备刑事司法保护措施的性质，这是因为：首先，专门矫治教育适用的对象是犯罪少年，故其适用的依据是《刑法》，其执行方式仍是以剥夺或者限制其人身自由作为代价，在一定场所内接受专门矫治教育或戒治，这一点与主张刑事司法处罚说学者的主张相同。其次，根据我国《刑事诉讼法》第 277 条之规定，办理罪错未成年人刑事案件的方针应当对实施不法行为的罪错未成年人实行教育、感化、挽救的方针，坚持教育为主、惩罚为辅的原则。因此，只有在必要时，才能对罪错未成年人适用专门教育并应当贯彻"教育、感化、挽救"方针。综合以上两点，专门

---

[1]　参见马克昌主编：《刑罚通论》，武汉大学出版社 1999 年版，第 784 页。

矫治教育具有刑事司法保护的性质。[1]

其三，行政处罚性质说。持这一观点的学者认为专门矫治教育并非具备刑事司法处分的性质，是一种具备行政性质的处罚，其主要原因在于罪错未成年人的不法行为虽然在客观上是一种不法行为，但尚未达到刑事责任年龄而被法律强制推定为不负刑事责任，既然不负刑事责任，因而就不成立犯罪。所以这种非刑罚处罚方法是一种行政处罚，但这种行政处罚具备其他国家和地区保护处罚的性质。[2]

其四，治安性行政措施说。持这一学说的学者认为专门矫治教育是公安机关针对不满 16 周岁的罪错未成年人为了维护社会治安在刑法之外采取的补充措施。[3]

其五，行政教育矫正措施性质说。主张这一观点的学者认为，专门矫治教育是一种针对实施不法行为且具有一定犯罪恶习的罪错未成年人的一种具有行政性质的专门教育处遇措施。这是因为：首先，专门矫治教育的决定机关一般由公安机关而非司法机关作出，其性质具备行政性质；其次，专门矫治教育的决定虽然由公安机关作出，具备行政性质，但其法律依据是《刑法》而非规定在《治安管理处罚法》等行政法律法规中，且其执行机关并非政府，而是由未管所执行，其目的是预防罪错未成年人犯罪，因此专门矫治教育兼有教育、矫正的性质。综上，专门矫治教育具备行政教育矫正措施的性质。[4]

其六，司法保护教育措施性质说。持该说的学者认为专门矫治教育是一种具有司法性质的保护措施，这主要是从专门矫治教育的概念上来理解，"收容教养"的"收"是指接纳和吸收，"容"是指容留和安置，"教"是指教育和矫正，"养"是指抚养。其中，教和养是专门矫治教育的两个基本支撑点，是一种司法保护，既具有独立的实体性价值，又具有独立的实体性价值，既包括以文化为主的教育，又包括以法律为主要内容的矫正。而收容教养毕竟

---

〔1〕 参见郭建安、郑霞泽主编：《限制对人身自由的限制——中国行政性限制人身自由法律处分的法治建设》，法律出版社 2005 年版，第 478-479 页。

〔2〕 参见郭建安、郑霞泽主编：《限制对人身自由的限制——中国行政性限制人身自由法律处分的法治建设》，法律出版社 2005 年版，第 477-478 页。

〔3〕 参见王顺安、高莹主编：《劳动教养学》，法律出版社 2002 年版，第 271-272 页。

〔4〕 参见郭建安、郑霞泽主编：《限制对人身自由的限制——中国行政性限制人身自由法律处分的法治建设》，法律出版社 2005 年版，第 479~480 页。

是一种剥夺人身自由权利的司法保护，因此只有在必要时才能对不满 16 周岁的罪错未成年人采取专门矫治教育，故其法律属性应当界定为对实施杀人、故意伤害致人重伤、抢劫、强奸等严重暴力违法行为或者严重危害社会秩序行为的尚未达到刑事责任年龄的罪错未成年人给予的司法保护、教育矫正措施。[1]

本研究认为，专门矫治教育性质之所以产生分歧的原因是其法律依据混乱造成的。我们通常所称的专门矫治教育一般出现在《刑法》第 17 条第 5 款中，但最早出现与其相关的概念的法律文件可以追溯到 1956 年《最高人民检察院、最高人民法院、内务部、司法部、公安部对少年犯收押界限、捕押手续和清理等问题的联合通知》明确规定，对于刑期已满的少年犯无家无业又未满十八周岁的应介绍到社会救济机关予以收容教养，并规定由民政部门负责收容教养。直到 1982 年，《公安部关于少年犯管教所收押、收容范围的通知》将收容教养的权力收归公安部。而各地公安机关决定罪错未成年人的执行场所也不相同，有的将其送入专门学校进行强制收容教育，有的将其送入未管所执行，还有的则送入劳动教养场所执行。[2]尤其在废止劳教及《刑事诉讼法》修改之前，公安机关大都将实质上触犯法律的少年送至劳动教养场所，有时甚至对违反《治安管理处罚法》的一般行政违法罪错未成年人适用劳教。因此从司法实践上来看，专门矫治教育似乎是一种行政处罚。但劳教制度业已废止，而《刑法》第 17 条和 1982 年《公安部关于少年犯管教所收押、收容范围的通知》并未废止，其执行场所显然不包括劳动教养场所，因此执行专门矫治教育的地点无非是未管所以及专门学校。从司法实践上来看，公安机关几乎不可能将实施不法行为但欠缺罪责年龄的罪错未成年人投入未管所执行专门矫治教育，这是因为这一类罪错未成年人根本不成立犯罪，根据我国《中华人民共和国监狱法》（以下简称《监狱法》）第 74 条之规定，对未成年犯应当在未成年犯管教所执行刑罚，而这里所称的未成年犯专指已满 14 周岁不满 18 周岁成立犯罪并判处刑罚的服刑人员。如此，从适用法律的角度上来讲，现在执行专门矫治教育场所除了戒毒所外，只能是专门学校。

---

〔1〕　参见廖斌、何显兵：《论收容教养制度的改革与完善》，载《西南民族大学学报（人文社会科学版）》2015 年第 6 期。

〔2〕　参见陈泽宪：《收容教养制度及其改革》，载刘仁文主编：《废止劳教后的刑法结构完善》，社会科学文献出版社 2015 年版，第 367 页。

专门学校并不是刑事执行机构，专门学校是专门为矫正罪错未成年人而设立的特殊学校，该机构的确是专门矫治教育罪错未成年人的特有机构，不仅具有教育、矫正的功能，还具有一定强制性的收容功能。因此，从法律属性上而言，由于专门矫治教育是公安机关决定的，故其具备行政法律的性质；从执行场所来看，现在专门矫治教育的执行场所除了戒毒所之外，只有专门学校适格。不管专门学校抑或是戒毒所，都是以教育、矫正、戒治为手段旨在保护罪错未成年人，使其回归社会，故专门矫治教育也具备保护的性质。

基于此，将专门矫治教育界定为一种具有行政法律性质的保护措施勉强能说得过去，因为专门矫治教育制度毕竟规定在刑法条文中。前文虽然已对专门矫治教育的法律属性作了简要分析，但其说法混乱已成为不争的事实，本研究认为应当废除罪错未成年人专门矫治教育制度，将其彻底改造为保护处分。出现专门矫治教育的法律性质说法不一的尴尬现象的原因——缺乏必要的实体法及程序法依据，而解决这一矛盾的根本做法是废除罪错未成年人专门矫治教育制度，通过罪错未成年人保护处分的司法化来完善一系列罪错未成年人刑事立法，必须改造现行专门矫治教育制度，将其改造为保护处分——把专门学校改造成监禁型保护处分的执行场所，并更名为罪错未成年人专门教育矫正所。

《刑法》第17条第5款规定了我国针对罪错未成年人特有的专门矫治教育，具体做法是：应在《刑法》第37条之后添加罪错未成年人保护处分的内容。我国《刑法》总则第三章、第四章（第32条至第89条）所称的"刑罚"是广义的刑罚，是指所有的刑事法律后果。狭义的刑罚是指通过宣告行为人的某种成立犯罪使犯罪人承担的某种法律后果，对犯罪人适用的建立在剥夺性、限制性痛苦基础上最严厉的强制措施，包括主刑和附加刑，而不包括非刑罚处遇措施和保护处分。显然，保护处分是一种非刑罚法律后果。[1]但是，从我国《刑法》第37条和第37条之一来看，刑罚的种类既包括非刑罚处罚措施（《刑法》第37条），也包括限制自由的保护处分（《刑法》第37条之一的从业禁止）。如上文所述，若在我国刑法体系内构造罪错未成年人保护处分的司法化，在删去《刑法》第17条第5款之后，应在《刑法》第37条之一后增加一条"罪错未成年人保护处分"成为第37条之二，并在其中规

---

〔1〕 参见张明楷：《刑法学》，法律出版社2016年版，第631页。

定罪错未成年人保护处分的内容,其中第5款、第6款、第7款内容即罪错未成年人保护处分的执行内容:

"专门教育由罪错未成年人教育矫正所执行,保护管束由社区矫正机构执行,罪错未成年人强制戒治处分由戒毒所执行。

罪错未成年人调查评估机构应定期对执行专门教育和保护管束的罪错未成年人进行再犯风险评估。对于服从管理、确有悔过、再犯风险明显降低的罪错未成年人,在执行一个月后,可以由法院撤销专门教育或者变更为保护管束。

对已满十四周岁不满十八周岁执行徒刑以上的未成年犯,罪错未成年人调查评估机构应定期对执行刑罚的未成年犯进行再犯风险评估,并根据本法第八十一条综合判断,对符合假释条件的未成年犯,依法假释。在假释考验期内的未成年犯,依法实行保护管束。"

将专门学校改造为专门教育场所,一来解决了欠缺罪责年龄的罪错未成年人法律后果的性质问题(不管是罪错未成年人保护处分还是保护处分具备刑事法律后果的属性);二来更加明确了罪错未成年人的适用范围及评价标准,更有利于司法人员操作。

(二) 罪错未成年人保护管束处遇的立法完善

罪错未成年人保护管束应由社区矫正机构执行。因为我国有社区矫正的基础,故而将保护管束纳入社区矫正中执行是一种与国际接轨的做法。不仅如此,这还有利于进一步完善我国社区矫正制度。保护管束(Fuehrungsaufsicht),是一种限制自由的保护处分,又称为"保护观察"或"行状监督",是指将特定行为人交由特定机关、团体或者个人,加以保护与约束的保护处分。[1]上文已述,保护管束作为一种保护处分,由社区矫正机构执行。但是还应当注意我国社区矫正制度与保护管束之间的区别。首先,社区矫正是一种非监禁刑的执行方式。根据2003年《最高人民法院、最高人民检察院、公安部、司法部关于开展社区矫正试点的通知》:社区矫正是与监禁刑相对的行刑方式,是在裁判期限内,矫正其犯罪心理及恶习,使其回归社会的非监禁刑罚执行活动。再者,根据我国《刑法》第76条之规定,宣告缓刑依法实行社区矫

---

[1]　参见林山田:《刑法通论》(下册),北京大学出版社2012年版,第397页。

正；再根据我国《刑法》第 85 条之规定，假释考验期内依法实行社区矫正。从上述法条也可以看出社区矫正实质上是一种非监禁刑的行刑制度，其处遇依据仍是以罪责为基础的罪责刑，而非以人身危险性为基础的保护处分。其次，我国并没有体系性的保护处分。保护处分是以行为人的人身危险性作为其处遇依据，因而针对罪错未成年人的保护管束也不例外，也是一种以人身危险性作为处罚依据的处遇措施。

出现上述现象的根本原因是我国并未确立体系性的保护处分。换言之，即便对某些服刑人员执行社区矫正，其处罚根据是以罪责为基础的刑罚而非以人身危险性为基础的保护处分。但日本保护观察的执行机构确由社区矫正机构执行，这是因为在性质上，虽然同为社区矫正执行，其法律依据不同。他们都将保护观察区分为假释型保护管束和保护处分型保护管束。因此，在构建我国罪错未成年人保护处分制度后，应仍将社区矫正作为执行保护管束的方式。只是在具体评估和矫正手段上，必须以罪错未成年人保护处分的基本原则对罪错未成年人进行评估和矫正。

我国社区矫正原本就有针对罪错未成年人社区矫正的原则及措施，根据 2012 年最高人民法院、最高人民检察院、公安部、司法部联合发布的《社区矫正实施办法》第 33 条明确规定了未成年人社区矫正的原则和措施。因此，从另一个角度可以说，可以将保护管束的内容添加在社区矫正中，将保护管束专门作为未成年社区矫正的执行方式。这样，不仅可以进一步完善社区矫正制度，更重要的是将保护管束与罪错未成年人社区矫正的执行有机地结合起来。在完成执行制度的衔接后，本研究认为应当在这一制度的背景下添加具体法令来充实社区管理的内容。

（三）罪错未成年人强制戒治处分的立法完善

罪错未成年人强制戒治处分应在戒毒所内进行强制戒毒。罪错未成年人强制戒治处分与专门教育对罪错未成年人来说都是监禁型保护处分，二者都是以剥夺罪错未成年人的人身自由作为处遇代价。最大的不同点在于，罪错未成年人强制戒治处分是通过医疗的手段对有吸毒瘾癖的罪错未成年人进行一系列系统的戒治；而专门教育则是以矫正未成年心理问题，并使其回归社会作为主要目标。因此，罪错未成年人强制戒治处分与专门教育的执行场所也不同，罪错未成年人强制戒治处分的执行场所应在戒毒所，而专门教育的执行场所是改造后的专门学校，即罪错未成年人教育矫正所。将戒毒所作为罪错未成年人强制戒治处分的主要原因是吸毒行为对罪错未成年人的危害性极大，这种伤害不仅是身体上的伤害，更对罪错未成年人心理造成极大伤害。

由于当今社会科技发展迅猛，新型毒品的类型与日俱增。青少年为寻找刺激，更多地寻找新型毒品替代传统的海洛因、大麻等毒品。因此，也有专家认为用物质滥用（Substance Abuse）一词能更贴切地形容吸毒行为。物质滥用将成瘾性物质分为以下几类：鸦片类物质、大麻类物质、可卡因类物质、苯丙胺类物质、致幻剂、催眠镇静类药物、抗焦虑类药物、非鸦片类药物、类固醇兴奋剂等。显然，物质滥用行为已然成为世界问题，而多种多样的成瘾性物质对罪错未成年人的伤害极大，自我戒治的成功率极低，必须将其隔离戒治才有可能彻底戒除毒瘾。2008 年实施《禁毒法》以来，我国已经形成自愿戒毒、社区戒毒、强制戒毒作为主要戒毒措施的戒毒体系。[1]但从社区戒毒的执行状况来看，并不尽如人意，除了社区戒毒的强制力低以外，社区康复在人力方面、物资方面的保障问题都出现严重不足。因此我国在社区戒毒方面并未取得显著成效，仍是以强制隔离戒毒作为主要的戒毒措施。[2]

针对罪错未成年人，物质滥用行为对其身心造成的危害不言而喻。更为严重的是，由于吸毒行为，很容易对发育尚未成熟的未成年人造成严重的心理扭曲，对其人生观、世界观及价值观产生极大的负面影响。如果对罪错未成年人物质滥用行为放任不管，极有可能造成罪错未成年人今后以犯罪为习惯，因为物质成瘾往往是许多犯罪行为（诸如抢劫、抢夺、盗窃行为）的诱因。正是因为此种原因，必须对吸毒成瘾的罪错未成年人实施监禁型保护处分，不仅在于其强制性，更在于其治疗人员、设备、手段的专业化，此即为罪错未成年人强制戒治处分。故在"强制戒治"这一词中，"强制"是指对有吸毒瘾癖罪错未成年人的剥夺自由的强制性；"戒"是指戒除毒瘾；"治"是指通过医学手段进行治疗。因此，对于以剥夺罪错未成年人的人身自由为代价的罪错未成年人强制戒治处分而言，与强制隔离戒毒最大的不同在于——罪错未成年人强制戒治处分是一种司法处分而非行政处分，必须经过少年法庭

---

〔1〕　参见姚建龙：《〈戒毒条例〉与新戒毒体系之运作》，载《中国人民公安大学学报（社会科学版）》2012 年第 5 期。

〔2〕　参见张泽涛、崔凯：《强制性戒毒措施的实施现状及其改革》，载《法律科学（西北政法大学学报）》2012 年第 4 期。

的裁决才能对罪错未成年人作出罪错未成年人强制戒治处分。如果戒治成功符合出所条件的，也必须由戒毒所所长向法院提请，方能对罪错未成年人解除罪错未成年人强制戒治处分。当然，与专门矫治教育相同，对罪错未成年人的罪错未成年人强制戒治处分也可变更为保护管束。如此，便与我国现有的社区戒毒衔接。

## 四、保护处分再犯风险评估及矫正技术的理论准备

保护处分作为一项国家的刑事法律制度，有其深刻的理论渊源。正如前文所述，保护处分是伴随着新派理论发展而产生的。新派理论的核心方法论是实证主义，借助近代自然科学的研究方法及技术成果成为这一学派的显著特征。因此国家在运行这一制度时，其核心技术并非单单来源于刑法，而包括刑法之外的犯罪心理学、社会学、统计学等技术，以此用于保护处分的评估及矫正，离开这些技术，保护处分只是一纸空文。对于罪错未成年人保护处分而言，再犯风险评估技术是适用保护处分与否的核心技术之一，而矫正技术（尤其是"循证矫正"）不仅是保护处分的核心技术，也是现代刑罚的核心技术。本研究认为，一个制度是否能在这个国度中立足，必须有充足的理论准备，而这些理论不仅包括制度本身的理论，还包括所涉及的核心技术的理论。再犯风险评估技术及矫正技术的逻辑关系密不可分，从近年来的这两项技术的发展来看，已经有充足的理论准备，这是罪错未成年人保护处分的司法化的必要条件。

### （一）再犯风险评估技术的理论准备

当下对于再犯风险的评估技术的研究，处于前沿的是加拿大 D. A. Andrews 和 J. Bonta 共同研究的再犯风险评估工具。这种风险评估工具通过客观公正的计算，得出再犯风险的评估系数，成为犯罪预防及服刑人员矫正的科学依据。随着时间的推移，再犯风险评估工具已历经四代。再犯风险评估所遵循的核心原则是"RNR 原则"。RNR 是 Risk principle（风险原则）、Criminogenic Need principle（犯因性需求原则）和 Responsibility principle（回应原则）三个原则的缩写。所谓风险原则是指将行为人的再犯风险（recidivism risk）分为不同的等级。犯因性需求原则是指根据其犯因性需求（criminogenic need）及必要性采取不同的矫正、治疗手段。回应原则是指根据行为人犯因性需求、

认知风格等心理因素的不同，从而用不同的心理干预手段来改变行为人的认知方式、动机及其他心理方面的因素，从而使被矫正人得到最大程度的矫正。这四代再犯风险评估工具在加拿大、英国、美国、澳大利亚等国家运用比较普遍，并在此后制定了比较通用的预测工具，这些国家现在致力于对预测工具的检测和修正。[1]

第一代风险评估工具——专业司法评估（Professional judgment），产生于20世纪上半期，主要由假释官及监狱管理人员对服刑人员进行评估，其风险评估依据主要是服刑人员的执行情况及矫正情形。所以假释官及监狱管理人员所做的风险评估主要依据其职业经验，经验缺乏循证的客观性。故第一代风险评估工具从严格意义上而言并不属于循证科学（Evidence-Based Science）的范畴，这是由于经验判断缺乏对服刑人员的人格作出系统、科学的判断，只能从行为表面推断行为人的再犯风险，具有很大的主观色彩。对比来看，与我国现行减刑、假释制度所实行的第一代风险评估工具最为相似。由于第一代风险评估工具主观性较强，并且并无实证的证据作为基础，故其预测力低下，广受学者诟病。

第二代风险评估工具——循证工具（Evidence-based tools），始于20世纪70年代。第二代风险评估工具是伴随着精算科学以及循证科学的蓬勃发展而建立起来的。显然，第二代风险评估工具对行为人个人因素有一系列精确的评估，这一评估体系对行为人个人因素进行量化统计（比如物质滥用史），以此来解释究竟是哪些因素对升高行为人的再犯性有显著影响。举例来说，如果行为人存在这一再犯因素就加一分，如果不存在这一因素就不得分，最终从统计结果来看被评估人的再犯风险程度——得分愈高者再犯风险愈高，反之则愈低。在第二代风险评估工具中，一些评估量表的开发成为这一代风险评估中的经典。这些量表在很大程度上提高了评估再犯风险的精准度，包括在美国研发的"Salient 影响因素评估量表"（Salient Factor Score），[2]还包括加拿大矫正服务机构开发的"再犯静态因子评估量表"（The Statistical Informa-

---

〔1〕　下文关于这四代风险评估工具的介绍，主要参照：J. Bonta, D. A. Andrews, "Risk-need-responsivity model for offender assessment and rehabilitation", *Rehabilitaion*, Vol. 6, No. 1., 2007, pp. 1-22.

〔2〕　See Hoffman, et al., "Parole decision-making: A Salient Factor Score", *Journal of Criminal Justice*, Vol. 2, No. 3., 1974, pp. 195-206.

tion on Recidivism scale)。[1]这些经典的量表影响至今，有许多风险评估工具就是在这些量表的基础之上而研发的。[2]不久以后就被证实，这些精准的风险评估工具在预测犯罪方面比单独的专业司法判断（第一代风险评估工具）表现更好——不断有研究显示风险评估工具在预测个人行为方面比专业的司法评估要准确得多。[3]更为精确的风险评估工具将不法行为人分为精神错乱不法行为人组及其他六个不法行为人组。[4]再犯风险评估工具的技术的发展使司法机关越来越重视以这种循证的形式对不法行为人进行再犯风险评估。不仅如此，司法矫正机构还将借鉴再犯风险评估的分类功能，对不同的不法行为人施以不同的处置方式，这在实际刑罚执行中实现了特殊预防。第二代风险评估工具在某种程度上能够更科学预测犯罪风险，能够将高风险的不法者与低风险的不法者区别开来，其可信度比第一代风险评估工具高。但是，第二代风险评估工具存在两大不足。其一，第二代风险评估工具的理论依据明显不足，将某些因素视作量表中的再犯因素，纯粹是因为这些因素具有很强的操作性并且与高再犯率的行为人有很大关系，故将其纳入量表的评估范围。因此第二代风险评估工具具有很强的经验性，一些理论性较强但不具备可操作性的因素并未被纳入量表。其二，第二代风险评估工具由于只重视静态风险因子而被批判。静态风险评估因素将行为人一切过往历史当作一种静态、不可变的因素来看，因为被评估人的过去是不能被改变的事实。仅仅依照静态因子评估再犯风险，显然忽略人可改变这一特性的可能：仅从行为人的既往犯罪史来对行为人未来犯罪的可能性进行评估显然是片面的，因为这

---

〔1〕 See Nuffield, J., "Parole decision-making in Canada: research touards decision guidelines", *Solicitor General of Canada*, 1982.

〔2〕 See Copas, J., Marshall, P., "The Offender Group Reconviction Scale: a statistical reconviction score for use by probation officers", *Journal of the Royal Statistical Society*, Vol. 47, No. 6., 1998, pp. 159-171.

〔3〕 相关文献请参照：Ægisdóttier, S., et al., "The meta-analysis of clinical judgment project: Fifty-six years of accumulated research on clinical versus statistical prediction", *The Counseling Psychologist*, Vol. 34, No. 3., 2006, pp. 341-382; Andrews, D. A., Dowden, C., "Risk principle of case classification in correctional treatment: A meta - analytic investigation", *International Journal of Offender Therapy and Comparative Criminology*, Vol. 50, No. 1., 2006, pp. 88-100; Grove, W. M., et al., "Clinical versus mechanical prediction: A meta-analysis", *Psychological Assessment*, Vol. 12, No. 1., 2000, pp. 19-30.

〔4〕 See Bonta, J., et al., "The prediction of criminal and violent recidivism among mentally disordered offenders: A meta-analysis", *Psychological Bulletin*, Vol. 123, No. 2., 1998, pp. 123-142.

显然忽视了矫正的作用，对被评估人本身是不公平的。风险评估量表对已经发生改变风险因素并无改变，例如对于有吸毒史的服刑人员而言，该服刑人员已经戒毒，这些改变也不会在再犯风险评估量表中显示。

第三代风险评估工具——动态循证工具（Evidence-based and dynamic）。鉴于第二代风险评估工具只考虑静态因子的缺陷，研究者们将开发重点放在人的动态因子，因此这一代风险评估工具的开发时间在 20 世纪 70、80 年代。[1]在这一代风险评估工具中，静态因子仍作为一项重要评估因素。与之不同的是，在静态因子的基础之上，研究者们着重评估有某些不良行为既往史的目前状况，例如一些量表中增加了对有物质滥用史的服刑人员是否有继续物质滥用的现况调查，再如对被评估人目前的工作状况进行一系列调查，毕竟一个人可能就业亦可能失业。第三代风险评估工具被称之为"风险—需求"（risk-need）工具，由此可知这一代风险工具充分体现了风险原则及犯因性需求原则。第三风险评估工具开始将一些理论引入量表中，例如《服务水平等级量表》（修订版）（Level of Service Inventory-Revised, LSI-R）。[2]其理论基础是以犯罪人是否具有可改变、可治愈或降低再犯的因素来决定其量刑与假释。其优点是承认犯罪人如果愿意改变自己生活，具有更生的可能性，且犯罪的原因是社会生活环境，并非与生俱来的结果，所以具有这些可以改变动态因子的人，刑罚结果也应该与其他犯罪人有所差异。第三代风险评估工对于服刑人员环境的变化及矫正管理人员提供的相关信息是极其敏感的，通过这些信息来对服刑人员采取不同心理干预。已经有充分证据表明，"风险—需求"工具中动态因子有显著变化的与很高的再犯率有很大关联。动态因子的有效性证据——即同一量表对同一服刑人员前测与后测之间的显著性变化，对于服刑人员的矫正规划有十分重要的作用。第三代风险评估工具对于跟踪调查矫正规划的有效性、无效性有十分重要的意义。此外，由于动态因子介入第三代风险评估工具的缘故，这一代风险评估工具又被称为——"风险—犯因性需求"工具，矫正人员可以根据不同动态因子从而不断调整矫正方案中的干

---

〔1〕　See Bonta, J., "Risk-Need-Responsivity Model for offender Assessment and Rehabilitation", *Rehabilitation*, Vol. 6, No. 1., 2007.

〔2〕　See Andrews, D. A., Bonta, J., "The Level of Service/case Management Inventory", Toronto：Multi-Health Systems, 1995.

预方式，最终减少服刑人员的再犯风险。[1]

第四代风险评估工具——系统性综合工具（Systematic and comprehensive tool）。为了进一步完善"风险—需求"工具，将"RNR"原则中的反应原则添加作为再犯风险评估工具的基本原则，回应原则更加关注个体如何与治疗环境的相互作用，具体包括一般回应（general responsively）与特定回应（specific responsively）：一般回应是指治疗提供者采用一般性的治疗方法，如通过认知行为疗法等已知有效的服刑人员治疗项目，使个体的学习或改变的能力最大化；特定回应是指为个体设计和实施的治疗要符合其性格、能力、文化、人格特质、智商、情绪状态及所处情境。[2]第四代风险评估工具的研究将主要精力放在如何整合系统性干预方面——能够系统将上述个人历史信息整合在治疗计划中，指导个案管理和矫正资源分配。并且，在评估风险的范围方面进一步扩大，将一些至今未被纳入风险评估体系的因素，尤其是个人因素纳入被评估范围。譬如《服务/个案管理水平等级量表》（Level of Service/Case Management Inventory，LS/CMI）。[3]这一代风险评估工具的另一个特点是以管理主义为取向，若一个国家的犯罪人口少或受刑人少，完全不需要这种工具来分类或配置司法资源。第三代、第四代风险评估工具的精神已然从纯粹意义上的再犯预测，走向用来指导刑事司法机构应对犯罪人采取哪种治疗方案或者出狱方案。这样做的目的是期待进一步降低再犯风险，预防再犯罪，从而减少对社会的危害。由于第三代、第四代风险评估工具在设立之时都严格遵循风险原则、犯因性需求原则及回应原则，因此在对行为人适用量表时也必须严格遵守这三项原则。

（二）矫正技术的理论准备

罪错未成年人保护处分执行与刑罚执行最大的区别在于，前者充分体现了犯罪的一般预防兼有报应刑的思想，而后者充分体现了犯罪的特殊预防、因人施教的思想。从本质上来说，都来源于上文所述"循证科学"的发展。

---

[1] See Bonta, J., "Offender risk assessment: Guidelines for selection and use", *Criminal Justice and Behavior*, Vol. 29, No. 4., 2002, pp. 355-379.

[2] 参见杨波、张卓主编：《犯罪心理学》，开明出版社 2012 年版，第 138 页。

[3] See Andrews, D. A., et al., "Lever of Service/Case Management Inventory（LS/CMI）", *The SAGE Encyclopedia of Criminal Psychology*, Vol. 4, 2019, pp. 789-792.

既然在评估技术上采用 D. A. Andrews 和 J. Bonta 所创设的再犯风险评估工具，那么不仅在评估上应当严格遵循"RNR 原则"，在矫正层面也必须遵循该原则。据此，对于罪错未成年人矫正方案也需根据其风险、犯因性需求以及可矫正程度制定不同矫正方案。这样也符合循证矫正的基本原理，即遵循最佳证据原则，结合个体矫正经验，在矫正对象的配合下，针对矫正对象的犯因性特点，开展一系列高效的矫正活动。[1]对罪错未成年人的矫正方案应根据其性格特征及周遭环境影响，通过不同的矫正方法制定个人矫正方案。矫正方法长久以来是我国犯罪心理学研究的重点，笔者将在本书第五章介绍对罪错未成年人的矫正方法，包括个体认知行为疗法、团体认知行为疗法、辩证行为疗法以及动机式晤谈法等，以期在执行罪错未成年人保护处分中制定个人矫正方案。

# 本章小结

本章对罪错未成年人保护处分立法的必要性进行了系统、深入的分析，是整个罪错未成年人保护处分研究的中流砥柱，起到承上启下的作用。笔者从刑事立法的缺位作为切入点，进而引出罪错未成年人保护处分的司法化之必要。而在国家确立一项制度，必定以该制度在整体法中的正当性问题和本土化问题（即与现存刑事法的衔接问题）作为主要研究对象。这就形成本章内容主体结构——第一节：提出问题，说明罪错未成年人不法行为问题的严重性，进而提出我国刑法体系中构建保护处分的必要性；第二节：从三个层面论述罪错未成年人保护处分立法的正当性；第三节：从我国现存的刑事司法制度出发，论述保护处分立法的可行性。现在对本章内容作简要回顾：

第一节内容旨在阐述：罪错未成年人不法问题日益严重，其根本原因是刑事立法的缺位。笔者通过对 1994 年至 2014 年《中国法律年鉴》二十年来未成年犯、青少年犯人数的司法统计数据发现，从 1994 年至 2008 年间，未满 18 周岁的少年犯呈现持续增长状态。但是在 2008 年至 2014 年，未满 18 周岁的少年犯无论是在犯罪人数上抑或是在犯罪总人数的占有比例上都呈递减

---

〔1〕　参见王平、安文霞：《西方国家循证矫正的历史发展及其启示》，载《中国政法大学学报》2013 年第 3 期。

趋势，尤其是到 2014 年，不满 18 周岁的少年犯人数较 2008 年以来同比下降 43.28%。这是由于法律规定造成许多罪错未成年人在规范层面上未被统计在内，故这些未被统计上罪错未成年人依据"犯罪黑数"概念，也是一批黑数，是一批不法黑数。本研究认为，产生这一现象的原因正是我国刑法和刑事诉讼法在规范层面的调整、刑事政策的变迁以及劳动教养制度废止，而仅依靠现存的刑事法律制度解决这些问题远远不足，故在我国刑事法体系下有必要作出未成年人保护处分的司法化。

第二节主要论述保护处分立法的正当性，具体从三个层面展开论述：

首先，罪错未成年人保护处分的司法化更能彰显国家保障人权的宪法精神。我国《宪法》第 33 条第 3 款确立了国家尊重和保障人权的基本理念。而从现行刑事法律制度来看，《刑法》《刑事诉讼法》《治安管理处罚法》中，实施不法行为的罪错未成年人因欠缺罪责年龄不成立犯罪，只能对其按《治安管理处罚法》的相关规定进行处罚，事实上不利于人权的保障。而在刑事法与行政法之间出现空缺，这个空缺本应当由一种针对罪错未成年人未然行为特殊预防的法律制度来填补，保护处分是以预防刑作为其基础，符合构建这国家保障人权的基本理念。

其次，特殊预防是保护处分的正当化根据。这是因为我国刑罚规范的正当化根据显然不仅包括犯罪预防也包括报应。从保护处分来讲，其正当化根据仅为犯罪预防。从预防罪错未成年人犯罪的角度来看，保护处分无疑是处遇罪错未成年人的最佳途径。这是因为通过医学的模式来矫正青少年使其回归社会的效果，要比单纯依靠刑罚惩罚的矫正效果好得多。再从年龄上而言，由于其心智尚未发育成熟，较成年人来说，更容易矫正成功。特殊预防是为了防止行为人再次犯罪，其剥夺、限制自由不再是惩罚，而是在客观上消除实施不法行为的条件。当然，特殊预防并不排除刑罚威慑目的，只是其主要目的并非如此，而是通过改善、教育使其回归社会，如同罹患疾病之患者被治愈一般。特殊预防能够实现真正意义上的"因材施矫"，使其回归社会。罪错未成年人保护处分恰是根据罪错未成年人个人的矫正状况而制定的，其目的是让罪错未成年人更好地回归社会，这种处遇以实施处遇的必要性作为其基本前提。

最后，罪错未成年人保护处分评估及矫正模式符合循证矫正的基本理念。循证矫正是指遵循现有证据的司法矫正。循证科学的发展为新派关于刑罚的主张提供一条路径——即通过循证的矫正的方式完成特殊预防。这种以循证方式介入刑罚技术的现象，与西方刑罚理论提出"康复理念"有密不可分的关联——将服刑人员看作是罹患疾病的患者，只有通过入狱后不断地矫正才可重获自由。保护处分与罪责模式的刑罚不同，保护处分的评价根据是行为人的再犯风险，所以其基本模式是"行为人的人身危险性——保护处分"。因此，本书所主张的在我国刑法体系下构建的罪错未成年人保护处分，可以说从审判到执行都是围绕着行为人的再犯风险而展开的，其实现过程无非是"评估→矫正→再评估→再矫正"循环往复的过程，而这一过程正如患者去医院治病一般，直至其康复为止。

　　第三节详细论述了保护处分立法的可行性。这一节主要从保护处分与我国刑法体系衔接、与我国刑事司法程序的衔接、与我国刑事执行的衔接以及评估矫正技术的理论准备论述构建保护处分的可行性，故应当按照我国刑法对刑事责任年龄的划分对罪错未成年人实施不同种类的保护处分。具体做法如下：首先，在《刑法》立法方面，罪错未成年人保护处分在我国刑法种类应当包括：这三种类型的保护处分包括下列六种适用对象：（1）对不法儿童适用保护管束。（2）对不法未成年少年适用专门教育。（3）对吸毒成瘾的罪错未成年人适用强制戒治处分。（4）对判处缓刑和附条件不起诉的罪错未成年人适用专门教育。（5）对假释未成年犯适用保护管束。对于符合假释条件的未成年犯应当执行保护管束。（6）对于专门教育、强制戒治处分罪错未成年人在一定考验期内实施的保护管束。其次，在《刑事诉讼法》的衔接问题上，应当增加罪错未成年人审前评估环节，并成立"罪错未成年人调查评估机构"专门负责评估事宜。罪错未成年人调查评估机构由获得犯罪心理学、教育学以及社会学专业学士学位（及以上）的人员组成，少年法庭应当根据罪错未成年人调查小组的评估意见作出裁决。在法律程序上，公安机关发现罪错未成年人的不法行为进行立案后，应将全案移送至罪错未成年人调查评估机构。罪错未成年人调查评估机构应当就罪错未成年人的家庭背景、个人状况、犯罪原因进行单独调查，并作出罪错未成年人风险评估报告。上文已述，我国罪错未成年人保护处分应当建立在现行刑法三个罪责年龄档次的基础上处理其实施的不法行为——不满 12 周岁的完全无罪责能力人、已满 12 周岁不满 16 周岁的相对有罪责能力人、已满 16 周岁的完全有罪责能力人。保护处分的处遇基础是行为人的人身危险性而非罪责，因此客观上符合犯罪构成要件且不具备正当化事由的行为即具备保护处分的基本条件。关于少年法庭关于共同犯罪的管辖问题，按照 2012 年《刑诉法解释》第 463 条之规定，被指控犯罪时不满 18 周岁、立案时不满 20 周岁的刑事被告，如果满足上述条件的行为人被指控为主犯或者犯罪的首要分子，由少年法庭审判。因此，罪错未成年人保护处分原则上也应由少年法庭作出裁决。当然，如果涉及全案由普通刑事法庭审理的案件，也必须先经过罪错未成年人调查评估机构再反送至公诉机关，再由普通刑事法庭处理案件，普通刑事法庭对于罪错未成年人的审判应当参考罪错未成年人调查评估报告。

第三节从四个层面论述罪错未成年人保护处分与我国刑事执行制度的可衔接性，而要完成这一衔接，有赖于对原有刑事执行制度的变化及改造：首先，在专门矫治教育方面，必须改造原有的罪错未成年人专门矫治教育制度，将其改造为专门教育——把专门学校改造成监禁型保护处分的执行场所，并更名为罪错未成年人专门教育矫正所。这样做的原因是基于对专门矫治教育的法律属性作了简要分析，其说法混乱已成为不争的事实，故笔者主张废除罪错未成年人专门矫治教育制度，将其彻底改造为专门教育。出现专门矫治教育的法律性质说法不一的尴尬现象的原因——缺乏必要的实体法及程序法依据，而解决这一矛盾的根本做法是废除罪错未成年人专门矫治教育制度，通过罪错未成年人保护处分的司法化来完善一系列罪错未成年人刑事立法，必须改造现行专门矫治教育制度。其次，可以将保护管束的内容添加在社区矫正中，将保护管束专门作为未成年社区矫正的执行方式。这样，不仅可以进一步完善社区矫正制度，更重要的是将保护管束与罪错未成年人社区矫正的执行有机地结合起来。在完成执行制度的衔接后，本研究认为应当在这一制度的背景下添加具体法令来充实社区管理的内容。再次，对于以剥夺罪错未成年人的人身自由为代价的罪错未成年人强制戒治处分而言，与强制隔离戒毒最大的不同在于——罪错未成年人强制戒治处分是一种司法处分而非行政处分，必须经过少年法庭的裁决才能对罪错未成年人作出罪错未成年人强制戒治处分。如果戒治成功符合出所条件的，也必须由戒毒所所长向法院提请，方能对罪错未成年人解除罪错未成年人强制戒治处分。当然，与专门教育相同，对罪错未成年人的罪错未成年人强制戒治处分也可变更为保护管束。如此，便与我国现有的社区戒毒衔接。最后，主要论述罪错未成年人保护处分作为一项制度的构建，从罪错未成年人保护处分核心技术层面，已经有了充足的理论准备。这是因为一个制度能够被成功构建，必须有充足的理论准备。这不仅包括制度本身的理论，还包括所涉及的核心技术的理论，保护处分也不例外。从近年来的再犯风险评估技术和矫正技术的发展来看，已经有充足的理论准备，这是罪错未成年人保护处分的司法化的必要条件。现在，再犯风险评估工具已经开发至第五代，而前四代矫正工具（尤其是第二代及第三代矫正工具）广泛运用在美国、加拿大等国家和地区，由这些矫正工具发展出的 RNR 原则已经成为再犯风险评估的黄金法则；矫正方法包括公认的认知行为疗法、辩证行为疗法、心智化疗法以及正念与接收。这些评估及矫正方法由始至终地贯穿于保护处分的司法适用及执行。

# 罪错未成年人保护处分司法完善

## 第一节　罪错未成年人保护处分司法过程完善

### 一、罪错未成年人专门教育指导委员会的评估原则前瞻

2020 年修订的《预防未成年人犯罪法》第 43 条规定，对于有严重不良行为且家庭与学校管教无效的未成年人，可以向教育行政部门提出申请，经专门教育委员会评估同意后，由教育行政部门决定是否将其送入专门学校接受专门教育。本研究认为专门教育指导委员会在评估过程中应遵循保护必要原则、比例原则以及循证评估原则，在评估和矫治有严重不良行为（罪错行为）的未成年人时，首先，应以未成年人的最佳利益为核心，采取必要的保护措施，预防再犯并促进其健康成长。这要求评估不仅关注未成年人的违法行为，还要考虑其个人背景、家庭环境和社会适应能力，以及是否存在特殊问题如吸毒等，从而制定个性化的矫治教育计划。其次，在矫治措施的制定和执行中，应确保措施的严格性和强度与未成年人的违法行为相匹配，避免不必要的惩罚。评估应综合考虑未成年人的年龄、心理状态、犯罪背景等因素，以确保矫治措施既能有效预防再犯，又能最大限度地减少对未成年人权益的侵犯。最后，在评估过程中应基于科学证据和专业实践，使用经过验证的工具和方法，确保评估结果的准确性和可靠性。此外，应持续监测和评估矫治措施的效果，以便及时调整矫治计划，确保矫治工作的专业性和有效性。申论之：

（一）保护必要原则

保护必要原则是法院对可能处遇保护处分的罪错未成年人进行司法裁判时必须首要遵循的原则，该原则要求法官对具体罪错未成年人进行司法裁量时，应当以保护罪错未成年人作为其基本立场，对已经实施不法行为且具有再犯风险的罪错未成年人采取必要保护处分措施，从而防止其再次犯罪。当然，这种防止罪错未成年人再次犯罪的刑事处遇措施是一种特殊的保护罪错未成年人的方式，是特殊预防论的产物。特殊预防论最强调的是教育刑和改善刑。从本书设计的罪错未成年人保护处分来看，这种处遇措施是一种刑罚以外的处遇措施，并不以罪错未成年人成立犯罪作为处遇前提，而是以罪错未成年人实施符合构成要件的不法行为或者吸毒成瘾行为后的再犯风险作为处遇前提和基础。因此，这种再犯风险虽仍是以不法行为作为前提之一，但是在对罪错未成年人进行具体评价的过程中，并不是以行为本身造成危害作为其处遇标准，而是以行为人的再犯风险作为其处遇标准。而将再犯风险作为其处遇标准的原因，正是从罪错未成年人保护的角度进行考虑，对其采取必要的措施从而实现预防罪错未成年人再次实施不法行为甚至犯罪行为的结果。因此，虽然保护处分是以剥夺或限制罪错未成年人的自由作为代价，但是从根本上来说，其还是为防止罪错未成年人误入不法和犯罪歧途，从而采取的一种特殊保护措施。

（二）比例原则

由于罪错未成年人尚不成立犯罪，因此罪责刑相适应原则并不适用此类人群。立基于此，对于罪错未成年人的评估应遵循比例原则。比例原则要求法官在裁量罪错未成年人保护处分期间时，应当根据罪错未成年人的再犯风险对其适用相应类型的保护处分，其处遇期间和方式不能超过必要的限度。比例原则与罪刑法定原则并不冲突。罪刑法定原则的基本要求是：法无明文规定不为罪，法无明文规定不处罚。按照本研究的立法设计，罪错未成年人保护处分虽然在刑法体系内，但是并不以行为成立犯罪作为其处遇基础，这样来说保护处分似乎违背罪刑法定原则。其实不然，这是因为我国刑事后果体系是以成立犯罪作为前提和基础，并不包含以人身危险性为基础的保护处分。从教义刑法学的角度来看，我国刑法本质上是一种"行为刑法"（Tatstrafrecht），而保护处分是一种"行为人刑法"（Täterstrafrecht），这种行为人刑法以人身危险性作为其处遇基础。正如罗克辛教授所言，行为人刑法的处罚基础是与行为人的人格性（Persönlichkeit）相联系，同时由行为人对社会的危害及其程度决定。[1]罪刑法定原则更倾向于规制行为刑法而非行为人刑法，这是因为人身危险性不易法定。由此，罪错未成年人保护处分在遵从罪刑法定原则的法定性之外，还必须遵从比例原则。

比例原则不仅是行政法的基本原则，也是整个公法领域的皇冠原则，最早产生于德国。通常包含三个子原则，即妥当性原则、必要性原则和均衡原则，其主要目的是"行使裁量权时，应在全面衡量公益与私益的基础上，选择对相对人侵害最小方式进行，不能超过必要限度。"[2]当然，这里所称的比例原则是司法层面的比例原则，而非立法层面的比例原则。从罪错未成年人保护处分的角度而言，对于其处遇的时间及方式不得超过必要的限度。这里所称的"必要限度"必须以罪错未成年人的再犯风险作为标准——一旦有充足证据表明罪错未成年人不再具备再犯风险或者其再犯风险变小，应当立即解除保护处分或者转变为保护管束。当然，遵循比例原则也是遵循保护必要原则的体现：为了保护罪错未成年人而采取必要的特殊防卫措施以防止其犯罪，并以对罪错未成年人造成最小的侵害作为其基本要求，符合保护必要原则。如此，罪错未成年人保护处分司法实务中可能出现的难点是：罪错未成年人再犯风险的评估。如果没有科学的方法对再犯风险评估作指导，那么罪错未成年人保护处分一定是肆意的，也不可能符合比例原则。换言之，法院对罪错未成年人处以保护处分必须以专家的评估意见作为根据。形成的一致意见并非主观臆断，而是以循证科学作为基础理论的评估，这就涉及罪错未成年人保护处分的第三个原则——循证评估原则。

（三）循证评估原则

循证评估原则是罪错未成年人调查评估小组对罪错未成年人进行再犯风险评估时所必须遵从的原则。罪错未成年人调查评估小组对罪错未成年人进行评估时，应当根据循证实践中的最佳证据（经过实验组和对照组系统科学评估的证据），结合罪错未成年人的个人特点及其犯因性需求作出客观、公正

---

〔1〕 参见［德］克劳斯·罗克辛：《德国刑法学 总论：犯罪原理的基础构造》（第1卷），王世洲译，法律出版社2005年版，第106页。

〔2〕 参见张树义主编：《行政法学》，北京大学出版社2012年版，第33页。

的再犯风险评估报告，生效的罪错未成年人再犯风险评估报告是罪错未成年人保护处分主要的司法依据。无疑，循证评估原则来源于循证科学，因此罪错未成年人保护处分的评估必须遵循循证科学的一般规律，这主要有两个原因：其一，遵循循证评估原则有助于防止法官自由裁量权的滥用；其二，遵循循证评估原则具备矫正的针对性，可以适应罪错未成年人的犯因性需求，制定适用于个人的矫正方案；其三，循证评估原则要求罪错未成年人调查评估机构对被处保护处分的罪错未成年人进行追踪评估，矫正人员应根据评估结果适时调整矫正方案。

　　与行为刑法不同的是，罪错未成年人保护处分作为一种行为人刑法，其评估与矫正之间有更具有贯通性。再犯风险评估工具经过四代的发展，当代再犯风险评估工具所具有的显著特征就是根据被矫正人的动态因子适时调整矫正方式。如此说来，罪错未成年人调查评估小组并非只在审前阶段对罪错未成年人进行再犯风险评估，在审后阶段仍应继续对被保护处分的罪错未成年人进行追踪式评估。因此，循证评估原则最大意义在此，即根据其矫正情形调整矫正方案。这不仅有利于防止过度矫正罪错未成年人从而超出比例原则的限制，也有利于防止矫正无效。尤其对于一些毒品成瘾的罪错未成年人，对其采取追踪式评估是非常必要的。即便在生理上戒除毒瘾，在心理上仍可能无法戒除吸毒的瘾癖，因为对所有吸毒者来说，毒瘾想不复发十分困难，这就是著名的"改变轮理论"（详见本研究第五章第三节第二部分内容）。当然，贯彻循证评估原则不仅仅要依靠理念来支撑，更需要技术层面的支持。上文已经介绍了四代再犯风险评估工具，第四代风险评估工具就是贯彻循证评估原则的核心技术。因此，再犯风险评估中所必须遵循的 RNR 原则（"风险—需求—反应性"原则）正是循证评估原则的具体化表述。由此，如何对罪错未成年人进行再犯风险评估将是罪错未成年人保护处分承上启下最为关键的部分：所谓"承上"是指只有通过再犯风险评估才能对罪错未成年人进行保护处分，所谓"启下"是指后续矫正工作应当根据对罪错未成年人的追踪评估适时改变矫正方案或矫正方式。因此，本章第二节将专述罪错未成年人再犯风险评估。

## 二、罪错未成年人保护处分对象

　　罪错未成年人是指不满 18 周岁的行为人，因此罪错未成年人保护处分对象是指不满 18 周岁实施不法行为或者有吸毒瘾癖的行为人。这里所称的不法行为并非犯罪行为，上文已经反复强调：不法行为是指行为人的行为符合刑法分则构成要件并且不具备任何正当化事由，故不法行为并不包含"刑事责任年龄"这一罪责要素。将吸毒成瘾的物质滥用行为与不法行为并列，是从吸毒成瘾行为的虞犯性进行考虑的，因为我国并未将吸毒行为列入刑法分则，其原因上文已经分析，在此不赘述。

罪错未成年人保护处分包括专门教育、保安管束和强制戒治处分，这三种类型的保护处分包括下列六种适用对象：（1）对不法儿童适用保护管束。对于不满 14 周岁实施故意杀人、故意伤害致人重伤或者死亡、强奸、抢劫、贩卖毒品、放火、爆炸、投放危险物质的罪错未成年人，采取保护管束。（2）对不法未成年少年适用专门教育。对于已满 14 周岁不满 16 周岁实施上述八种犯罪之外但符合刑法分则规定的不法行为的罪错未成年人，应当采取专门教育。专门教育属于监禁型保护处分，具体执行地点在地区监禁罪错未成年人的保护处分执行场所。在保护处分执行期间由罪错未成年人调查评估机构对其定期进行再犯风险评估，法官根据再犯风险评估及矫正情况作出是否对其改变为保护管束的决定。（3）对吸毒成瘾的罪错未成年人适用强制戒治处分。对不满 18 周岁吸食海洛因、大麻、可卡因、摇头丸等毒品成瘾的罪错未成年人，应当采取罪错未成年人强制戒治处分，这种罪错未成年人强制戒治处分是一种监禁型保护处分。（4）对判处缓刑的罪错未成年人首先适用专门教育。当然，这种情形下，如果被处分人的人身危险性降低，可以由少年法庭变更为保护管束。（5）对符合假释条件的未成年犯适用保护管束。这主要是因为这类未成年犯本身就是以羁押的方式进行矫正，若对假释的未成年犯适用专门教育，变相的剥夺其人身自由，不利于矫正和人权保障。（6）对于专门教育、强制戒治处分的罪错未成年人在一定考验期内实施保护管束。这种情形类似于服刑人员的假释，但服刑人员的假释是以成立犯罪作为前提要件，故不可将这种情形称之为"假释"，相对而言，可将这种保护处分内部的处遇转换情形称之为"假出所"。适用专门教育的罪错未成年人，可以根据其再犯风险等其他综合因素，完全解除保护处分，或者在一定的考验期内转换为保护管束。适用强制戒治处分的罪错未成年人，即便其戒治情况良好可以出所戒治的，也不能直接解除保护处分，必须先转换为保护管束，在接受一段时间的考验后才能解除保护处分。其中的原因在第三章已述，在此不赘述。

### 三、罪错未成年人保护处分司法程序完善

2020 年的《预防未成年人犯罪法》通过第 43 条、第 44 条和第 45 条确立了罪错未成年人专门教育的"双轨制"启动方式,包括依申请评估决定启动和公安机关介入启动两种模式。这种模式虽然规范了入学流程,但可能导致专门教育资源的适用范围受限,过于强调行政审批,使得本应具备福利性和保护性的专门教育措施带上了惩罚性色彩,复杂的审批程序可能使专门学校变成纯粹的司法举措,导致社会对这些学校的"污名化"和新的"标签效应"。〔1〕再有一点,我国尚未形成完善的违法犯罪记录封存制度,这进一步加深了罪错未成年人社会复归的难度。〔2〕因此本研究对罪错未成年人处遇的司法化可以在一定程度上化解这些问题,其具体司法程序应包括审前阶段、审判阶段和执行阶段。

(一) 审前阶段

在发现罪错未成年人具有不法行为后,由公安机关负责全案的侦查工作。在收集证据后,公安机关应当对案件进行基本判断,若罪错未成年人成立犯罪就依照公诉程序办理,若罪错未成年人不成立犯罪则按照罪错未成年人保护处分程序办理。

这里需要特别说明的是罪错未成年人不成立犯罪按照罪错未成年人保护处分程序的情形。我国《刑事诉讼法》第 112 条规定,对于不需要追究刑事责任的案件不予立案。这说明公安机关对此类不予立案的案件不会移送至其他机关,若该行为违反《治安管理处罚法》,则按照该法的相关规定处理。罪错未成年人保护处分司法化后,对于罪错未成年人实施不法行为或者吸毒成瘾不成立犯罪的案件,应将全案移送至少年法庭处理。这样做会不会与《刑事诉讼法》第 16 条第 1 项相悖?因为《刑事诉讼法》第 16 条规定第 1 项规定,对于情节显著轻微、危害不大,不认为是犯罪的行为,不予追诉或撤销案件。将不成立犯罪的案件全案移送给少年法庭处理显然不是按照撤销案件

---

〔1〕 参见孙传浩、于阳:《未成年人严重不良行为专门教育制度完善路径》,载《行政与法》2021年第 10 期。

〔2〕 参见王顺安、陈君珂:《中国少年收容教养制度的系统思考》,载《上海政法学院学报(法治论丛)》2020 年第 4 期。

处理，但是这样做并不与《刑事诉讼法》第 16 条第 1 项相悖，这是因为：第一，追诉的前提是涉嫌犯罪，而罪错未成年人保护处分并不以行为人成立犯罪作为其前提标准，所以罪错未成年人保护处分程序的发动也不以行为人可能成立犯罪作为其前提条件；第二，该法条主要是从犯罪的危害结果和危害行为上进行评价的，而罪错未成年人保护处分的评价标准是行为人的人身危险性，而非行为本身，换言之对法益的侵害程度并不能全然客观地反映行为人的人身危险性，而只有通过再犯风险评估的方式才能对罪错未成年人的人身危险性作出判断；第三，罪错未成年人保护处分是从保护罪错未成年人的立场出发，与刑罚具有本质的不同。故将不成立犯罪的全案移送至少年法庭并不违背《刑事诉讼法》第 16 条第 1 项规定。

在少年法庭受理罪错未成年人案件后，不管是检察院提起公诉的案件还是罪错未成年人都应当进行庭审前的再犯风险评估。我国《刑事诉讼法》第 279 条规定将罪错未成年人庭前调查的权力赋予公安机关、检察机关和法院。[1] 而对于公、检、法三机关庭前调查的权力的具体实施细则，分别规定在 2001 年《最高人民法院关于审理未成年人刑事案件的若干规定》第 21 条、2013 年最高检《人民检察院刑事诉讼规则（试行）》第 486 条、2013 年公安部《公安机关办理刑事案件程序规定》第 311 条、2013 年最高检《人民检察院办理罪错未成年人刑事案件的规定》第 9 条。从这些实施细则当中，我们可以看出公、检、法三机关在调查罪错未成年人的过程中，可以委托有关组织和机构展开社会调查。最高检《2023—2027 年检察改革工作规划》将“建立罪错未成年人分级干预工作机制”作为未来五年检察机关持续推进的一项重大举措。[2]我国少年司法体系为学校、公安机关提供了一个缓冲区域，用于合理处遇罪错未成年人，以免具有违法趋势的行为发展恶化导致其违法犯罪。[3]

有鉴于此，本研究认为应当进一步细化罪错未成年人调查评估标准和内

---

〔1〕 我国《刑事诉讼法》第 279 条规定："公安机关、人民检察院、人民法院办理未成年人刑事案件，根据情况可以对未成年犯罪嫌疑人、被告人的成长经历、犯罪原因、监护教育等情况进行调查。"

〔2〕 参见缐杰：《坚持预防为主提前干预搭建未成年人犯罪预防"隔离带"》，载《人民检察》2024 年第 4 期。

〔3〕 参见贾健、荣冲：《罪错未成年人分级处遇的实践问题与完善路径》，载《南京航空航天大学学报（社会科学版）》2024 年第 1 期。

容，以使罪错未成年人分级干预工作机制能够真正落地。罪错未成年人调查评估机构由犯罪心理学、犯罪学和社会学等专业的专业人员组成，通过循证评估的方式对罪错未成年人进行再犯风险评估。新成立的罪错未成年人调查评估机构隶属司法部，其原因与罪错未成年人调查评估机构的评估方法和矫正有密不可分关系，这并非单纯的评估，其目的是矫正，况且该机构在少年法庭审理完毕后还有后续的追踪评估，因此该机构应当隶属司法部而非法院系统。这些评估人员在上岗之前要接受培训，在培训后还要通过考试才能上岗。在评估过程中，还应严格恪守 RNR 原则，使评估结果公正、可信。而罪错未成年人调查评估机构的工作并非仅限于庭审之前的评估，还包括执行阶段的追踪评估，因为只有纵向地将评估和矫正结合在一起，才能真正实现对罪错未成年人的循证矫正。

在审前阶段只有一种情形可以对罪错未成年人进行刑事裁决，即针对罪错未成年人的附条件不起诉。按照本书第三章对保护处分程序方面的设计，罪错未成年人附条件不起诉的应由法院决定。如此一来，《刑事诉讼法》第282 条第 2 款和第 3 款也发生了相应的变化。将第 2 款修改为："地方各级检察机关向上一级人民法院提出抗诉的，适用本法第二百二十八条的规定。被害人申诉的，适用本法第二百五十二条的规定。罪错未成年人调查评估机构可以向人民法院或者检察机关提出申诉。"将第 3 款修改为："未成年犯罪嫌疑人及其法定代理人对人民法院决定附条件起诉有异议的，人民法院应当重新审理案件。"现行《刑事诉讼法》第 282 条第 2 款主要是赋予公安机关复议、复核的权利以及被害人申诉的权利；第 3 款是赋予被追诉人及其法定代理人重新进入刑事审判程序的权力。首先说关于《刑事诉讼法》第 282 条第 2 款的修改。本书主张附条件不起诉的决定机关是法院，所以整个附条件不起诉的决定过程受检察机关的监督。因此，在司法程序适用方面，如果检察机关认为少年法庭对罪错未成年人的不起诉决定确有错误，可以根据《刑事诉讼法》第 282 条的规定向上一级人民法院提起抗诉。当然，按照笔者的主张，第 282 条第 2 款还赋予被害人提起申诉的权利。最为关键的是，如果罪错未成年人评估调查机构认为法院附条件不起诉的决定不妥当，也可以向检察机关和法院提起申诉。这样规定的原因是从多方面对法院的不起诉决定进行法律监督。再说《刑事诉讼法》第 282 条第 3 款的修改。原条款的目的是赋予被追诉的罪错未成年人及其法定代理人重新进入审判程序的权利，毕竟附条件不起诉并非无罪判决，因此被追诉人及其法定代理人有让法院审判的权利。而按照本书的设计，将附条件不起诉的决定权交由法院后，只要重新审判即可。

（二）审判阶段

少年法庭在取得罪错未成年人调查评估报告书后，开始正式审理罪错未成年人案件。按照罪错未成年人保护处分的完善规定，所有罪错未成年人案件都要移送至少年法庭审理。这样一来，少年法庭的工作量可能多得不堪重负。其实，在日本、英国、美国等国家或地区都会成立专门的青少年法庭处理青少年案件，故笔者建议可以以少年法庭为基础，在法院体系中增设少年法院，专门审理罪错未成年人案件。当然还有一种保守的做法，就是增加少年法庭的法官及相关工作人员。按照罪错未成年人保护处分在审判阶段的完善规定，少年法院在审理罪错未成年人案件时，可以将案件分为两类：一类是可能成立犯罪的案件，另一类是不可能成立犯罪的案件。

可能成立犯罪的案件包括两种情形：其一，罪错未成年人满足缓刑条件，处以专门教育的；其二，罪错未成年人成立犯罪，处以刑罚的。由于罪错未成年人成立犯罪处以刑罚的情形与罪错未成年人保护处分无关，故在此不论，只说罪错未成年人满足缓刑条件处以专门教育的情形。根据《刑法》第76条规定，所有在缓刑考验期内的服刑人员依法实行社区矫正。笔者在上文已述，在罪错未成年人保护处分中，保护管束的执行方式是社区矫正，但笔者并不赞同将处以缓刑的罪错未成年人适用保护管束。因为根据《刑法》第72条之规定，缓刑的对象实质上是指判处拘役、三年以下有期徒刑且犯罪情节轻、有悔罪表现的罪犯。我们可以看到，在《刑法》第72条中，在满足刑期条件的情况下只要再满足犯罪情节较轻、有悔罪表现、没有再犯罪的危险、在社区中无害这四个条件的罪错未成年人即可实施社区矫正。但是需注意的是，关于"没有再犯罪的危险"这一项其实是从罪错未成年人认罪态度上而定的，也就是说"有悔罪表现"等于"没有再犯罪的危险"，本质上具有主观臆断性。而实际上，有悔罪表现的罪错未成年人不一定没有再犯罪的危险，因为缺乏循证科学式的评估手段不可能得到相对客观评估结果。只有依靠循证评估才有可能对罪错未成年人的再犯风险作出相对客观的评估，据此，少年法庭才能结合犯罪情节及结果作出相应判决。缓刑的执行方式是专门教育，其修改原因及合理性在第三章已述，因为以剥夺自由为主的专门教育比限制自由为主的保护管束处罚程度重，若不将专门教育作为缓刑的执行方式，就会出现缓刑轻于保护处分的现象。

罪错未成年人实施不法行为但不可能成立犯罪的案件，主要包括三种情形：第一，不满 12 周岁的罪错未成年人实施了《刑法》第 17 条第 2 款规定的八种严重暴力不法行为的，适用保护管束；第二，已满 14 周岁不满 16 周岁的罪错未成年人实施《刑法》第 17 条第 2 款规定的八种行为之外的不法行为，且这些不法行为符合刑法分则具体罪名的构成要件的，适用专门教育；第三，不满 18 周岁的罪错未成年人有吸食毒品成瘾的虞犯事由，适用强制戒治处分。这些案件原先由公安机关处理，其原因是这三种行为均不成立犯罪。按照本书的设计，这三种行为仍不成立犯罪，但由于罪错未成年人保护处分的构建，使"非罪化"刑事后果成为可能，这就给少年法院处理此类案件提供了刑事法律依据，故现在这些案件应当由公安机关将全案一并移交少年法庭处理。少年法庭在审理这些案件的过程中，应当遵循《刑事诉讼法》特别程序以及相关司法解释中关于审理罪错未成年人刑事案件诉讼程序的原则和规则进行审理。其中需要特别强调的是，罪错未成年人及其法定代理人如果对法院作出的保护处分裁定不服，可以向上一级人民法院提起上诉，具体可参照《刑事诉讼法》第三章有关上诉的规定，在此不赘述。

（三）　执行阶段

罪错未成年人保护处分执行阶段完善涉及的法定程序分两种情形分别论述：一种是未成年犯在刑罚执行中符合假释条件，变更为保护管束的情形；另一种是被处以专门教育、强制戒治处分的罪错未成年人在再犯风险显著降低后，变更为保护管束的情形。

一方面，按照本书的完善，未成年犯在刑罚执行中符合假释条件的，变更为保护管束。现行《刑法》第 85 条规定，未成年犯在执行刑罚后符合假释条件的，在假释考验期内执行社区矫正，罪错未成年人保护处分司法化后，则应当对在假释考验期内的罪错未成年人适用保护管束，这是因为保护管束执行的落脚点是社区矫正。从罪错未成年人假释的评估以及社区矫正执行效果上来看，都有许多不尽如人意之处。从 2012 年《最高人民法院关于办理减刑、假释案件具体应用法律若干问题的规定》第 15 条来看，在办理假释案件中判断服刑人员是否有再犯风险，其依据的是在刑罚执行中的惯常表现，以及罪犯的年龄、性格特征等个人条件。这种判断假释的方式陈旧，对比来说，类似于上文所提到的"第二代风险评估工具"。鉴于此，本研究认为有必要让罪错未成年人调查评估机构介入到罪错未成年人的假释评估中，不仅如此，罪错未成年人在假释考验期适用保护管束时，应当由罪错未成年人调查评估机构对其进行追踪评估。

另一方面，被处以专门教育、强制戒治处分的罪错未成年人在再犯风险显著降低后，应当变更为保护管束。法官在判断罪错未成年人再犯是否显著降低，一方面要看罪错未成年人在专门学校和戒毒所的表现，另一方面要看罪错未成年人矫正机构对罪错未成年人的再犯风险评估。笔者多次强调追踪评估的重要性，是因为追踪评估具有循证评估的科学性，并且促使评估与矫正之间相互贯通。追踪评估不仅应当在监禁型保护处分中适用，还应广泛适用在保护管束中，尤其对戒治毒瘾的罪错未成年人成效显著，这是因为毒瘾极容易复发（详见第五章第三节的"改变轮"理论），必须对其追踪观察。因为从下文收集的文献来看，再犯风险并不是恒定的，而是一个变量，而如何找到这些变量之间的规律，将是再犯风险评估技术准确与否的关键，本章第二节将会对这一问题展开论述。需要说明的是，保护管束虽属于社区矫正的一部分，但不同于以往的社区矫正。以往的社区矫正并不包括个体心理矫正和团体心理矫正，而由于本书在罪错未成年人保护处分中增加了个体认知行为疗法、团体认知行为疗法、辩证行为疗法和动机式晤谈法等为主的专门教育矫正项目和动机式晤谈戒治项目，故以社区矫正为基础的保护管束内容也随之发生改变，对于这一执行内容的完善，将在本书第五章论述。

## 第二节　罪错未成年人再犯风险评估完善

罪错未成年人保护处分的构建不仅需要刑法理论作为基础，更需要核心技术作为支持。当一项制度失去了它的核心技术，制度本身很可能成为一纸空文。罪错未成年人保护处分也不例外，再犯风险评估技术可以说是从审判到执行贯穿保护处分全过程的核心技术。罪错未成年人保护处分评估体系应当将加拿大犯罪心理学家 D. A. Andrews 和 James Bonta 以 RNR 为核心原则的再犯风险评估体系作为基础进行构建。

## 一、罪错未成年人再犯风险评估基本原则

经过四代风险评估工具的发展，D. A. Andrews、James Bonta 和 Robert Hoge 在 1990 年将再犯风险评估的基本原则确定为风险原则、犯因性需求原则和回应原则。[1]但是以 RNR 为核心评估不仅仅指这三个原则，还包括其他原则。后续的原则多是从循证司法实践中总结出的原则，因此也是对 RNR 原则的完善，罪错未成年人保护处分应以这些原则作为基础进行再犯风险评估。

（一）风险原则

总体来说，风险原则（risk principle）包括两项内容：一是行为的可被预测性，二是被矫正者的再犯风险水平应与矫正等级相匹配。

首先说风险原则第一项内容——行为的可被预测性。从大量循证实践可以证明，通过纵向研究，不法行为是可以被预测的。例如早在 1981 年，Rogers 就通过一个简单的、只包括六个维度的量表，对 1104 名具有代表性的被假释服刑人员进行为期两年的纵向研究，其研究结果可以清晰地展现出这些被假释者的再犯率。[2]由此，风险原则中的风险实指一种再犯风险，对犯罪行为的预测其实是一种对再次犯罪可能性的预测。所以，风险原则中的犯罪行为可被预测性不仅是风险原则的首要内容，也是整个再犯风险评估的基础。

再看风险原则的第二项内容——被评估者的再犯风险水平应与矫正等级相匹配。这段内容对风险原则是非常重要的，因为该项内容在评估与之间搭建起一座桥梁，将矫正二者有机地结合在一起。可以这样说，如果想降低具有高风险水平被评估人的再犯风险，必须对其实施更大的矫正强度、更广的矫正方法，才能使其再犯风险显著降低。而对低风险的被评估人而言，仅通过强度较小的矫正方式，甚至不用任何心理干预，就可以实现矫正目的。

风险原则是罪错未成年人保护处分评估中所必须恪守的原则，这是因为风险原则不仅是修正矫正方案的合理依据，也是检验矫正成效的科学证据。

---

〔1〕　See Andrews, D. A. , et al. , "Classification for Effective Rehabilitation: Rediscovering Psychology", *Criminal Justive and Behavior*, Vol. 17, No. 1. , 1990, pp. 19-52.

〔2〕　See Rogers, S. , *Factors Related to Recidivism Among Adult Probationers in Ontario*, Ontario Ministry of Correctional Services, 1981.

在风险原则下，有许多矫正项目的效果得以验证。例如在 Lowenkamp 团队关于居住矫正项目和非居住矫正项目的研究中，研究者将风险原则作为指导测量高风险犯与低风险犯矫正效果的标准，通过对高风险犯更高强度的心理干预后发现，在居住矫正项目中有 18% 的服刑人员降低了再犯风险，在非居住矫正项目中有 9% 的服刑人降低了再犯风险。[1]当然，还有更多的研究范例指出风险原则作为一项基本原则指导矫正，其成效明显。

需要说明的是，风险原则不仅仅是对高风险被评估人采取高强度矫正干预的合理依据，还是低风险被评估人采取适当干预措施的合理依据。因为按照一般人的观点，高强度心理干预方式既然能够矫正高风险的服刑人员，那么一定能够矫正低风险的服刑人员，如果这样的话，我们将评估工作重点放在查找高风险犯上，并将矫正工作重点放在矫正高风险犯，对低风险犯适用相同强度相同的矫正方式即可。其实不然，有科学研究表明，如果对低风险的被评估人实施强度较高的心理干预方式，不仅几乎不会产生任何积极影响，相反会产生消极影响。[2]这说明，在对罪错未成年人制定个人矫正方案的过程中，应当结合其个人因素及再犯风险水平，制定适合他本人的矫正方法。不能大而化之地进行集体矫正，即便在实施团体认知行为疗法矫正的过程中，也应当先分类再筛选才可实施团体矫正方案。不仅如此，还应当将个体矫正方案与团体矫正方案结合起来，否则不仅违背风险原则，也违背个别矫正的基本理念。

## （二）犯因性需求原则

犯罪性需求原则（criminogenic need principle）是指再犯风险评估中，应当将被评估人的反社会性、犯罪性等动态风险因素考虑在内。从本质上来说，犯因性需求也是一种风险因素集合体，但与风险原则中的"风险"不同，犯因性需求是一种动态的风险因子，而非静态的风险因素。在许多 Andrews 和 Bonta 关于再犯风险的文献中，我们可以看到 RNR 原则的子原则"the need

---

〔1〕 See Lowenkamp, C. T., et al., "The Risk Principle in Action: What Have We Learned from 13,676 Offenders and 97 Correctional Programs?", *Crime & Delinquency*, Vol. 52, No. 1., 2006, pp. 77-93.

〔2〕 See Andrews, D. A., G. Dowden, "Risk Principle of Case Classsification in Corretional Treatment: A meta - analytic investigation", *International Journal of Offender Therapy and Comparative Criminology*, Vol. 50, No. 1., 2006, pp. 88-100.

principle"，许多学者将其直译为"需求原则"。[1]需求原则中的"需求"仅指犯因性需求（criminogenic need），而不包括非犯因性需求（noncriminogenic need），故 RNR 原则也可翻译为"风险—犯因性需求—回应原则"，本研究认为这一种译法较妥，更符合 RNR 原则的本意。所谓犯因性需求是指个体在日常生活中表现出反社会性、犯罪性等因素，这些因素不仅与行为人个体的生理特征和心理特征有很大关系，还与行为人成长过程中所形成的价值取向有很大关系，更与其周遭生活环境密不可分，是矫正的核心目标。[2]非犯因性需求是指抑郁、自卑、易焦虑、易悲伤等因素，这些因素虽与犯因性需求相似，具有动态性和可改变性，但却与再犯风险基本无关，因为这些因素通常与普通心理治疗有密切关系。例如，认知行为疗法最早是为了治疗罹患抑郁症的病人，通过心理咨询师的评估从而关注这些非犯因性因素可以有效地治疗抑郁。但是矫正与治疗不同，矫正不是为了让被矫正者情绪良好，而是为了降低其再犯风险。因此，从降低被评估人再犯风险的角度来看，通过改变非犯因性的方式来降低再犯风险并没有直接改变犯因性因素的效果好，故非犯因性不应考虑在再犯风险评估之内。犯因性需求不仅是 RNR 原则的核心要素，通过这一要素还可以从全新的角度理解标签理论、控制理论、亚文化理论等传统犯罪学理论中的犯罪行为。[3]通过犯因性因素的评估，可以帮助司法人员在评估和矫正过程中理解罪错未成年人的行为。

（三）回应原则

回应原则（responsivity principle）是制定个人矫正方案需要遵循的基本原则，该原则要求在制定矫正方案时应当根据认知模式、认知风格、情绪唤起等犯因性需求，针对其个人制定矫正方案，从而实现通过心理干预等方式改变被矫正者的认知方式、动机及其他心理方面的因素，从而使被矫正者得到最大程度的矫正。回应原则包括两个子原则，一是一般回应原则（the respon-

---

[1]　参见张苏军主编：《循证矫正在中国的实践探索：以山东省任城监狱的暴力犯矫正为例》，法律出版社 2016 年版，第 20 页。

[2]　See Bonta, J., Andrews, D. A., "Risk-need-responsivity model for offender assessment and rehabilitation", *Rehabilitation*, Vol. 6, No. 1., 2007, pp. 1-22.

[3]　See Andrews, D. A., "Recidivism is Predictable and Can Be Influenced: Using Risk Assessments to Reduce Recidivism", *International Association of Residential and Community Alternatives*, Vol. 3, No. 1., 1990, pp. 13-17.

sivity priciple），二是特定回应原则（the specific responsivity principle）。

一般回应原则是指在制定矫正方案中，应当通过一般回应因素，通过通用认知行为策略和社交学习策略来矫正行为人。一般回应原则对大部分矫正方案通用，并不将被矫正者的个人因素考虑在内。研究表明，认知行为策略和社交学习策略对于改变被矫正人的认知模式以及习惯成效显著。因此，在罪错未成年人保护处分评估以及制定具体矫正方案的过程中，应按照一般回应原则的要求，在矫正方案中加入认知行为策略（包括认知模式训练、情绪模式训练、角色扮演训练、社交互动训练等），以这些认知训练和行为训练来实现罪错未成年人认知模式重构，从而来实现罪错未成年人再犯风险的降低，达到矫正效果。

特定回应原则是指针对个人制定矫正方案时，必须将被矫正者个人的特定因素考虑在内实施矫正。这些个人特定回应因素除了被矫正人的年龄、性别等基本信息外，还包括个人智商、语言能力、人际关系敏感度、焦虑程度、认知成熟度。在对这些犯因性因素进行基本评估后，可以更加科学、针对化地做出矫正方案。在特定回应原则的指导下，研究人员创设并完善了多种矫正方法，例如下文介绍的动机式晤谈法（motivational interviewing）在许多方面受到回应原则的影响。[1]就此，我们也能看出回应原则更多是从矫正的角度进行考量的，因此 RNR 原则不仅是罪错未成年人保护处分评估中所必须遵循的原则，也是其矫正所必须遵循的原则。

（四）附加原则

设立附加原则是为了在罪错未成年人保护处分的评估和矫正中更好地贯彻 RNR 原则，这些子原则包括评估结构化原则、强度因子原则、犯因性需求多样化原则以及评估专业化原则。详言之：

第一，评估结构化原则是为了使再犯风险评估结果信效度更高，并更好实现风险原则。在再犯风险评估的过程中，一定要选取经过结构化评估后的最佳证据，因为这些评估证据的收集是经过科学的设计并通过前测和后测纵向观察得到的证据，通过这些证据得到评估结果，其信效度比仅靠主观评估

---

〔1〕 See Kennedy, S. & R. Serin（1999）. "Examing Offender Readiness to Change and the Impact on Treatment Outcome." In P. M. Harris（ed.）, *Research to Results：Effective Community Corrections*（pp. 215 - 230）. Lanham, MD：American Correctional Association.

好得多。在具体评估的过程中，风险评估并非一次可以完成，每次使用工具并不相同，这是因为再犯风险的前测是一种盖然性评估，如果在评估中发现了具有显著影响的犯因性需求，则可针对其犯因性需求进行二次测量，以方便矫正。在矫正之后的后测也十分重要，一来是检验矫正效果，二来是为了修正矫正方案。当然，遵循结构化评估原则不仅是为了更好地得到高信效度的评估结果，也是为了更好实现风险评估原则。只有通过结构化评估才能进一步区别出被评估人是高风险或低风险，从而确定进一步矫正方案的强度。

第二，强度因子原则的设立有两个目的：一是提高预测再犯的精准度；二是在制定个人矫正方案中更为精准地确定回应因子。强度因子（strength factors），被称之为"促进性因子"（promotive factors）或"保护性因子"（protective factors），是指基于行为人本身及环境影响，从而减少犯罪发生的因素。这种强度因子与再犯风险有很大关系，例如在对罪错未成年人进行再犯风险评估时，父母之间的关系对被评估人来说就是一个强度因子。[1]但是需要注意的是，一定要区分强度因子和再犯风险因子。以"犯罪态度"这一强度因子为例，对犯罪的积极态度通常与高风险犯有关，而对犯罪的消极态度通常与低风险犯有关，但是仅仅通过比较犯罪态度的积极与消极并不能完全判断出再犯风险，因为犯罪态度只是一个判断强度因子强弱的变量。但毋庸置疑的是，通过确定被评估人强度因子，再结合被评估人的其他犯因性需求，可以有效提高再犯风险评估的精准度。

第三，犯因性需求多样化原则。由于犯因性需求是一种动态的风险因子，因此仅仅对被评估人确定一种或者两种犯因性需求是远远不足的。尤其对于一些高风险被评估人更是如此，在评估中必须将被评估人的犯因性多样化，才可能更加客观、准确地作出评估。

第四，评估专业化原则。罪错未成年人再犯风险评估由罪错未成年人调查评估机构执行，这是一个专业化团队，由犯罪心理学、社会学、教育学等专业的人才组成，经过司法部统一招考、培训才可上岗。在评估过程中按照循证矫正的理念并遵循 RNR 原则，对罪错未成年人进行评估。不仅如此，在

---

[1] See Stouthamer-Loeber, M., et al., "Risk and Promotive Effects in the Explanation of Persistent Serious Delinquency in Boys", *Journal of Consulting and Clinical Psychology*, Vol. 70, No. 1., 2002, pp. 111-123.

进行评估的过程中，还应当有完整项目支持，这当然需要其他司法部门的配合才能完成。

## 二、罪错未成年人再犯风险评估工具

罪错未成年人再犯风险评估是以犯罪心理学、精神病学等研究者们开发出的犯罪心理学量表作为基本的再犯风险测量工具。由于本土犯罪心理学发展的限制，这些量表主要引自国外。当然，再犯风险评估作为循证矫正的重要内容之一，我国学者已经将一些常用量表引入境内并作本土化处理，在司法部的支持下，取得阶段性研究成果。[1]下文介绍的风险评估工具不仅用于罪错未成年人再犯风险评估的前测，针对不同的犯因性需求，还用于罪错未成年人再犯风险的后测。本节对这些可适用在罪错未成年人保护处分的量表只作简述，但是如果需要在司法实践中真正适用这些量表，还需要犯罪心理学专家本土化修订，不仅如此，还需要经过信效度论证才可能适用。

（一）暴力风险评估量表—青少年版

暴力风险评估量表—青少年版（Violence Risk Scale-Youth Version, VRS-YV），源自暴力风险评估量表（Violence Risk Scale, VRS）。暴力风险评估量表（以下简称"VRS"）通过对静态风险因子以及动态风险因子进行风险等级的评定从而对其暴力风险作出评估，所得的结果为矫正人员制定矫正方案提供重要依据。VRS 相对于之前诸多量表的一大优势在于，该量表包含足够且已经被实证认定的动态因子，许多量表研究也假定了动态因子，但并未得到实证证据充分地证实。[2]VRS 是在整合风险评估及矫正预测工具的基础上发展而成的，包括 6 项静态预测因子和 20 项动态预测因子，这些动态因子包括犯罪态度、认知曲解、物质滥用等。通过预测出这些动态因子及犯因性需求从而对其再犯风险进行预测，并针对这些动态因子制定矫正方案。

在 VRS 的基础上，学者们又进一步发展出暴力风险评估量表—青少年版

---

〔1〕 例如张苏军主编的《循证矫正在中国的实践探索：以山东省任城监狱的暴力犯矫正为例》（法律出版社 2016 年版），就是再犯风险评估的阶段性研究成果之一。

〔2〕 See Douglas, K. S., Skeem, J. L., "Violence risk assessment: getting specific about being dynamic", *Psychology*, *Public Policy*, *and Law*, Vol. 11, No. 3., 2005, p. 347.

（以下简称"VRS-YV"），这个版本的量表适用于罪错未成年人再犯风险评估。VRS 以及 VRS-YV 已经在国外的司法实践中投入使用，其潜在的价值就是在司法实践中越来越强调通过心理测量工具进行司法评估的重要性。VRS-YV 与 VRS 在评估与矫正之间作用相同，使评估和矫正二者有机地结合在一起。与 VRS 相比，VRS-YV 的内容有所不同。VRS-YV 包括 23 个测量因子，这些测量因子是专门针对青少年暴力违法行为的风险进行设计的，其中包含 4 项静态因子和 19 项动态因子，通过对这些因子的分析在矫正项目中可针对性地设计心理干预方式。VRS-YV 每一项因子得分包括 4 个等级（0~3 分），每一项都有相关的适用说明，得分越高表明被评估人的暴力程度高，其在今后出现暴力不法行为的可能性越大。从 VRS-YV 的实测效果来看，对正值青春期少年的再犯评估较为准确。[1]

（二）青少年服务等级/个案管理量表

青少年服务等级/个案管理量表（Youth Level of Service/Case Management Inventory，YLS/CMI），源于服务等级量表—修订版（Level of Service Inventory-Rivised，LSI-R）。服务等级量表—修订版（以下简称"LSI-R"）是由 Bota 和 Andrews 以 RNR 为指导原则创设出的再犯风险评估量表，是第三代风险评估工具的产物，因此 LSI-R 也是"风险/需求"评估工具之一。LSI-R 包含 54 项风险因子及犯因性需求因子，每一项因子以"0~1 分"的计分模式计分。LSI-R 最核心的组成部分是该量表的动态因子，这对追踪评估的意义十分之大，因为对同一人进行再次评估时，量表中的动态因子很可能发生改变。已有实证研究证明，量表中前测与后测动态因子的变化，与再犯风险有很大关系。[2]

在 LSI-R 的基础上，Andrews 和 Bonta 研发了服务等级/个案管理量表（Level of Sevice/Case Management Inventory，LS/CMI），在此我们着重介绍该量表的青少年版本：青少年服务等级/个案管理量表（以下简称"YLS/CMI"）。显然，YLS/CMI 作为 LSI-R 的升级版，是第四代风险评估工具的典范。第四

---

〔1〕　See Hemphill, J. F., Howell, A. J., "Adolescent offenders and stages of change", *Psychological assessment*, Vol. 12, No. 4., 2000, p. 371.

〔2〕　See Arnold, T. K., *Dynamic changes in Level of Service Inventory-Revised（LSI-R）Scores and the effects on prediction accuracy*, St. Cloud State University, 2007.

代风险评估的特点是强调评估工具与个案管理之间的联系：这不仅仅意味着将风险以及犯因性需求作为矫正目标，还意味着承认矫正的个别化——必须针对被矫正者的个人情况制定矫正方案，从矫正之始至结束，建立被矫正者的个人档案，并通过具有针对性的个人回应因子（responsive factors）使矫正效果最大化，从而实现个别矫正。[1]YLS/CMI 作为典型的第四代风险评估工具，十分突出"个案管理"这一特征——YLS/CMI 由 42 项因子围绕着 8 项"风险/犯因性需求"核心因子构成，共分为六个步骤，其中一个重要的步骤就是根据这些因子的计分情况，对被矫正人建立个案管理方案。[2]YLS/CMI 通常适用的年龄范围在 12 岁至 17 岁之间，但在特殊情形下也可以对 10 岁左右的儿童使用。

（三）精神病态核查量表：青少年版

精神病态核查量表：青少年版（Psychopathy Checklist：Youth Version，PCL：YV），源于精神病态核查量表—修订版（Psychopathy Checklist Revised，PCL-R）。精神病态并不是精神疾病，而是一种人格障碍。如黄希庭教授所言："精神病态是一种个体表现在人际关系、情感、生活方式、反社会特质等方面的人格障碍，包括欺骗、操纵……混乱以及其他违反伦理和反社会的行为。"[3]黑尔将精神病态的类型分为三种，这三种类型分别是："其一，原发型精神病态：是'真正'意义上的精神病态，他们与正常人甚至其他类型罪犯在认知、情绪和生物学上都有明显差别，但并非所有精神病态患者都会产生暴力行为或倾向。其二，继发性精神病态：是指那些由于严重的情绪问题或内心冲突而做出反社会行为或暴力行为的人。其三，逆社会行为型精神病态：是指表现出来的反社会行为是从亚文化中习得的。"[4]在此基础上，界定出犯罪型精神病态的概念："犯罪型精神病态是指那些具有反复的反社会行为和犯罪行为原发型精神病态，他们最具破坏性的特征是无情地漠视他人的权

---

〔1〕 See Andrews, D. A., et al., "Level of Service/Case Management Inventory（LS/CMI）", *The SAGE Encyclopedia of Criminal Psychology*, Vol. 4, 2019.

〔2〕 See Höge, R. D., Andrews, D. A., *Youth Level of Service/Case Management Inventory*, Multi-Health Systems, 2002.

〔3〕 参见刘邦慧等：《罪犯精神病态的初步探索》，载《心理科学》2010 年第 1 期。

〔4〕 参见杨波、张卓主编：《犯罪心理学》，开明出版社 2012 年版，第 138 页。

利并具有高风险攻击行为，冷酷无情是该类型暴力行为的显著特征。"[1]

虽然精神病患者在社会中所占比例并不高，但其人身危险性极高。当然，对于罪错未成年人来说，也存在精神病态者，而未成年精神病态与成年精神病态的心理特征有很大不同。因此，PCL：YV 是专门针对青少年精神病态的评估工具。通常来说，PCL：YV 适用于 12 至 18 岁的青少年，该量表主要评估目的指向"原发的"犯罪型精神病态者。PCL-R 包括 20 个项目，这 20 个项目主要从两个维度来测量犯罪型精神病态者：其一是情感和人际关系，其二是反社会行为方式。PCL：YV 在 PCL-R 基础上，创设了 9 个测量项目，大多数都是对 PCL-R 进行微小改变，只有 4 项内容发生较大的改变。本质上来说，PCL：YV 也是一种预测量表，一共包含 20 个预测项目，每一项包括三个选项（0 分＝完全不符合；1 分＝有些符合；2 分＝完全符合）。[2]评估人员根据量表测评的综合得分对被评估者作出评估。通常，按照 PCL-YV 的测量情况，得分在 30 分以上的一般被评估为高风险精神病态，低于 18 分的一般可以排除精神病态，而在 18~29 分的人则被评估为精神病态的中间类型——虽表现出精神病态的特质又与其不能完全吻合。[3]

（四）人格评估工具

人格评估在罪错未成年人再犯风险评估中是一个重要因素，在此介绍三种主要人格评估工具：艾森克人格问卷、巴勒特冲动性量表和人格障碍诊断问卷。艾森克人格问卷（Eysenck Personality Questionnaire，EPQ）源于艾森克人格量表（Eysenck's personality Inventory，EPI），由英国心理学家 Eysenck 编制的一种自陈量表，有成年版及未成年版问卷两种形式。通过因素分析归纳出三个互相成正交的维度，从而提出决定人格的三个维度：外向性（Extraversion，E）：外向性高分者的人容易失去耐心、丧失理性、具有攻击性，因此是犯罪行为发生的重要影响因素；神经质（Neuroticism，N）：神经质高分者情绪反应易发生变化且不易恢复，容易兴奋或者抑郁，易发生犯罪；精神质

---

〔1〕　参见杨波、张卓主编：《犯罪心理学》，开明出版社 2012 年版，第 138 页。

〔2〕　See Corrado, R. R. , et al. , "Predictive validity of the Psychopathy Checklist: Youth Version for general and violent recidivism", *Behavioral sciences & the law*, Vol. 22, No. 1. , 2004, pp. 5-22.

〔3〕　See Gretton, H. M. , et al. , "Psychopathy and offending from adolescence to adulthood: a 10-year follow-up", *Journal of consulting and clinical psychology*, Vol. 72, No. 4. , 2004, p. 636.

（Psychoticism，P）：精神质分数较高者冷酷、残忍、无视他人，易发生犯罪。综合这三个维度，可以对被评估人的人格作出基本判断。[1]

巴勒特冲动性量表（Barratt Impulsiveness Scale，BIS）是巴勒特等人在1959年制定而成的，至今已经修订10次，包括30个测量项目。通过30个项目的测量，可以分析出被评估人认知冲动性、运动冲动性和无计划冲动性。[2]由于罪错未成年人的不法行为大多数与冲动性有关，因此在罪错未成年人再犯风险评估中加入巴勒特冲动性量表是十分必要的。

人格障碍诊断问卷（Personality Diagnostic Questionnaire，PDQ），是根据《美国精神疾病诊断与统计手册》（Diagnostic and Statistical Manual of Mental Disorders，DSM）制订的，现在已经发展到PDQ-4，PDQ-4+，用于自我检查或团体筛查被评估人的人格障碍。人格障碍是指偏离正常人格的一类精神障碍。人格障碍是内在体验和行为明显偏离人们文化期望的范围，表现在认知、情感、人际功能和冲动控制等方面，包括偏执型、分裂型、边缘型、反社会型、回避型、强迫型、被动攻击型等类型人格障碍。这些人格障碍是导致罪错未成年人犯罪的重要原因。[3]

# 本章小结

本章主要对罪错未成年人保护处分司法进行完善，一是司法过程层面的完善，二是评估技术层面的完善。

第一节对罪错未成年人司法过程进行完善。首先确立罪错未成年人保护处分司法的基本原则，包括保护必要原则、比例原则和循证评估原则。保护必要原则是法院对可能处遇保护处分的罪错未成年人进行司法裁判时首要遵循的原则，该原则要求法官对具体罪错未成年人进行司法裁量时，应当以保

---

〔1〕 See Barrett, P. T. , et al. , "The Eysenck Personality Questionnaire: An examination of the factorial similarity of P, E, N, and L across 34 countries", *Personality and Individual Differences*, Vol. 25, No. 5. , 1998, pp. 805-819.

〔2〕 See Patton, J. H. , et al. , "Factor structure of the Barratt impulsiveness scale", *Journal of clinical psychology*, Vol. 51, No. 6. , 1995, pp. 768-774.

〔3〕 See Fossati, A. , et al. , "Brief communication: Criterion validity of the Personality Diagnostic Questionnaire-4+ (PDQ-4+) in a mixed psychiatric sample", *Journal of personality disorders*, Vol. 12, No. 2. , 1998, pp. 172-178.

护罪错未成年人作为其基本立场，对已经实施不法行为且具有再犯风险的罪错未成年人采取必要保护处分措施，从而防止其再次犯罪。比例原则要求法官在裁量罪错未成年人保护处分期间时，应当根据罪错未成年人的再犯风险对其适用相应类型的保护处分，其处遇期间和方式不能超过必要的限度。循证评估原则是罪错未成年人调查评估小组对罪错未成年人进行再犯风险评估时所必须遵从的原则。罪错未成年人调查评估小组对罪错未成年人进行评估时，应当根据循证实践中的最佳证据（经过实验组和对照组系统科学评估的证据），结合罪错未成年人的个人特点及其犯因性需求作出客观、公正的再犯风险评估报告，生效的罪错未成年人的再犯评估报告是罪错未成年人保护处分主要的司法依据。然后论述了罪错未成年人保护处分的适用对象，具体包括六类对象：（1）对不法儿童适用保护管束。（2）对不法未成年少年适用专门教育。（3）对吸毒成瘾的罪错未成年人适用强制戒治处分。（4）对判处缓刑的罪错未成年人首先适用专门教育。（5）对符合假释条件的未成年犯适用保护管束。（6）对于专门教育、强制戒治处分的罪错未成年人在一定考验期内实施保护管束。再者，认为罪错未成年人保护处分司法程序应包括审前阶段、审判阶段和执行阶段。

第二节主要对罪错未成年人的再犯风险评估进行完善。首先确立了罪错未成年人风险评估的基本原则，包括风险原则、犯因性需求原则、回应原则和附加原则。风险原则包括两项内容：一是行为的可被预测性，二是被矫正者的再犯风险水平应与矫正等级相匹配。犯罪性需求原则是指再犯风险评估中，应当将被评估人的反社会性、犯罪性等动态风险因素考虑在内进行评估。回应原则是制定个人矫正方案需要遵循的基本原则，该原则要求在制定矫正方案时应当根据认知模式、认知风格、情绪唤起等犯因性需求，针对其个人制定矫正方案，从而实现通过心理干预等方式改变被矫正者的认知方式、动机及其他心理方面的因素，使被矫正者得到最大程度的矫正。再者论述了罪错未成年人再犯风险评估工具，包括暴力风险评估量表—青少年版（VRS-YV）、青少年服务等级/个案管理量表（YLS/CMI）、精神病态核查量表：青少年版（PCL：YV）、艾森克人格问卷（EPQ）、巴勒特冲动性量表（BIS）和人格障碍诊断问卷（PDQ）。

# 罪错未成年人保护处分处遇体系完善

## 第一节　罪错未成年人保护处分机构的处遇完善

### 一、罪错未成年人专门教育及专门学校处遇的完善

根据我国《刑法》第 17 条第 5 款以及《预防未成年人犯罪法》对于专门教育的相关规定，罪错未成年人的专门教育矫正由专门学校（即之前的工读学校）来实施。当前罪错未成年人的主要争议在于保护处分的法律性质，也就是问题的争议点集中在"先议权"的法律属性上。这里所称的"先议权"，是指在未成年人犯罪行为的初步处理阶段，某个机构享有对案件进行首次审议的权力，决定是采取教育保护措施还是走向正式的刑事程序，包括行政模式和司法模式。有学者指出在《预防未成年人犯罪法》的制定和修订中未充分考虑先议权归属的问题，应将先议权赋予法院，以保证教育和保护未成年人的目标，推动独立少年司法制度的发展。[1]其他国家和地区也有类似机构，例如日本设立有初等少年院、中等少年院、特别少年院以及医疗少年院来对不同类型的少年进行收容管教。如果完善我国罪错未成年人保护处分处遇体系，本研究认为应将改造后的专门学校作为专门教育执行场所。为何将专门学校作为专门教育执行场所的构建基础？本研究认为应从其性质、功能、发展以及弊病来论述。首先，罪错专门教育的主体是专门学校，其属性仍是学

---

〔1〕　参见姚建龙：《未成年人违警行为的提出与立法辨证》，载《中国法学》2022 年第 3 期。

校，只是这种学校是以封闭式管理作为基础，其主要构成人员仍然是教师，故专门学校并不能实现报应及惩罚的刑罚目的。其次，专门学校是由之前的工读学校演变而来的，其本质是"以教代罚"，因此本研究认为应将专门教育纳入刑事后果处遇体系中，使专门教育司法化。有学者认为这是一种未成年人法治体系建设国家责任化的体现——通过法律和政策指导未成年人司法制度的构建，合理分配公共权力，并推动司法的独立化、专业化和制度化，而非单纯的福利保障或补充性责任。[1]这要求在顶层制度设计上承担罪错未成年人处遇体系应与政府责任和司法机关责任相辅相成，共同确保未成年人的合法权益得到有效保护和实现。因此，专门学校设立的目的不同于一般学校，一般学校设立的目的主要是教育文化、科学知识技能，而专门学校除了这一目的之外，还肩负矫正、教育行为不端罪错未成年人的责任。最后，从专门学校实际执行状况来看，虽然说根据《刑法》第 17 条第 5 款，专门教育并未将专门学校作为其执行机构，而在劳教制度废止的今天，一些地方已经将专门学校作为未成年专门教育的执行场所。有学者认为应将专门学校与我国专门教育制度直接结合起来，再将社区矫正的执行与专门学校直接结合起来，形成新专门教育执行体系，这样做既能够避免犯规罪错未成年人加以强制的标签效应，也能够增强社区矫正的监管力度。[2]有学者认为新修订的《预防未成年人犯罪法》首次正式使用"保护处分"一词，并强调以教育性措施替代惩罚性措施，体现了保护处分的本质特征和"一事不再理"的效力，但在矫治教育措施的性质上仍存在矛盾：一方面，修订草案一审稿将其视为治安管理处罚的补充措施；另一方面，最终修订版将其调整为具有独立法律性质的措施，但未明确其与治安管理处罚措施之间的关系，留下了理论分歧和实践适用偏差的可能性；尽管专门教育被明确为保护处分措施，但其是否真正体现了"以教代罚"的保护处分性质，仍需进一步辨析。[3]而在实际应用中，一些地方公安机关倾向于将矫治教育与治安管理处罚相结合，但这种观

---

〔1〕　参见肖姗姗：《国家责任理论指导下专门矫治教育制度的基本构思——以〈刑法〉与〈预防未成年人犯罪法〉的修订为基础》，载《湖南师范大学社会科学学报》2022 年第 4 期。

〔2〕　参见王平、何显兵：《论工读教育的历史发展与完善设想》，载《预防青少年犯罪研究》2012 年第 8 期。

〔3〕　参见姚建龙：《未成年人法的困境与出路——论〈未成年人保护法〉与〈预防未成年人犯罪法〉的修改》，载《青年研究》2019 年第 1 期。

点应基于保护主义立场和法律竞合适用原则予以否定。正是基于此，本研究认为完善罪错未成年人保护处分的根本做法是将这一处遇方式作"司法化"处理。基于此，对于专门学校应通过逐步司法化的方式予以完成：

首先，专门学校应由教育部门和司法部门共同管理。专门学校应由教育行政部门和司法行政部门共同管理，确保其既具备教育功能，又能依法执行矫治措施。专门学校应根据《预防未成年人犯罪法》的规定，对未成年人进行分级分类的教育和矫治，包括道德教育、法治教育、心理健康教育和职业教育。专门教育处分应当由根据《预防未成年人犯罪法》设立的专门学校执行，这些学校是国民教育体系的重要组成部分，旨在对有严重不良行为的未成年人进行教育和矫治。与原有的专门学校不同，现在的专门学校不仅提供文化和专业技能的教育，还肩负着矫正行为和教育罪错未成年人的责任。专门学校不应仅仅是更改一个名字如此简单，作为联结家庭与社会的平台，专门学校应当形成"家—校—社"联络平台，专门学校与家庭及社区对罪错未成年人形成有力的支持系统。在罪错未成年人的司法化过程中，可以在我国当前刑事责任年龄划分的格局上进行分级处遇，将罪错未成年人划分为不满12周岁、已满12周岁不满14周岁、已满14周岁不满16周岁和已满16周岁四个档次。从法国罪错未成年人分级处遇制度我们可以发现：

法国的罪错未成年人年龄分级处遇制度通过将未成年人分为不同年龄段，根据其发育和认识能力来决定适当的法律处理方式：一是7至10周岁的未成年人：这个年龄段的未成年人尚未具备接受刑事惩罚的能力。因此，法律规定不能对其采取司法扣留或拘留等刑事措施，处理方式主要是教育性和保护性的措施，如监督、帮助、安置在寄宿学校等，由少年法官或少年法庭决定；二是10至13周岁的未成年人：这一年龄段的未成年人在认知和道德理解上水平有所提高，但是否适用刑事处罚需要由法官根据具体情况判断——如果认为未成年人还不具备足够的明辨是非能力，则案件可能转由民事法庭不公开审理，并可能决定采取教育措施。如果法官认为他们具有足够的明辨是非能力，则可能适用短时间的司法扣留等限制性措施，以及符合条件的教育性惩罚措施；三是13至16周岁的未成年人：这个年龄段的未成年人被认为已具有基本的明辨是非能力，应承担相应的刑事责任，然而因为心智发展还未完全成熟，所以法律规定对其有减轻刑事责任的规定，罚款和监禁期限有上限。在处理方式上，可以采用教育措施或教育性惩罚措施，并可在特定情况下进行正式的刑罚宣告，同时允许适用刑罚替代措施；四是 16 至 18 周岁的未成年人：此阶段的未成年人心智接近成熟，基本可以与成年人相当地对待，在追诉程序上，可以适用拘留并延长。实体处理上，虽然优先考虑教育措施，但也可以适用成人相同的刑罚，只是刑期通常是成年人的一半。法官在决定不适用减轻刑事责任时必须说明理由。[1]

　　整体上，法国的法律体系强调根据未成年人的心智成熟度和行为能力，采用更为人性化和有利于其改正与成长的处理方法。

　　其次，在矫正方式上，应以特殊预防为主要预防手段。专门学校的教育管理模式与其他学校大致相同，只是多了一些法治教育课程。这种大而化之的管理、教育模式并不能达到专门教育的要求，必须对其课程及教育进行全面升级。本研究认为应当根据罪错未成年人调查评估机构所作的再犯风险评估，对罪错未成年人分类进行教育矫正。日本将需要进入少年院处遇的少年分为一般短期处遇和长期处遇，两种处遇的课程及对象都不相同。一般短期处遇的课程包括短期学校教育课程和短期生活训练课程。长期处遇包括生活训练课程、职业能力开发课程、学校教育课程、特殊教育课程和医疗措施课程。这些课程都是根据少年的不同，从而对其施以不同的课程。例如，同样是生活训练课程，一般短期处遇设置的生活训练课程对象是有必要提高社会适应能力的少年；而对于长期处遇的生活训练课程而言，少年院首先将这一课程分为 G1、G2、G3 三类课程。其中，G1 类课程专门矫正性格上有明显偏执且有反社会人格的少年；G2 类课程针对的是外国少年；G3 类课程适用于严重违法的少年，通过矫正使其重返社会。关于针对不同类型罪错未成年人的矫正课程，必须以罪错未成年人调查评估机构的再犯风险评估作为划分类型的根据。[2] 本研究认为，专门教育的课程模式可以仿效日本少年院的课程设置，总体上将课程分为两类，一类是短期处遇课程，另一类是长期处遇课程。凡不满 6 个月的处遇皆为短期处遇，凡在 6 个月以上的处遇皆为长期处遇。被适用专门教育的罪错未成年人进入专门学校后，管理人员应当根据法院的裁决和评估报告，对不同的罪错未成年人进行分类管理，将长期处遇和

---

　　〔1〕　参见俞亮、吕点点：《法国罪错未成年人分级处遇制度及其借鉴》，载《国家检察官学院学报》2020 年第 2 期。

　　〔2〕　参见〔日〕川出敏裕、金光旭：《刑事政策》，钱叶六等译，中国政法大学出版社 2016 年版，第 286 页。

短期处遇的罪错未成年人分在不同的班级。文化教育课程是长期处遇和短期处遇都必须学习的课程，除此之外，还应当开设户外活动课、劳动课程等。将班级分为长期处遇班和短期处遇班的依据在于人身危险性的不同，而对于具体应当接受什么样的矫正则应当根据再犯风险评估和个人具体情况而单独制定。具体的实施应当依靠罪错未成年人保护处分的矫正项目来实现。可以这样说，所有类型保护处分的矫正都是依靠矫正项目来实现的。最后，在变更处遇方式层面，若罪错未成年人的人身危险性明显降低，应当变更专门教育为保护管束或者完全解除专门教育。关于到底变更为何种处遇方式，本研究认为可以借鉴日本《更生法》"假出院"及"正式出院"的概念。日本《更生法》第35条、第39条规定，少年院院长认为在院少年已达到矫正目的时，可以向地方更生保护委员会提出申请，地方更生保护委员会认为适合出院时，可作出允许正式出院的决定，如果认为其适合假出院的，可以作出允许假出院的决定。这里所称的"正式出院"即解除强制进入少年院矫正的处遇，这里的"假出院"实际上是指附条件的释放，与行刑中的假释较为相似。根据《更生法》第76条、第81条之规定，在允许假出院的场合，应将少年交付保护管束；若矫正效果良好，应向更生保护委员会提出正式出院的申请；若假出院少年不遵守应遵守事项，可根据保护管束所所长之申请将该少年收回少年院申请，家庭法院视具体情形，作出返回收容决定。故对于少年法庭变更处遇方式而言，既包括假出所决定，也包括正式解除专门教育的决定。具体法律程序如下：在执行至少一个月专门教育之后，专门学校所长认为已经达到教育和矫正目的时，应向罪错未成年人教育调查机构申请评估，如果有证据证明其人身危险性明显下降，专门学校所长应当向人民法院提出变更被处分罪错未成年人处遇方式的申请，最终由法院裁决是否解除罪错未成年人专门教育，或者对其决定假出所变更为保护管束。如果在保护管束期间，罪错未成年人悔罪态度良好、积极遵守应遵守的规定，已经达到矫正目的，少年法庭可以决定提前解除保护管束；如果在保护期间有新的不法行为，或者在专门学校内有其他不法行为，一经发现，少年法庭应当立即撤销假出所，将其收回专门学校矫正。

## 二、以"社区"为核心的保护管束的立法前瞻

当前绝大多数实施罪错行为的未成年人在侦查或者审查起诉阶段就被分

流掉了，这也可以说对罪错未成年人要么"一关了之"，要么"一放了之"。本研究认为在"关"与"放"之间，缺少一种分级处遇的机制，对于尚不足以实施专门教育的罪错未成年人缺少一种保护管束机制，以此作为强化附条件不起诉的抓手。有学者认为应当优化我国现行的未成年人附条件不起诉制度，通过科学设定的技能培训和生活复原项目提升其独立生活能力，明确专门矫治教育的义务范围，由检察机关主导并监督，同时区分"强义务"和"弱义务"类型，根据所犯罪行的性质和严重程度进行个性化的帮教方案制定，并在考验期间关注被害人意见，确保帮教措施的有效性和针对性。[1]本研究对此持肯定态度，立基于此，本研究所主张的保护管束是一种针对罪错未成年人限制自由型的保护处分，既然是一种限制自由而非剥夺自由，不应当将罪错未成年人收容至一定场所内进行处遇，其执行方式是社区矫正。因此，保护管束应以我国社区矫正制度为基础构建。通过二十多年来社区矫正实践的经验和教训，都必须认识到其可能出现的弊病，只有认识到这些弊病，才能进一步通过立法完善的方式避免这些现象的出现，并以此为依托，将保护管束合理纳入社区矫正制度。当前社区矫正可能出现的问题包括：一是过度干预社区矫正对象，可能会对矫正对象的社会化和自我觉醒产生负面影响；二是社区矫正对象的监管缺失，可能导致矫正对象逃避监管；三是社区矫正工作分配的不平衡，使得惩罚性和教育矫正性失衡。但不能否认的是保护管束本质上是对未成年人附条件不起诉制度的进一步优化，尤其是在细化帮教考察的适用条件方面有助益。这要求对消极约束规定进行指令化改造，并强化提升未成年人"独立生活"能力的帮教项目，以科学设定的技能培训促进其生活复原。有学者认为借鉴国际立法经验，立法应关注降低再犯可能性，强调罪错未成年人的社会复归性，"需要明确矫治教育中未成年人的义务范围，由检察机关主导并监督专门教育委员会，为罪错未成年人在考验期内提供必要的支援；同时，应区分'强义务'和'弱义务'，根据犯罪的性质和严重性制定个性化的帮教方案；此外，若未成年人无法履行义务，专门教育委员会需审查其情况，并考虑被害人意见，以保障帮教措施的有效性和适应性"[2]。

---

〔1〕　参见吴羽：《罪错未成年人分级干预机制研究》，载《犯罪研究》2022年第5期。

〔2〕　参见王译：《罪错未成年人分级处遇规则的体系建构》，载《中国刑事法杂志》2022年第5期。

正是基于对上述问题的充分认识，本研究认为在构建保护管束的过程中，应当重视这些社区矫正可能出现的问题，以此基础，完成保护管束与社区矫正之间的衔接。我国台湾地区将保护管束归为社区矫正中的社区监督，是指将特定人交由特定机关、团体或个人，加以保护与约束的保护处分，目的是对受保护人加以观护辅导，使其回归社会，其法律依据不仅包括刑事法律对保护管束的规定，还包括"保护处分执行法""监狱行刑法""少年事件处理法""性侵害犯罪防治法""家庭暴力防治法""毒品危害防治条例"等规范。这里的保护管束不仅包括针对因未达到刑事责任年龄而实施不法的行为人，还包括其他类型的被保护管束人员。既然执行保护管束属于社区矫正的一部分，那么本书所主张的罪错未成年人保护管束理应由社区矫正机构执行。这里所称的保护管束（保护观察）特指针对罪错未成年人的保护管束，因为从日本等国家和地区的刑事立法来看，还包括其他成年犯的保护管束。以日本《少年法》《更生保护法》《卖淫防止法》为例，保护观察的类型包括三种：第一种类型是单处型保护观察（《少年法》第24条第1款第1项，1号观察），家庭法院据此对少年作出不伴随其他处分的保护处分；第二种类型是假释型保护观察，包括少年院临时退院的保护观察（《少年法》第24条第1款第2项，2号观察）、被假释人的保护观察（《少年法》第24条第1款第3项，3号观察）、被准许从妇女辅导院临时退院的保护观察（《卖淫防止法》第26条第1款）；第三种类型是被交付缓刑执行、依据日本刑法第25条第1款的保护观察（第24条第1款第4项，4号观察）。[1]无疑，涉及青少年不法行为的处遇仅包括《少年法》第24条第1款规定的1至4号观察，一般不包括《卖淫防止法》所规定的从妇女辅导院临时退院的保护观察。由此可知，针对不法少年的保护处分包括单处型保护观察、缓刑型保护观察和假释型保护观察三种。这三种保护管束的性质不同，但是其立法目的相同，立法者都是通过这种社区矫正的方式来实现祛除再犯风险的目的，从而使青少年回归社会。因此在执行过程中，无论是哪种性质的保护观察，都应当根据罪错未成年人再犯风险水平及个人状况制定相应的矫正计划。

正是基于上述原因，笔者将罪错未成年人保护管束纳入保护处分的范畴，

---

〔1〕 参见［日］川出敏裕、金光旭：《刑事政策》，钱叶六等译，中国政法大学出版社2016年版，第199页。

并将社区矫正作为执行罪错未成年人保护管束的方式。将保护管束纳入保护处分范畴的原因是，不论是缓刑型保护管束还是假释型保护管束抑或是单处型保护管束，在执行过程中都以其再犯风险水平作为评估矫正效果的标准。再者，从缓刑和假释的角度来看，二者皆属于目的刑论尤其是特殊预防论的产物。[1] 在罪错未成年人保护处分司法化之后，针对罪错未成年人而言，在我国刑事执行体系也会同样存在三种性质的保护管束——即单处型保护管束、缓刑型保护管束和假释型保护管束。而这三种保护管束之间互有关联，虽然其处罚依据不同，但是其执行的依据都是再犯风险水平，这样做也符合当代刑罚的理念，况且其执行机构应当为社区矫正机构。故笔者主张将保护观察纳入罪错未成年人保护处分的内容，只是在保护观察内部区分不同类型的保护观察。其根本目的在于刑罚的功利性及处罚罪错未成年人的必要性：只要是有利于预防罪错未成年人犯罪、降低其再犯风险的矫正方式且有矫正的必要，就应当将其归纳一起，从而更有利于罪错未成年人回归社会。这里，笔者沿用我国台湾地区刑事法律中的"保护管束"，而未用"保护观察"一词的原因在于，按照日本诸刑事法律规定，保护观察的年龄范围一般在 20 岁之前，特殊情况下还可将年龄范围延伸至不超过 26 岁。而我国台湾地区刑事法律将感化教育处分年龄规制为不满 18 周岁的处分，因此对于"假出院"（假释出少年院）的保护管束仍是以不满 18 周岁的罪错未成年人作为其处遇对象。正是由于日本刑事法中的"少年"与我们关于罪错未成年人的年龄划分不一致，故本研究认为用我国台湾地区"保护管束"一词似乎更为妥当，而从性质上而言，保护观察与保护管束一语同义。

上文提到当今社区矫正可能出现的问题中最严重的一个问题是社区矫正工作的随意性。不论是何种性质的处罚，一旦缺乏监督和执行标准，任何制度都毫无意义，社区矫正也不例外。笔者主张将保护管束添加至社区矫正的内容，一方面是确立罪错未成年人保护处分的必然需要，另一方面也是为了完善我国社区矫正制度。现在社区矫正的主要执行对象只有两种，一类是判决缓刑的服刑人员，另一类是在假释考验期内的服刑人员，罪错未成年人所占此两者的比重并不多。而一旦在刑事法律体系中确立罪错未成年人保护管束，执行社区矫正的罪错未成年人必然增多。按照上文所设计的立法模式，

---

〔1〕　参见张明楷：《责任刑与预防刑》，北京大学出版社 2015 年版，第 393 页。

罪错未成年人保护调查机构应当介入到社区执行当中。当然，我国并非这一做法的先例。根据前文的综述，英国的青少年犯罪工作小组（YOT）即为帮助青少年矫正的小组。当然，在这一方面，英国立法通过不同形式的社区法令（Community Order）来约束和矫正青少年。从英美法系的角度而言，这些法令的性质虽然不容易被界定，但可以明白一点，这些社区法令大多数具有司法处分的性质，并且在某种程度上，具有保护处分的性质。因此，虽然英国立法未明文规定这些法令为针对青少年的保护处分，但仍有诸多可借鉴之处。举例来说，本书第二章所介绍的出席中心令（Attendance Centre Order），即指强制青少年参加"出席中心"各种活动，并且有严格的时间限制：10 至 15 周岁的青少年参加时间总计不得超过 24 个小时，16 至 20 周岁的青少年参加的总计时间不得超过 36 个小时。这种强制青少年参加出席中心的活动对于实现犯罪心理学中团体矫正具有现实性意义。反观我国社区矫正的执行，并没有类似于强制团体矫正的规制。再从个别矫正的角度而言，我国对于罪错未成年人的社区矫正几乎没有系统地针对个人的个别矫正计划，而这在某些层面并非先期理论准备不足，而是因为缺少司法人员。除了这些问题，本研究认为尤其是针对青少年矫正而言，家庭环境对个人的影响是一个不可忽略的影响，应当要求罪错未成年人的家庭成员，尤其是其父母或监护人必须参加到矫正中去才能完成矫正。当然，除了这些矫正要素，还包括情绪控制、社会交往等，而实现这些问题的矫正，必须依靠科学的矫正方法以及具有可操作性的矫正方案才能得以实现。因此，有学者强调家庭的社会责任，认为家庭应参与到罪错未成年的矫正过程中。这里所称的家庭监护令是部分学者建构未来罪错未成年人教育矫治层级式准入制度的核心，即根据家庭监护的执行情况，决定适用自愿性或非自愿性教育矫治模式——若量化标准则转为非自愿性教育矫治准入模式，再转入具有强制性的专门教育。[1]

### 三、罪错未成年人强制戒治处分的立法前瞻

罪错未成年人强制戒治处分作为一种监禁型保护处分，其执行机构是戒毒所，执行以剥夺自由为主要戒治方式。针对罪错未成年人强制戒治处分具

---

〔1〕 参见马卫兵等：《罪错未成年人分级矫治公检履职模式研究——以专门教育—观护教育衔接模式为路径》，载《青少年犯罪问题》2024 年第 2 期。

备在本土实现的可能性。笔者并不赞同有些学者将戒毒安置在社区内执行的观点。[1] 这是因为从实际效果上来看，尤其是针对罪错未成年人而言，这种分散在社区中进行的戒毒模式效果并不好。本研究认为有以下几点原因：其一，社区工作人员十分有限，对吸毒成瘾未成年的监管无法到位，不可能时时刻刻监视罪错未成年人的举动；其二，在社区内戒毒，无法整合优势资源，因为想实现社区戒毒的前提条件是将戒毒工作人员及治疗设备分散在各社区，这显然是不现实的；其三，吸毒成瘾的罪错未成年人与其他罪错未成年人不同，吸毒行为往往是诱发其他严重犯罪的外在犯因之一，如果不通过剥夺自由的方式进行矫正显然不利于罪错未成年人成长。

从保护处分的角度来说，将罪错未成年人安置在戒治场所进行戒治显然不是以社会防卫作为其核心立场，而恰恰是以保护罪错未成年人的必要性为其基本立场。因为吸毒毕竟是一种行政违法行为而非刑事违法行为，况且罪错未成年人吸毒行为本身并不会对社会造成多么严重的影响。从处罚的根据上来说，这种一般行政违法行为连保护处分的前提都不具备，因为该行为并不符合刑法分则任何具体罪名的构成要件。而笔者恰恰关注这一行为，如上文所说，若放任这种行为发展，很可能造成酿成更大犯罪。这本身也符合破窗理论（Broken Window Theory）——决不能放任极有可能发展为严重犯罪的行为的发展，即使是再微小的行为，也应当尽早采取可行的对策进行犯罪预防。而罪错未成年人的吸毒行为就是这种极有可能发展为严重犯罪的行为。当然，将吸毒行为纳入保护处分，各国和地区也有立法先例。例如德国的禁戒处分（Unterbringung in einer Entziehungsanstalt）所处遇对象不仅包括吸食毒品成瘾者还包括酒精成瘾等有瘾癖的行为人，其目的是矫正和治愈行为人。[2] 但是需要注意的是，将他人安置于戒除瘾癖机构进行的禁戒处分必须以行为人现行的不法行为作为其先决条件，从这一角度来说，社会防卫以及预防犯罪都是保护处分的基本立场。因此，对于单一物质滥用的行为并不能进行禁戒处分。而我国台湾地区在物质滥用方面的刑事保障就要领先一步，不仅将吸食鸦片或施打吗啡等行为入罪，而且还采取刑罚与保护处分双轨运

---

〔1〕　参见王学兵：《创新社会管理视角下的社区戒毒研究——基于 K 市社区戒毒的实践》，云南财经大学 2012 年硕士学位论文。

〔2〕　参见徐久生：《保安处分新论》，中国方正出版社 2006 年版，第 46 页。

行体系，如果行为人有吸毒成瘾的情况，可在执行前将其投入戒除瘾癖场所戒毒。

相较而言，隔离戒毒制度弊病诸多，其中最大的弊病在于其决定权与执行权都集于公安机关。既然隔离戒毒制度是一种剥夺自由的戒毒措施，不如借鉴刘仁文教授等人的主张，将强制隔离戒毒执行权力完全交由司法行政部门执行。[1]本研究认为，想要完全实现强制隔离戒毒的司法化运作，必须将强制隔离戒毒制度纳入保护处分的体系中，以此作为隔离戒毒制度全面司法化的基础。从规范的角度而言，由于相关立法未将吸毒行为入罪，也并未对有毒瘾的服刑人员有任何附带性刑事后果，如果单将隔离戒毒制度纳入刑事法体系，显然不妥。而对于吸食毒品行为本身是否成立犯罪的问题和伴有吸毒行为的不法行为是否应当对其进行保护处分已经超出了本研究的问题域。单从罪错未成年人保护的必要性上而言，可以将其纳入刑事法体系，因为其立法的出发点是以保护罪错未成年人的必要性，从长远角度来说，也是为了社会防卫。而从分权的角度来说，如果想将这种以剥夺自由为代价的戒治处分的决定权交由司法机关，必须在保护处分中确立罪错未成年人强制戒治处分。由此，基于现行立法的限制，应当首先针对吸毒成瘾的罪错未成年人确立强制禁戒处分，待司法条件成熟，再将整个强制隔离戒毒纳入司法范畴，成为新的强制禁戒处分。

从本书主张的罪错未成年人强制禁戒处分来看，一旦这一制度在我国刑事体系中得以确立，其管理模式、治疗、矫正效果要比现行的强制隔离戒毒以及社区戒毒要好。这要从以下五个方面来说：

第一，从执行效果上，现有的强制隔离戒毒体系在总结多年来戒毒工作经验后已经有了专门的强制隔离戒毒康复体系、戒毒设备、戒毒队伍等，如果将其交由司法行政部门执行，不仅能更好地整合资源，更有利于被戒治人员的戒治，远比社区戒毒分散的戒毒方式要好。

第二，从监管上而言，将针对罪错未成年人的强制隔离戒毒纳入保护处分成为罪错未成年人强制戒治处分，等同于将部分强制隔离戒毒的权力交由法院。如果能够实现这一完善，将是强制隔离戒毒司法化进程的重要标志。

---

〔1〕 参见刘仁文、王栋：《强制隔离戒毒工作存在的问题及改进建议》，载《人民法院报》2014年7月30日，第6版。

因此，从程序上而言，对罪错未成年人实施强制隔离的决定及执行属于司法程序的范畴，这一程序应当受检察机关的监督。这也是确保罪错未成年人强制戒治处分公正执行的基本保障。

第三，从保护处分的特征来看，在罪错未成年人保护处分中确立罪错未成年人强制戒治处分符合保护处分的基本特征及立场，这是因为保护处分本身作为刑罚替代的刑事处遇措施，针对的是行为人将来犯罪的可能性所采取的一系列矫正、治疗措施，其矫正重点是行为人个人的人身危险，所采取的是以循证科学为基础的矫正模式。正如医者治病一般，一旦病愈则出院，罪错未成年人强制戒治处分正是如此。

第四，从罪错未成年人调查评估机构介入罪错未成年人保护处分来看，这种介入模式能够更加科学地评估出有瘾癖罪错未成年人的将来犯罪的可能性及已经实施不法行为罪错未成年人的再犯可能。

第五，按照下文所述的"改变轮"理论（详见第二节中的"动机式晤谈法"），被矫正者即便戒治完毕，也很有可能复发毒瘾。因此，将强制戒毒纳入罪错未成年人保护处分，使追踪式评估成为可能——通过假释出所来实现：被处遇罪错未成年人强制戒治处分的罪错未成年人在戒治成功以后不应当完全解除保护处分，法院应当根据具体情况将处遇方式改变为保护管束，从而通过罪错未成年人调查评估机构追踪评估被矫正者的情况，如果有毒瘾复发的现象，可继续对其执行强制禁戒处分。

## 第二节　罪错未成年人保护处分矫正方法

### 一、认知行为疗法

#### （一）个体认知行为疗法

认知行为疗法（Cognitive Behavioral Therapy，CBT）最初只用于帮助罹患抑郁症的病人，至20世纪90年代初，已经扩展至治愈心理障碍。无疑，认知行为疗法是循证矫正方法中最有效的矫正方法之一。个体认知行为疗法即针对个人实施的认知行为疗法，主要区别于团体认知行为疗法，这种治疗方法对于以特殊预防为基础的保护处分具有十分重要的意义。基于认知行为疗法理论的构建，由这种矫正方法衍生出一系列矫正方法，包括团体认知行为疗法及正念、内观疗法。由于传统的认知行为疗法只针对个体实施，故下文所称"认知行为疗法"前如果没有定语或特别说明，即指个体认知行为疗法。

认知行为疗法以西方心理学家早先的治疗项目为基础开始发展。从 20 世纪六七十年代，Beck 就以认知行为疗法为基本模型治疗罹患心理疾病者。[1]这种矫正方式影响着后世心理矫正方法的研究，因为认知行为疗法是被司法界公认有效的矫正方法之一，这也是认知行为疗法成为主流矫正方法的重要原因之一。此后，Donald 提出认知技能项目（cognitive skills program），该项目最初用于自我恢复训练及缓解压力，而在不久之后被证明可适用在许多心理治疗的情境中，包括心理创伤和物质滥用。[2]认知计划项目对认知行为疗法最大的作用在于，该项目使原有的矫正目标要素发生改变，这些要素包括社会交往、解决问题、认知风格、理性批判、对结果的预见、自我控制（尤其是愤怒控制）、社会方面的思考、冲动控制以及自信心。除此之外，Albert 在 1973 年提出的合理情绪疗法进一步发展了认知行为疗法。从那时起，认知重构疗法将治疗目标集中在消极态度以及过度自我确信的心理问题上，譬如抑郁、焦虑症、物质滥用及其他精神方面的罹患。[3]这些改变使得认知行为疗法开始逐步在服刑人员中使用，并将矫正重点放在被矫正者的犯罪倾向中：责备被害人、声称他人的人身安全及财产安全与自己无关、声称已经对他人造成最小的伤害、缺乏同情心、不知足、拒绝回应、夸张和虚构他们行为。[4]从这一点来看，认知技能模式与认知重构模式在实践中的区别要小于在理论上的区别。无疑，认知行为疗法除了借用改善认知的心理学方法之外，还吸收行为学派理论，尤其是社会学习理论，并形成新的矫正对策，包括行为模式对策、角色扮演对策、表演回馈对策、泛化训练对策、外部替代性自我强化

---

〔1〕 See Beck, A. T., "Thinking and depression: I. Idiosyncratic content and cognitive distortions", *Archives of General Psychiatry*, Vol. 9, No. 4., 1963, pp. 324-333.

〔2〕 See Meichenbaum, D. H., Deffenbacher, J. L., "Stress inoculation training", *The Counseling Psychologist*, Vol. 16, No. 1., 1988, pp. 69-90.

〔3〕 See Beck, A. T., Emory, G., *Anxiety disorders and phobias: A cognitive perspective*, Basic Books, 1985.

〔4〕 See Samenow, S. E., *Inside the criminal mind*, Times Books, 1984.

对策。[1]另外，在认知行为理论的指导下，学者们又研发出多种矫正方案，例如进攻性转换训练、思维改变训练等。

认知行为矫正方案包括多种心理干预方法，是指通过认知影响行为，即依靠监视和改变认知活动从而改变其外部活动，认知行为疗法对于矫正不良行为有很大的积极作用。研究表明，认知行为矫正诸多方案对不管是青少年还是成人的心理康复都有很大的作用。[2]在认知行为疗法逐渐形成的过程中，认知重构（Cognitive-restructuring）、应对技能（Coping-skills）、问题解决疗法（Problem-solving therapy）等概念随着认知行为疗法介入刑事服刑人员的矫正而被概念化，这些概念成为认知行为疗法的重要治疗手段。主张认知行为疗法的学者认为心理健康问题是由于种种不适应社会的心理人格及功能性障碍人格造成，包括认知扭曲、社会认知错误及逻辑错误，只有通过认知重构，才能修复这些认知方面的错误及障碍。总而言之，认知行为疗法主要解决两方面的问题：其一，认知能力缺陷，包括解决问题能力、未来规划能力、共情能力、灵活性、逻辑推断能力；其二，改变具有消极内容的想法、态度、信念及价值。从矫正效果来说，认知行为疗法最早应用于治疗抑郁症等精神疾病，后来大约有三百多项的研究表明，这种循证式的治疗方法对治疗人格障碍及精神病有相同的治疗效果。[3]在 1988 年的有关认知行为疗法项目的调查中，有52%的项目在实验组与对照组的效果显著。[4]当然，针对罪错未成年人保护处分而言，已经有充足的数据调查表明（通过对 171 个样本的元数据分析），认知行为疗法针对不法青少年人有显著的矫正效果。[5]

通过上述对认知行为疗法的简单概述可知，认知行为疗法并非某一种单一疗法，而是以认知行为主义作为其基本原则构建的矫正方法。这就要提到

---

〔1〕　See Bandura, A., "Self-efficacy: Toward a unifying theory of behavioral change", *Psychological Review*, Vol. 84, No. 2, 1977, pp. 191-215.

〔2〕　See Durlak, J. A., et al., "Effectiveness of cognitive behavior therapy for maladapting children: A meta-analysis", *Psychological Bulletin*, Vol. 110, No. 2, 1991, pp. 204-214.

〔3〕　See Beck, A. T., Weishaar, M. E., "Cognitive therapy", in R. J. Corsini, D. Wedding eds., *Current psychotherapies*, IL Peacock Publishers, 2000, pp. 241-272.

〔4〕　See Ross, R. R., et al., "Reasoning and rehabilitation", *International Journal of Offender Therapy and Comparative Criminology*, Vol. 32, No. 1, 1988, pp. 29-35.

〔5〕　See Townsend, E., et al., "Systematic review and meta-analysis of interventions relevant for young offenders with mood disorders, anxiety disorders, or self-harm", *Journal of adolescence*, Vol. 33, No. 1, 2010, pp. 9-20.

认知行为疗法所应当遵循的几个基本原则，包括认知主义原则、行为主义原则、"连续体"原则、"此时此地"原则、"相互作用系统"原则以及实证主义原则。[1]详言之：

第一，认知主义原则。认知行为疗法最早起源于认知疗法，故认知主义是认知行为疗法的首要原则。认知主义原则，是指在矫正过程中，应当遵循"人的情绪反应受到认知制约和影响"这一基本原则。这里的认知（cognition），是指人对环境及自我的想法或解释，通过日常生活中发生的事件来感知自我，从而对这些事件赋予情绪层面的意义。从认知主义角度来看，决定情绪的不仅仅是引发情绪事件的本身，还包括人们看待问题的模式，我们将这种看待问题的模式称之为认知模式。认知主义是通过矫正行为人的认知模式来改变被矫正者对世界的看法。

第二，行为主义原则。认知行为疗法在其后的发展中受到行为主义的影响，将社会学习等理论纳入认知行为疗法。行为主义原则是指行为在维持或改变人自身心理状态中起到决定性作用。在认知行为理论中，认知与行为二者是密不可分的。人对某个事件最初的心理状态会因为其后面所做的行为而发生改变。譬如当在街上碰到一个熟人未向自己打招呼时，不同的人可能会产生不同的想法，易焦虑的人会认为自己很糟糕，易怒的人会认为这个人很傲慢，等等，但在此之后不与这个人交往，便没有验证自己想法的机会，而这种情绪或者思维将会延续，反之则不然，通过进一步的了解，或许可能改变最初的心理状态。这就说明，行为会对思维以及情绪产生影响。因此，在认知行为疗法中应当遵循行为主义原则，通过改变被矫正人的行为模式实现矫正。

第三，"连续体"原则。"连续体"原则是指在适用认知行为疗法进行矫正的过程中，应当将心理问题看作连续的过程，而非孤立片段的集合。这就说明行为人实施不法行为的心理问题并不是病态的异化且无法解释，而是正常心理过程的夸张化和极端化，经过科学的论证后可作合理解释。

第四，"此时此地"原则。认知行为理论与传统心理治疗理论的区别在于，认知行为疗法核心要解决的问题是当前问题，而传统心理治疗理论认为

---

[1] 参见［英］大卫·韦斯特布鲁克等：《认知行为疗法技术与应用》，方双虎等译，中国人民大学出版社2014年版，第4~8页。

在当前问题的背后一定还隐藏着其他心理学要素，比如隐藏动机、无意识冲突等。从这一层面，认知行为疗法受行为学派的影响遵循的仍是行为学派的理论而非精神分析学派的理论。精神分析学派不针对现时问题出发的原因在于如果为解决人的心理根源问题，那么就可能使被矫正者产生新的症状。

第五，"相互作用系统"原则。行为学派学者 Lang 认为，应当从外部环境与个体内部间看待问题。[1]经过发展，认知行为理论认为认知、情绪、行为及生理及环境在复杂的反馈过程中相互影响、相互作用。这里的环境通常是指所有的外部环境，包括社会环境、自然环境、经济环境、文化环境等。

第六，实证主义原则。认知行为疗法十分注重实证主义，矫正者通常运用科学的理论体系针对被矫正者设计矫正方案，随时掌握被矫正者的情况从而调整矫正方案。当然，认知行为疗法的实证主义原则本身源自循证矫正的基本理念——遵循科学的证据进行矫正。

矫正人员用认知行为疗法矫正罪错未成年人的过程中除了遵循上述基本原则外，还必须做到以下几点：

第一，矫正过程中必须严格恪守风险评估中的 RNR 原则（即"风险—犯因性需求—回应"原则）。无疑，RNR 原则不仅是风险评估中所必须遵循的基本原则，也是任何循证矫正所必须遵守的基本原则，认知行为疗法也不例外。在对被保护处分罪错未成年人的矫正中，一定要针对矫正者的犯因性需求来作为主要的干预对象，并结合罪错未成年人自身的特点（包括认知能力、学习能力、思维模式等）作出回应。

第二，与被矫正者建立良好的合作关系，形成"治疗联盟"（therapeutic alliance）。从医学的角度来讲，好的医患关系十分重要，认知行为疗法也不例外。如果矫正工作人员没有和被矫正者建立良好合作关系，不可能产生有效矫正效果。[2]与被矫正者建立良好合作关系大体有四个，包括：能够较好地共情被矫正者、精心针对被矫正者准备一套共同的日程、能够积极地反馈被矫正者、为被矫正者确立明确的目标。从工作内容上来看，矫正工作人员与心理干预师工作内容无异，这就要求矫正工作人员应当具备相当的心理干预

〔1〕　See Lang, P. J., "Fear reduction and fear behavior: Problems in treating a construct", in J. M. Shlien, Ed., *Research in psychotherapy*, APA, 1968, pp. 90-102.

〔2〕　See Roth, A., Fonagy, P., *What Works for Whom? A Critical Review of Psychotherapy Research*, The Guilford Press, 2005.

专业素养。

第三，为被矫正者确立结构化的矫正方案，并通过科学评估及制定程式的方法搜集被矫正者的有效信息，为实现预期矫正目标做准备。认知行为疗法是循证科学的研究成果，这就说明在矫正过程中的治疗方案具有结构性并且具有问题的聚焦性，必须依据之前的再犯风险评估报告来制定相应的矫正方案。认知行为疗法对于矫正的最大优势在于它的个别矫正理念，一个成功的矫正方案除了它本身是结构化的矫正方案外，更为重要的是这个矫正方案是一个极具针对性的矫正方案。当然，这也是笔者为何如此推崇认知行为疗法的原因——作为一种针对性极强的矫正方案，时时刻刻体现出特殊预防论中个别矫正的思想。当然，实现个别矫正的思想有赖于不断完善和修改现有的矫正方案。矫正人员通过对被矫正者搜集的初步信息运用认知行为理论技术提出假设，在之后的会谈及实验中，不断调整和完善矫正方案，最终实现矫正目标。在评估及矫正的过程中，制定程式是非常必要的。当然，笔者在此提到的程式并非统一的程式，而是针对个体制定的程式。由认知行为疗法制定出的个体程式，其矫正效果更为显著。[1]制定程式常用的方式是图解（schema），通过一些简单易懂的示意图来实现程式的制定。在针对被矫正者不断修复矫正方案的过程中，矫正人员最应当抓住的关键点是识别出被矫正者的维持模式。所谓维持模式（maintenance processes），是指人维持某种心理过程看待问题的模式，这种模式通常以恶性循环的方式或反馈回路存在，对人的思维、行为、情感及生理反应产生负面影响，这些维持模式会产生错误认知，并最终影响人的行为。

第四，让被矫正者积极参与到矫正过程中来。已经有研究表明，通过被矫正者对共情的感知就能预测矫正的成效，被矫正者对矫正工作人员的特质决定矫正最终的成败。[2]这说明矫正工作绝非单方的，而是矫正者与被矫正者双方互动的结果。让矫正者积极地参与矫正的深层原因是矫正本身是辅助被矫正者实现自我矫正。正如认知行为疗法的创始人之一 Beck 所言："心理

---

[1] See Ghaderi, A., "Does individualization matter? A randomized trial of standardized (focused) versus individualized (broad) cognitive behavior therapy for bulimia nervosa", *Behaviour Research & Therapy*, Vol. 44, No. 2., 2006, pp. 273–288.

[2] See Wright, J. H. Davis, D., "The therapeutic relationship in cognitive-behaviour therapy: patient perceptions and therapist responses", *Cognitive and Behavioral Practice*, Vol. 1, No. 1., 1994, pp. 25–45.

治疗的学习模型中最强有力的部分之一就是患者开始吸纳治疗师的许多技术。"

第五，在用认知行为疗法矫正的过程中，矫正者应当善于并合理运用"苏格拉底式"的提问方法（Socratic questioning）搜集信息并完成矫正。毕竟，认知行为疗法作为一种心理干预技术，不论是评估抑或是矫正都是以谈话形式展开的。基于此，问卷的设计及询问技巧就成为认知行为疗法的重中之重。"苏格拉底式"的追问方法可以让矫正工作人员得到更深层次的信息，并根据这些信息来调整矫正对策。但是有一点需要注意，如果一味追问，不讲究询问技巧，很可能会引起被矫正者的敌意和反感。所以，结构合理的询问及共情是极其关键的，尤其是共情，只有与被矫正者共情才能适时展开询问。基于此，"苏格拉底式"的提问包括四个步骤：第一，通过具体的询问搜集被矫正者信息；第二，倾听被矫正者，从而共情被矫正者，针对被矫正者提供的信息来调整矫正方案；第三，核实信息的真实程度，对被矫正者作出反馈；第四，通过归纳、演绎和类比的方法提炼出有用的信息。[1]

第六，认知行为疗法最关键的步骤在于找到被矫正者的核心信念（core beliefs），只有找到核心观念才能制定及不断修正矫正方案。上文已述，认知是指人对环境及自我的想法或解释，是一种具体的思维或表象。[2]矫正工作人员应当充分了解认知疗法的原理，从而捕捉出与被矫正者情绪最重要、最直接联系的认知——即热认知（hot cognition）。其后，识别出被矫正者一般的认知偏见，这些认知偏见包括极端性思考、选择性注意、依赖直觉及自我责备。基于对认知偏见及热认知考量，矫正者可以通过"分心"策略从而改变不良或者负面的认知态度，这种通过转移焦点的方式对达到认知矫正效果卓有成效。[3]当然，这一切都是为了让被矫正者达到"去中心化"的效果，换言之让被矫正者能够认识到自己的情绪根源及思维过程，这对被矫正者是极其重要的，只有这样才能帮助被矫正者矫正错误认知。因为这一切都是由被矫正人的核心信念（core beliefs）所发散出的错误认知。正是由行为人本身及

---

〔1〕 See Padesky, C. A., "Developing cognitive therapist competency: teaching and supervision models", in P. Salkovskis ed., *Frontiers in cognitive therapy*, The Guilford Press, 1996, pp. 266-292.

〔2〕 See Beck, A. T., et al., *Cognitive therapy of depression*, Guilford Press, 1979.

〔3〕 See Wenzlaff, R. M., et al., "The role of thought suppression in the bonding of thought and mood", *Journal of Personality and Social Psychology*, Vol. 60, No. 4., 1991, pp. 500-508.

社会大众赋予行为人本身的错误认知标签（如"我是冷血杀手"），才容易让这些被矫正者本人更容易被"标签化"。但是，这种所谓的"标签化"并不客观，已有研究表明，那些更为严重的标签化服刑人员并不因更为严重的"被标签化"而被证明更容易再次犯罪。[1]尤其对于青少年而言更是如此，只是这种标签化会使青少年对警察产生更消极的情绪，从而产生自我标签的认知，与其他不法青少年产生联系并实施更加严重的不法行为。[2]所以，通过修正核心信念来矫正罪错未成年人的错误认知，对于去犯罪化标签有着极为重要的意义。

第七，要善于通过行为技术来完成矫正。在认知行为疗法中，除了认知技术外，行为技术也是这一疗法的核心技术。认知疗法和行为疗法共同组成矫正方法合称为认知行为疗法，二者既有关联，又有区别。无疑，行为技术源自心理学中行为学派理论的学术成果。认知行为疗法的行为部分派生出最重要的领域是行为实验（behavior experiment），这种实验方法按照既定的会谈计划，通过会谈以及观察，从而获得被矫正者信息。通过实验计划，一般可以获得三个方面的信息：其一，检验被矫正者关于自我、他人以及世界现有想法的正确性；其二，通过会谈来检验矫正人员的新想法；其三，对认知方案本身进行核实。[3]行为实验之所以被称为"实验"是因为它本身的实验性，但行为实验的目的并非检验某一科学假说，而是通过搜集证据的方式来检验被矫正者由其错误认知推导出的想法，或者检验整个认知过程中的要素。通过行为实验的检验，往往能探测出被矫正者最真实的心理感受。这就要求矫正人员在实现行为实验的过程中，应当从两个层面进行行为实验。第一个层面是假设检验式行为实验，第二个层面是开放式行为实验。在假设检验式行为实验中，实验设计者用假设的被矫正者信念来替代他原有的核心信念，从而检验出这一信念是否符合实验设计者的预期。在开放式行为实验中，被矫正者扮演着十分重要的角色，在这个行为实验中充当着积极参与的角色，

---

[1] See Tittle, C. R., "Labelling and Crime: An Empirical Evaluation", in Gove, W. R. ed., *The Labelling of Deviance: Evaluating a Perspective*, Beverly Hills: Sage.

[2] See Farrington, D. P., "The Effects of Public Labeling", *British Journal of Criminology*, Vol. 17, No. 2., 1977, pp. 112-125.

[3] See Bennett-Levy, J., et al., eds., *Oxford guide to behavioral experiments in cognitive therapy*, Oxford University Press, 2004.

而实验设计者充当的是引发情境的角色，在引发情境之后，实验设计者充当的是消极观察角色。通过这些行为实验，来检验是否符合矫正人员的预期。以此来实现循证矫正的目标，通过不断地寻找证据、检验证据，从而实施矫正。

第八，在充分利用认知技术和行为技术的前提下，要分阶段针对被矫正者制定合理日程，在矫正过程中除了会谈外还必须依靠家庭作业（home work）来完成矫正，并依据被矫正者的自身情况来调整矫正方案中的具体内容，从而实现个别矫正。对于整个矫正过程来说，可分为早期阶段、后期阶段。对于早期阶段的矫正目标应当并列满足以下五个条件，即矫正目标是可测量的、具体的、可行的、现实的、有时间限制的矫正目标。在设定矫正目标后，除了利用心理干预进行矫正外，有必要依靠家庭作业来实现矫正。家庭作业对于适用保护管束的罪错未成年人来说尤为重要，保护管束本身就是一种限制自由型保护处分，通过家庭的介入来实现罪错未成年人不法行为的矫正尤为重要。再者，对于罪错未成年人而言，家庭成员本身作为被处分人的监护人，负有不可推卸的义务，故应当让家庭成员加入矫正活动中。当然，家庭作业的范围很广，包括行为实验、练习新技能、对情绪和思维的自我监控、阅读、听相关材料等。如果说前期矫正阶段的工作是以矫正者的评估为核心，那么后期矫正阶段则是以被矫正者积极参与为核心。后期矫正阶段的工作重点主要由评估转移到心理干预上来，让被矫正者自己识别出自己之前认知及行为的不妥之处，将矫正中心转移到被矫正本人，让被矫正者有切实的参与感。后期矫正阶段根据被矫正的情况来减少会谈次数，也是为了强调被矫正者在矫正过程中的重要性。在每个阶段的矫正过程中，必须保证矫正质量。尤其在前期矫正阶段中，定期检查矫正目标是非常必要的。在进行一定次数的会谈后，应当对被矫正者进行检查，从而评估其矫正方案是否有效。这也是在矫正一段时间后，可以随时解除罪错未成年人保护处分的原因——以罪错未成年人的再犯风险作为评估标准，一旦风险消失，即可通过少年法庭解除保护处分。反之，如果在前期阶段矫正效果不甚明显，应当及时调整矫正方案。

第九，在运用认知行为疗法实现个别矫正的过程中，应当充分运用认知行为疗法的测量工具，从而提高获取证据的信效度。矫正人员在评估和矫正过程中，恐怕最难解决的问题就是辨别所获得信息的信度和效度的问题了。

因此，合理的测量工具就显得尤为重要。而首次得到的证据要比再次回溯获得的证据要更加可信。[1]因此，在整个矫正过程中，精确的心理测量工具是必不可少的。通常来说，测量结果一般以量表或问卷的形式呈现出来，所以在设计这些测量中应当尽量做到以下几点：其一，尽量设计简单、明晰的问卷；其二，多角度设计问题；其三，提问的问题必须与矫正有很高相关性；其四，具体、清楚地定义被试目标；其五，适用简单的指导语；其六，好的量表或问卷能够测量出干预效果，并能够进行有意义的测量；其七，帮助被矫正者正确使用测量工具；其八，通过家庭作业的方式来监控被矫正者的心理状态；其九，在测量工具中通过频率计算等方式搜集数据。

（二）团体认知行为疗法

上文已述，早先的认知行为疗法一般只用于个体矫正，而结合团体疗法用于团体矫正的治疗方法称为团体认知行为疗法（Cognitive - Behavioral Therapy in Groups）。团体矫正是指用认知行为疗法作为矫正方法，对相类似的被矫正者实施同一矫正方案。团体认知行为疗法对于罪错未成年人保护处分的执行意义重大，因为这在一定程度上提高矫正效率同时节省司法成本。有研究表明，通过团体矫正效率要比个体矫正效率高近50%。[2]团体矫正的理论渊源不仅仅是认知行为理论，还包括心理动力学理论。团体认知行为疗法有别于上文所述的个体行为疗法，对比来说，二者皆有优势及缺陷。因此，本研究认为最好的办法是将团体认知行为疗法与个别认知行为疗法结合起来共同进行矫正。

团体认知行为疗法来源于团体疗法和个体认知行为疗法。团体疗法起源于治愈罹患精神疾病的心理动力学模式，这早于认知行为疗法的出现时间。早年团体疗法除了团体技术以外，非常注重团体之间的互动关系以及发生改变的方式，在团体互动的过程中使用开放的形式。[3]这与之后的团体认知行

---

〔1〕 See Barlow, D. H. , et al. , *The scientist practitioner: research and accountablility in clinical and educational settings*, Pergamon Press, 1984.

〔2〕 See Morrison, N. , "Group cognitive therapy: Treatment of choice or sub-optimal option?", *Behavioural and Cognitive Psychotherapy*, Vol. 29, No. 3. , 2001, pp. 311-332.

〔3〕 See Burlingame, G. M. , et al. , "Small-group treatment: Evidence for effectiveness and mechanisms of change", in M. J Lambett et al. , Eds. , *Bergin and Garfield's handbook of psychotherapy and behavior change*, Wiley, 2004, pp. 647-696.

为疗法有所不同，团体认知行为疗法一般是封闭式的而非开放式的。在团体治疗过程中，并没有深刻的理论基础，所依靠的往往是经验性地观察和推理，通过团体来培育并改变某些要素。Yalom 认为，这些要素包括希望重塑、普遍性、利他主义、人际学习、行为模仿、宣泄、团体凝聚力、传递信息、提高社交技巧等。[1]Burlingame 等人根据 Yalom 所归结的团体因素，进一步发展了团体模式。他们认为团体疗法是团体领导者、患者和结构因素（包括会谈时间长度、频率、环境、团队规模等）相互作用的结果，而相互作用的方式则依靠的是治疗模式和小团体过程；在团体中起主导作用的是团体的领导者，这决定了整个团体活动的动向、互动模式、共情水平，这些最终影响着团体的治疗效果。[2]

　　正是由于 Yalom 及 Burlingame 等人对团体疗法的发展，提高了个体认知行为疗法可与之相结合的可能性，这通常表现在以下几个方面：首先，个体认知行为疗法的针对性极强，对于被矫正者个体的现存问题提出既定对策，这其实强调了被矫正者的可改变性。团体疗法一直强调被矫正者的可改变性，在这一点上，团体疗法与认知行为疗法相同。其次，团体认知行为疗法将团体疗法中的"普遍性"因素纳入其中，其目的是解决被矫正者中的相似问题。这样做的好处是不至于使团体中的成员有被孤立的感觉，因此增强团体中的"普遍性"也有助于增加团体的凝聚力。再次，个体认知行为疗法中一个最重要的提问方式即"苏格拉底式"的提问方式，这种提问方式其实是符合循证矫正基本理念的。而团体认知行为疗法同样可以运用这种"苏格拉底式"的提问方法来完成团体矫正——通过叙述来使团体中的成员相互了解，让他们从不同的角度了解自身存在的问题。当然，这一切的目的都是帮助矫正人员，也包括被矫正人员自己，更快地找到驱使其认知的核心信念。然后，团体疗法中最卓越的优点应当是其在团体矫正过程中成员之间的互动性，这为团体矫正的实施提供了许多社交互动的机会，成员可以通过这些互动相互鼓励并不断取得进步。最后，团体疗法将认知行为疗法中采取的家庭作业纳入矫正计划中。与个体矫正不同的是，在团体矫正中家庭作业的完成状况似乎更好，

---

　　〔1〕　See Yalom, I. D., *The theory and practice of group psychotherapy*, Basic Books, 1995.

　　〔2〕　See Burlingame, G. M., et al., "Small-group treatment: Evidence for effectiveness and mechanisms of change", in M. J Lambett, et al. Eds., *Bergin and Garfield's handbook of psychotherapy and behavior change*, Wiley, 2004, pp. 647-696.

这是因为在团体矫正中，被矫正者之间的互动在某种程度上可以激发完成家庭作业的动力。

当然，在用个体认知行为疗法进行矫正的过程中，团体矫正与个体矫正的理论基础也有相异之处：首先，个体认知行为疗法的矫正过程中，矫正人员通常认为让被矫正者通过情绪宣泄来暴露个人的信息仅仅是为搜集信息作出的铺垫。换言之，通过情绪宣泄而泄露个人隐私是找到核心信念（core beliefs）的首要步骤，而非目的。而团体矫正则与之不同，团体中的每个成员被鼓励进行情绪宣泄，其目的就是在团体间分享彼此的隐私信息。其次，个体认知行为疗法必须遵循"此时此地"原则，而团体认知行为疗法则更加注重被矫正者与现存问题相关的发展经历以及心路历程。当然，团体认知行为疗法的这一理念在某种程度上也发展了个体认知行为疗法。个体认知行为疗法矫正的前提就是找到被矫正者的核心信念，团体认知行为疗法为找到核心信念提供平台，团体认知行为疗法更注重挖掘被矫正人之前的背景信息，从而能够更准确地找到被矫正人的核心信念，并能够对其进行核实。不仅如此，团体矫正中的互动模式可以帮助被矫正者改变核心信念，这样做的前提是依靠团体的凝聚力。只有依靠团体的凝聚力，才能完成被矫正者分享正确核心信念，从而实现矫正目的。

认知行为疗法在吸收团体疗法的前提下，形成了团体认知行为疗法。团体认知行为疗法是依靠团体过程（the processes of group）来实现的，而决定团体过程内容的是一些变量。学者们将团体过程是看成一个相互作用的系统（interacting system），来研究其中的变量——从被矫正者与矫正人员间的互动关系、被矫正者与被矫正者间的互动关系、矫正人员与矫正人员间的互动关系等变量因素上来看整个团体矫正过程中成员间彼此的交互作用，从而观察团体对所有每个团体成员（包括矫正人员和被矫正者）之间的影响。[1]当然，控制团体过程的变量不止如此，通常还包括其他变量，如团体结构、团体机制、被矫正者个人因素、团体成员间被矫正情况等。[2]这些变量共同影

---

〔1〕 See Baum, K. M., Walker, E. F., "Childhood behavioral precursors of adult symptom dimensions in schizophrenia", *Schizophrenia Research*, Vol. 16, No. 2., 1995, pp. 111-120.

〔2〕 See Burlingame, G. M., et al., "Small-group treatment: Evidence for effectiveness and mechanisms of change", in M. J Lambett, et al. Eds., *Bergin and Garfield's handbook of psychotherapy and behavior change*, Wiley, 2004, pp. 647-696.

响整个团体矫正的效果。矫正人员不仅应当遵守上文认知行为疗法的基本原则，还应当结合团体过程的变量因素来归结出矫正过程中的要点，从而实现团体认知行为疗法的矫正。详而论之，这些要点包括：

第一，矫正人员应当促成团体中的凝聚力。无疑，团体凝聚力是实现团体认知行为疗法最为关键的要素。个体认知行为疗法一直将矫正人员与被矫正者之间良好互动看作是矫正的基础，只有在这种良好关系的基础上才能实现矫正。个体认知行为疗法也将这种矫正人员和被矫正者之间的关系称为"治疗联盟"（therapeutic alliance）。[1]团体认知行为疗法当然也不例外，其十分注重治疗联盟在团体认知行为疗法中的作用，而团体凝聚力正是维系团体被矫正者与矫正人员之间的纽带，一个有凝聚力团体的治疗联盟相对较为稳定，被矫正者在团体中可以更多地展露自我隐私，并被其他团体成员接纳。研究表明，与团体凝聚力较弱的团体比较，团体凝聚力较强的团体的可接纳程度更高，被矫正者之间感觉更安全，被矫正者中途退出团体的情况较少。[2]因此，团体凝聚力对整个团体矫正来说都是至关重要的，所以团体行为疗法的矫正人员在很大程度上应当促成并维系这一凝聚力，可通过以下方法实现：其一，在团体形成的初步阶段，尽量让团体中被矫正成员大体保持一致，不要让团体中的成员感到孤立；其二，矫正人员尽量推动团队的信息分享程度；其三，使被矫正者之间建立互动关系；其四，通过被矫正者之间的互相共情和接纳，将矫正团体营造出一种安全的、可以倾诉个人隐私的平台。

第二，充分利用团体矫正的优势发现并矫正团体中被矫正成员的核心信念，这也是在团体中运用认知技术进行矫正最为关键的步骤。认知行为疗法中通过认知技术实现矫正最为关键的步骤在于找到被矫正人的核心信念，这是矫正的基础。团体认知行为疗法与个体认知行为疗法最大的区别在于，团体可以通过互动的方式来获得并矫正团体中被矫正成员更深层次的核心信念。显然，这一优势源自团体矫正的方法：首先，被矫正成员应当叙述形成这些信念的发展历程；其次，矫正人员应当引导被矫正人员承认他们的这些核心

---

〔1〕　See Watson, J. C. , Greenberg, L. S. , "Alliance ruptures and repairs in experiential therapy", *Journal of clinical psychology*, Vol. 56, No. 2. , 2000, pp. 175-186.

〔2〕　See Yalom, I. D. , *The theory and practice of group psychotherapy*, Basic Books, 1995, p. 74.

信念是不良的；再次，矫正人员可以通过团体互动的方式来发掘成员的核心信念，并通过互相学习的方式鼓励被矫正者找到解决问题的方式，以一个更为适合自己的核心观念替代原有不良的核心信念，这样做符合认知行为疗法中"让被矫正者积极参与"的要求。

第三，团体认知行为疗法中的行为策略包括暴露策略、社交训练策略和解决问题策略。我们一再强调团体矫正的优势是团体成员之间有互动的机会，而上述三种行为策略即通过团体间的互动优势来完成矫正。此外，这些团体策略还有助于团体凝聚力的形成，让被矫正者知道自己不是孤立的，互相学习不仅能够帮助团体成员分享彼此的经验，还有利于帮助被矫正者可被替代的核心观念的形成。首先来说暴露策略。暴露策略是让被矫正者置于一种因恐惧或其他刺激性行为实施过激或不良行为的情境模拟策略。尤其是针对因恐惧而实施不法行为的罪错未成年人时，可以通过暴露策略来模拟暴力发生的情境，从而搜集被矫正者的信息。在暴露策略实施的过程中，矫正人员应当首先制定结构化的暴露等级。另外，暴露强度不宜过高。再者，应当控制不可预期暴露情形的出现。再说社交训练策略。其实，许多实施不法行为的罪错未成年人在社交方面都出现不同程度的问题，而社交训练策略的目的就是改善这种状况，让被矫正的罪错未成年人能与他人正常、和平相处。从实施社交训练策略的效果上来看，团体认知行为疗法的优势就凸显出来，矫正人员可以在团体互动的过程中对被矫正者训练具体的社交技能。[1]在团体中实施社交训练策略的另一个好处是，团体训练策略可以结合暴露策略共同实施，通过角色扮演来实现社交训练。矫正人员应当对整个团体矫正过程进行录像，并回放给被矫正者，这也是对矫正者本人及其他团体成员的信息反馈。通过这一系列团体活动，让团体成员意识到自我的社交缺陷。最后说问题解决训练策略。这一训练的由来是被矫正者对于问题错误看待的方式，本质上来说还是其原有不良核心信念所造成的，由于错误认知致使不能够解决问题。[2]类似这种情形在罪错未成年人当中非常普遍。矫正人员在团体中可以对问题进行定义，并发动团体进行头脑风暴，找到进一步解决问题的方案。在此基础上，对这些方案进行评估，选择方案并在团体中实施训练方案。当然，团

---

〔1〕 See McKay, M., et al., *Messages: The communications skills book*, New Harbinger, 1995, p. 143.

〔2〕 See Meichenbaum, D., Jaremko, M. eds., *Stress reduction and prevention*, Springer, 1983.

体中的每个成员都可以根据不同的训练方案进行练习。

第四，团体认知行为疗法将不配合团体矫正、对团体领导者或其他成员发起挑战的成员分为不同类型，从而采取不同的干预策略保证团体矫正的顺利进行。关于不同类型的被矫正者，有心理学专家将不配合团体矫正的成员分为垄断型成员、不信任型成员、负面帮助型成员、不合适团体型成员、沉默型成员。[1]垄断型成员虽然在信息分享方面没有问题，但是总是过度占用团体矫正时间。矫正人员可以通过遏制或打断垄断型成员发言策略来确保团体矫正时间的合理利用。不信任型成员即指不相信矫正的成员。矫正人员应当共情被矫正者不相信矫正的感受，利用团体过程中成员间互动变量来找到并转变被矫正者的核心信念。负面帮助型成员是指在团体中总是喜欢给其他被矫正成员提出无用的、负面的建议，甚至对团体矫正领导提出这些观点。团体中这些成员的大多数建议是负面的，与团体矫正目标背道而驰。负面帮助型成员的建议在大多数情况下完全无用，因此这种混淆性对其他被矫正者的伤害可能更大。遇到这种情形，矫正人员应当及时中止被矫正者的发言，或者将被矫正者的建议拿到团体中讨论，分析该建议的利弊。不合适团体型成员是指在团体矫正活动启动后，该团体不适合被矫正者，或者被矫正者并不适合团体。出现这一情形大多是因为在风险评估中出现问题。从罪错未成年人保护处分的角度来讲，司法资源的紧缺也很有可能导致这一问题。团体的基础在很大程度上是团体成员共同存在类似问题，若该成员与团体矫正目标过远，建议终止其参加团体矫正，可对其采取个体矫正。沉默型成员往往是其自身性格原因，迫使该成员在团体中始终保持警惕，不愿与他人交流，不愿将自己的信息与他人分享，他们通常在团体的角落独自一人落座。对于这类成员，矫正人员应当积极与其展开对话，让其团体的其他成员共情其感受，解决沉默型成员当前的感受问题，尽量使其融入团体。

综上，团体认知行为疗法通过行为训练来实现团体成员间的相互鼓励和启发，较个体认知行为疗法来说有优势。团体认知行为疗法也由于其自身的缺陷致使矫正人员面临着不同境遇的挑战：第一，团体成员中如果有成员呈现消极状态，很有可能会影响到其他团体成员，这对整个团体矫正的效果而言是不利的。因此，如何调整团体中被矫正者的关系以及状态，将是矫正人

---

〔1〕 See Yalom, I. D. , *The theory and practice of group psychotherapy*, Basic Books, 1995, p. 63.

员面临的难题。第二，团体认知行为疗法的矫正日程安排比个体认知行为疗法的矫正日程更难安排。原因很容易理解，团体矫正想找到适合所有被矫正者的时间并不容易。从罪错未成年人保护处分的角度来说，只能在执行场所安排统一的时间开展团体矫正，但这样有可能造成被矫正者的反感。因此，尽可能地平衡团体成员的利益，安排适当的矫正日程。第三，对被矫正者而言，团体矫正时间花费更长。团体矫正的时间较个体矫正时间更长，因为矫正人员必须保证团体中的每个成员参与到矫正过程中。第四，由于同一团体中存在两个或两个以上的矫正人员，这对矫正人员来说是一个非常大的挑战。如果矫正人员之间有冲突，这对促成团体凝聚力将是灾难性的打击。因此团体的领导者与其他矫正人员应当平等相待，经过一段时间磨合，一般都能化解矫正人员间的矛盾。

## 二、辩证行为疗法

辩证行为疗法（Dialectical Behavior Therapy，DBT）在世界范围内广泛运用于服刑人员矫正领域，尤其是对缺乏控制情绪的冲动型暴力犯、边缘人格障碍型暴力犯以及有自杀意图的服刑人员有显著成效。[1]从适用人群上而言，这一矫正方法不仅适用于成年服刑人员，还广泛适用于未成年服刑人员，因此辩证行为疗法也是罪错未成年人保护处分矫正方法之一。

辩证行为疗法由美国心理学家 Marsha Linehan 在借鉴多种心理学理论的基础上于 1993 年逐步发展而成，这一疗法最初在处理压倒性情绪（overwhelming emotion）成效显著。[2]辩证行为疗法最早的心理学理论根基是认知行为疗法，在以辩证思维法作为理论指导的基础上，吸收了行为疗法、格式塔疗法、开放中心疗法以及正念疗法（正念疗法源自东方禅学，但不含宗教色彩）等心理学治疗理论，逐步形成了辩证行为疗法。[3]辩证行为疗法最早用于治疗

---

〔1〕 参见张乐雅等：《辩证行为疗法在罪犯矫正领域的应用》，载《中国临床心理学杂志》2017年第 1 期。

〔2〕 See Linehan, M. M., *Skills training manual for treating borderline personality disorder*, Guildford Press, 1993, p. 236.

〔3〕 See Linehan, M. M., *Cognitive-behavioral treatment of borderline personality disorder*, Guildford Press, 1993, p. 138.

社区内有边缘性人格障碍（Borderline Personality Disorder，BPD）的女性。[1]
这里所称的"边缘性人格障碍"指的是一种严重心理障碍，有这种心理障碍
的患者通常在认知、行为、人际交往以及情绪调节等功能领域时常出现调节
困难的障碍。[2]显然，辩证行为疗法对矫正有边缘性人格障碍的服刑人员有
很大成效。辩证行为疗法有很多类似于认知行为疗法的治疗手段，譬如问题
解决、技能训练、暴露训练以及行为疗法相关训练等。

辩证行为疗法的核心哲学立场是辩证法，其对心理治疗矫正方面最大的
影响是两种明显相反的事情可能都是对的，完全接纳自我而不作任何负面评
价，改掉由负面情绪引起的坏习惯，使被矫正人踏入正常、健康的生活轨
迹。[3]从罪错未成年人角度而言，绝大部分罪错未成年人的不法行为都与暴
力相关。研究表明，辩证行为疗法对于矫正未成年暴力犯有显著成效。[4]辩
证行为疗法可以解决因情绪失控而实施的行为：从前测以及后测的对比来
看，通过辩证行为疗法进行干预的青少年的再犯率要比未进行干预的青少年
低。[5]这是因为辩证行为疗法矫正的最大功效在于让被矫正者学会情绪控制，
而未成年实施暴力行为的显著特征就是易冲动和情绪化。实现辩证行为疗法
矫正的方式仍是靠个体矫正以及团体矫正的方式，由于团体矫正的实现基本
上与团体认知行为疗法相似，故在此不另作区分。

由于辩证行为疗法仍然属于循证矫正的范畴，矫正人员不仅应当恪守循
证矫正的基本原则。严格遵循 RNR 原则（即"风险—需求—反应性"原则）。
正如前文所强调的一样，RNR 原则在罪错未成年人保护处分中既是一项评估
的基本原则，也是一项矫正的基本原则。因此，这一原则不仅贯穿于罪错未
成年人保护处分的司法适用，也贯穿于罪错未成年人保护处分的执行，因此

---

〔1〕　See Linehan，M. M.，et al.，"Naturalistic follow-up of a behavioral treatment for chronically para-
suicidal Borderline patients"，*Archives of General Psychiatry*，Vol. 50，No. 12.，1993，pp. 971-974.

〔2〕　参见谢莉、陶嵘：《边缘性人格障碍患者的情绪反应研究》，载《中国临床心理学杂志》
2009 年第 1 期。

〔3〕　See Linehan，M. M.，*Cognitive - behavioral treatment of borderline personality disorder*，Guildford
Press，1993，p. 236.

〔4〕　See Shelton，D.，et al.，"Treatment of impulsive aggression in correctional settings"，*Behavioral
sciences & the law*，Vol. 27，No. 5.，2009，pp. 787-800.

〔5〕　See Trupin，E. W.，et al.，"Effectiveness of a dialectical behaviour therapy program for incarcerated
female juvenile offenders"，*Child and Adolescent Mental Health*，Vol. 7，No. 3.，2002，pp. 121-127.

RNR 原则贯穿于整个罪错未成年人保护处分的司法过程。这是因为保护处分作为特殊预防论的产物，处遇的正当化依据并非罪责，而是行为人的人身危险性（再犯风险），刑法评价的轴心由"行为"转向了"行为人"。而正是这一转变，使得司法人员对于行为人陷入主观化。RNR 原则为"行为人刑法"的评价及矫正标准提供了科学、客观评价的契机。当然，辩证行为疗法作为一种司法矫正方式被笔者置于完善的保护处分执行中，理应遵循 RNR 原则。当然，这也符合循证矫正的基本理念。

不仅如此，矫正人员还应当遵循辩证行为疗法基本规则，在矫正过程中做到以下几点：第一，以辩证法作为矫正的核心立场，遵循辩证行为疗法的哲学观及假设；第二，制定结构性的矫正方案，制定矫正预期、矫正结构具有一致性的方案；第三，合理规划矫正中的训练项目，包括技能训练项目、暴露训练项目等，从而提升被矫正情绪者的治疗动机水平；第四，矫正人员应当受到法律的监督；第五，必须以个案的概念化以及干预行为主义作为矫正的核心；第六，合理运用正念疗法训练被矫正者；第七，以生物社会学理论为基础，不能违背该理论的基本原理。[1]

在遵循 RNR 原则及辩证行为疗法矫正基本原则的基础上，矫正人员还应当将辩证行为疗法中消除被矫正者情绪调节控制障碍作为其核心矫正目的，这是辩证行为疗法的精髓。因此，有四项基本策略从始至终地贯穿于辩证行为疗法，详言之：

第一，痛苦忍受策略（distress tolerance strategy）。痛苦忍受策略主要解决的是上文所述的压倒性情绪问题。这种压倒性情绪是指人时常感觉痛苦，并且当痛苦来临之时，这种痛苦的情绪仿佛没有尽头，一旦这种痛苦来临并不知道如何处理。[2]大部分有压倒性情绪的人，尤其是罪错未成年人，在带有此种负面情绪处理问题时，会让问题变得更糟糕，因为压倒性情绪下往往会产生盲目的冲动行为。罪错未成年人因为有压倒性情绪从而有可能出现一系列轻生、放纵的行为，如过量饮酒、吸毒、飙车、斗殴、性关系混乱、自虐、自残甚至自杀。不论是从保护罪错未成年人的必要性上来看，还是从社会防

---

〔1〕 See Pederson, L. D., *Dialectical behavior therapy: A contemporary guide for practitioners*, John Wiley & Sons, 2015, p. 42.

〔2〕 See McCann, I. L., Pearlman, L. A., "Vicarious traumatization: A framework for understanding the psychological effects of working with victims", *Journal of traumatic stress*, Vol. 3, No. 1., 1990, pp. 131-149.

卫的角度来看，解决罪错未成年人压倒性情绪障碍十分必要。根据心理学家Linehan 的说法，解决压倒性情绪问题可以依靠痛苦忍受策略，而这一策略始于改变态度，这种态度的改变是自我看待世界和人生方法的改变，她将这种看待事物的新方法称之为 "全盘接纳" （radical acceptance）。[1] 矫正人员可以将 "全盘接纳" 的理念传达给被矫正者，让被矫正者知道无论现状如何，应当坦然接受这一切的发生，无论再愤怒、烦恼、不满似乎都无济于事。"全盘接纳" 的理念并非让被矫正者变得麻木不仁，其目的是让自己脱离痛苦和愤怒的情绪，从而能够理性地看待自己的处境，并还原事件的原貌。当然，除了用 "全盘接纳" 来对抗压倒性情绪，还可以用转移注意力对抗压倒性情绪。因为有长期压倒性情绪的人有自虐倾向很可能是因为内啡肽（endorphin）成瘾，这是由于内啡肽是一种天然的止痛剂，在受伤后分泌。[2] 这种情形对于罪错未成年人危害十分严重，因内啡肽上瘾而长期自残易于形成无视自我生命的习惯，这种习惯很可能被泛化为无视他人的生命，无论对未成年本人还是社会安全都是不利的。转移注意力的方式可以改善内啡肽成瘾的状况，研究表明通过运动同样可以产生内啡肽，从而实现注意力的转移。[3] 当然，转移注意力的方式不仅包括运动，还包括改善当下、转移思想、用数算转移、借由注意他人来转移注意力。不管是 "全盘接纳" 理念还是转移注意力，都是为了提高被矫正者忍受痛苦的能力，能够客观、理性地看待事物，从而使被矫正者真正脱离压倒性情绪。

　　第二，情绪调节策略（emotion regulation strategy）。辩证行为疗法的核心始终是围绕着情绪的控制而展开的。上述痛苦忍受策略主要针对的是压倒性情绪，通过全盘接受以及下文所说的正念策略将被矫正者注意力集中在当下，其根本目的是提升被矫正者的认知水平，从而作出理性的行为决策。这里的情绪调节策略不仅仅指对于压倒性情绪的调整。情绪是一种混合的心理现象，是指以个体的愿望和需要为中介的一种心理活动；当客观事物或情境符合主体的

〔1〕　See Linehan, M. M. , *Cognitive - behavioral treatment of borderline personality disorder*, Guildford Press, 1993.

〔2〕　See Weizman, R. , et al. , "Low Plasma Immunoreactive β - Endorphin Levels in Autism", *Journal of the American Academy of Child & Adolescent Psychiatry*, Vol. 27, No. 4. , 1988, pp. 430-433.

〔3〕　See Babyak, M. , et al. , "Exercise treatment for major depression: maintenance of therapeutic benefit at 10 months", *Psychosomatic Medicine*, Vol. 62, No. 5. , 2000, pp. 633-638.

愿望和需要时，就能引起积极的、肯定的情绪，反之则引起消极的情绪。[1]在以辩证行为疗法为核心的矫正过程中，情绪调节占有举足轻重的位置。正是认识到情绪调节的重要性，心理学家将情绪分为原始情绪和次级情绪。原始情绪是指人对事物的最初情绪，次级情绪是指人对自我初始情绪的情绪。[2]举例来说，甲对其母亲怒吼，甲对母亲的愤怒是其初始情绪，而另一方面，甲又因对母亲的怒吼而身负罪恶感是其次级情绪，情绪调节对于处理原始情绪和次级情绪非常重要。除此之外，情绪调节还对矛盾情绪有很大作用，所谓矛盾情绪是指对同一事件产生不只一个情绪反应，会产生两个或两个以上的情绪，情绪之间相互对立、分裂。显然，压倒性情绪作为一种原始情绪，可以通过痛苦忍受策略及正念策略来控制，而其他负面的原始情绪、次级情绪、矛盾情绪显然需要一些调节情绪的技巧来实现。Linehan 认为在辩证行为疗法中有九个技巧可以调节负面的、不良的原始情绪与次级情绪以及矛盾情绪。[3]矫正人员在对罪错未成年人进行矫正的过程中应当结合这九种方法，将其传达给被矫正者，让这些罪错未成年人学会调节情绪的方法：其一，让被矫正者通过对事件前因后果的回想，确认自己当时的情绪及其对之后的情绪和行为带来的影响；其二，在确认情绪的基础上，让被矫正者克服对健康情绪的阻抗；其三，让被矫正者改掉生活上的不良习惯，从而提高其身体素质；其四，改掉过度负面评价自我的习惯，因为过度负面评价自我只会引发被矫正者痛苦和自卑，甚至引发压倒性情绪；其五，增加被矫正者的正面情绪；其六，通过下文所说的正念策略使被矫正人关注当下；其七，让被矫正者正视自己的情绪及感受；其八，让被矫正者在确认自己情绪的前提下控制情绪；最后，让被矫正者学会理性解决问题，不要受情绪所控。

第三，正念策略（mindfulness strategy）。正念（mindfulness），又译作"内观"，源自东方禅学（非宗教色彩）。[4]正念疗法被称为第三代认知行为疗法，这是因为这一代疗法超越了认知主义和行为主义的范畴，加入了正念、

---

〔1〕 参见彭聃龄主编：《普通心理学》，北京师范大学出版社 2019 年版，第 404~405 页。

〔2〕 See Marra, T., *Dialectical behavior therapy in private practice*: *A practical and comprehensive guide*, New Harbinger Publications, 2005, p. 73.

〔3〕 See Linehan, M. M., *Skills training manual for treating borderline personality disorder*, Guilford Press, 1993, p. 25.

〔4〕 See Aitken, R., *Taking the path of zen*, North Point Press, 1982.

接受以及冥想等内容。无疑，正念策略中的核心技术是冥想（meditation）。[1]
美国心理学家 Kabat-Zinn 将正念与认知行为疗法相结合，开创了一种以冥想
作为主要矫正方式的心理矫正方法，即为正念疗法。[2]当然，正念策略虽受
宗教启发，但并不包含宗教色彩。辩证行为疗法结合正念策略，对于对抗压
制性情绪、减少焦虑状况、放松身体以及帮助在困境中处理问题有很大功
效。[3]因此，正念策略是辩证行为疗法矫正罪犯最为核心的矫正策略之一。
从辩证行为疗法的角度来讲，正念是一种能力，这种能力可以帮助你察觉自
己当前的情绪、思想、知觉以及行为，而不对这些状况作出任何评价，尤其
是不作出负面性评价。这一策略符合辩证行为疗法中的"全盘接纳"——不
花费时间思考过去的错误，而把时间和精力放在当下每一刻。因此，矫正人
员在实施矫正方案时，应当尽量让被矫正者练习如何将注意力放在当下，可
以通过描述情绪觉察训练、聚焦想法训练、专心训练等方法，这一切都是为
了让矫正者通过正念冥想的方法达到关注当下的目标，并"全盘接纳"。在此
基础上，传达给矫正者这样的思想——让理性和感性平衡，同时成为你决策
过程的一部分。辩证行为疗法将决策模式区分为情绪之心（emotional mind）
和理性之心（reasonable mind）：情绪之心是指仅依靠情绪感受作出论断；理
性之心是从事物的客观状况、细节、利弊进行考量，从而作出论断。[4]无疑，
富有智慧的决策是既有智慧之心又有理性之心的决策。将这些矫正内容传达
给受压倒性情绪控制的罪错未成年人，对于其情绪及行为控制都大有裨益。

第四，人际效能策略（interpersonal effectiveness strategy）。辩证行为疗法
在采纳综合社交技巧训练、自信决断训练、倾听技巧、协商技巧的前提下，
创设了人际效能策略。[5]人际效能策略主要是让被矫正者学会如何在社会中

---

[1]　See Merton, T., *Spiritual direction and meditation*, Liturgical Press, 1960; Pinson, D., *Meditation and Judaism*: *Exploring the Jewish meditative paths*, Jason Aronson, Incorporated, 2004, p. 24; Khan, P. V. I., *Awakening*: *A sufi experience*, Penguin Publishing Group, 2000.

[2]　See Kabat-Zinn, J., *Wherever you go, there you are*: *mindfulness meditation in everyday life*, Hyperion, 1994, p. 32.

[3]　See Baer, R. A., "Mindfulness training as a clinical intervention: A conceptual and empirical review", *Clinical Psychology*: *Science and Practice*, Vol. 10, No. 2., 2003, pp. 125-143.

[4]　See Linehan, M. M., *Cognitive-behavioral treatment of borderline personality disorder*, Guildford Press, 1993, pp. 122-123.

[5]　See Linehan, M. M., *Cognitive-behavioral treatment of borderline personality disorder*, Guildford Press, 1993, pp. 122-123.

立足，维护个人的人际关系网。从本研究的角度来讲，人际效能策略对罪错未成年人回归社会意义重大。矫正人员可以按照下列步骤，实现强化被矫正者人际社交能力的目的。第一步：让被矫正者学会关注当下自我的人际互动关系。正念技巧最大的功能在于让被矫正者本人能够观察自己当下的思想、情绪、行动等，当然也包括人际的互动关系。让被矫正者运用正念技巧客观、理性地观察到自己的人际互动关系。第二步：让被矫正者认识到"被动附和他人需求模式"与"攻击模式"是给自己人际关系带来毁灭性灾难的根源。这是因为被动附和他人的需求产生挫败感，长此以往，会使个人情绪爆发，使之不得不终结彼此关系。在互动关系中采取攻击方式同样会摧毁人与人之间的互动关系，这是因为攻击会将人逼入一个死角，而长期的攻击模式，会促使自己妄图控制某种社交互动关系，如果不符合自我期待将很有可能导致情绪的爆发从而终结互动关系。第三步：让被矫正者学会对人际关系的合理期待。让被矫正人懂得在人际关系中合理期待是为了维护人际关系，这就要明确自我的欲望和他人的欲望。无疑，保持自我欲望与他人欲望的平衡是维系人际关系的关键所在。第四步：让被矫正者明白在人际关系何为应尽义务。这对被矫正者是十分重要，一些罪错未成年人暴力犯在人际关系中往往表现出冷漠和一味索取，因此让他们在人际关系互动中学会如何共情他人感受以及付出，是矫正的难点。矫正人员可以通过共情训练、倾听技巧训练等来实现矫正目的。第五步：让被矫正者学会人际关系技巧。这些人际技巧包括：（1）明确人际关系中的自我需求；（2）明确与彼方建立何种类型的人际关系，并明确与彼方建立人际关系的期待；（3）获得对方的信息，懂得对方在人际关系中的需求；（4）在保护人际关系的前提下对彼方提出要求；（5）为人际互动中的冲突而协商。第六步：懂得如何拒绝对方确认阻碍使用上述人际关系技巧的因素。通常来说，习惯是很难更改的，因此在互动关系中习以为常的攻击模式和符合他人需求模式往往会成为阻碍使用任何人际关系技巧的重要因素。除此之外，压倒性情绪也是重要的阻碍因素之一。当然，上文的忍受痛苦策略及正念策略可以帮助被矫正人阻抗这种压倒性情绪。当然，矫正人员还可以通过一些量表来帮助被矫正者确认自己的需求及情绪。第七步：纠正被矫正者一些偏激的想法：自卑、情绪易波动、无法拒绝、妄图控制，矫正人员应当引导被矫正者对抗这些偏激的想法。第八步：在对良好人际间的互动有一个大体印象的基础上，引导被矫正人鉴别出人际关系是否值得去维系。对一些不值得交往的朋友，应当尽早结束与彼方的人际关系。对于罪错未成年人而言，由于缺乏自主能力，具有较强的依附性，引导其甄别出何为"损友"是极其重要的。只有让罪错未成年人远离其反社会同伴，才有可能让他们真正远离犯罪。

综上，这些策略可以让矫正人员引导被矫正者学会如何控制情绪及处理好与他人之间的社交互动关系，对矫正有冲动性攻击的服刑人员、情绪调节异常的服刑人员、性犯罪的服刑人员以及有人格障碍的服刑人员成效显著。首先，由辩证行为疗法发展出的辩证行为疗法矫正模式（Dialectical Behavioral Therapy-Corrections Modified，DBT-CM）在对冲动性攻击暴力犯（已排除罹患精神疾病）长达 16 周矫正中效果明显，其中就包括 26 名未成年犯，这显然是基于 DBT-CM 在冲动性控制以及愤怒管理方面的成效。[1]当然，DBT-CM 也进一步发展了辩证行为疗法，例如在 DBT-CM 中广泛运用视频及图片的方式让被矫正者反复学习辩证行为疗法中的策略和技巧。其次，辩证行为疗法对于情绪调节异常的女性服刑人员有显著成效，其中当然包括青少年女性服刑人员。研究表明，在对青少年实施辩证行为疗法的过程中，青少年女性服刑人员在行为方面的问题明显减少；在针对青少年女性酒精以及毒品滥用戒治方面，辩证行为疗法的实验组比其他对照组有显著的戒治效果。[2]再其次，辩证行为疗法还对矫正性犯罪有显著成效。研究显示，将辩证行为疗法与认知行为疗法二者结合起来对 200 名强奸犯进行长达一年的矫正后，再次用 RNR 风险评估工具测量时，其再犯风险程度明显减少。[3]并且，这种矫正方法不仅在监区内实施，还在社区内通过社区矫正实施个体矫正及团体矫正来实现矫正目标。因此，通过辩证行为疗法实现的矫正项目，对不同类型的罪错未成年人保护处分执行都有重要的借鉴意义。

---

〔1〕　See Shelton, D. , et al. , "Treatment of impulsive aggression in correctional settings", *Behavioral sciences & the law*, Vol. 27, No. 5. , 2009, pp. 787-800.

〔2〕　See Trupin, E. W. , et al. , "Effectiveness of a dialectical behaviour therapy program for incarcerated female juvenile offenders", *Child and Adolescent Mental Health*, Vol. 7, No. 3. , 2002, pp. 121-127.

〔3〕　See Gordon, A. , Hover, G. , "The Twin Rivers sex offender treatment program", in Willian Lamont Marshall, et al. , Eds. , *Sourcebook of treatment programs for sexual offenders*, Springer US, 1998, pp. 3-15.

### 三、动机式晤谈法

动机式晤谈法（Motivational Interviewing，MI）对于罪错未成年人保护处分最大的意义是帮助罪错未成年人克服成瘾行为戒除前的心理冲突。本研究所完善的罪错未成年人保护处分包含针对罪错未成年人的罪错未成年人强制戒治处分，此种类型保护处分的目的即是戒除罪错未成年人的瘾癖。而在此讨论这一方法的意义在于，戒除瘾癖不仅需要药物辅助和医学治疗，更需要通过循证矫正让吸毒者本人不愿意再吸毒。另外，动机式晤谈法还广泛运用于个体矫正和团体矫正中，从而用来矫正服刑人员的再犯风险。

动机式晤谈法最初发源于挪威，在长期医治酒瘾患者临床经验中，逐步总结出一套从心理学层面戒除瘾癖的治疗方法。[1]所谓动机式晤谈法是指一种有目的的访谈方法，这种访谈方法帮助人们认识到现有的或潜在的问题，其目的是通过协作的方式来强化自身的改变动机以及承诺。[2]本书将"Motivational Interview"（简称"MI"）翻译成"动机式晤谈法"，也有学者将其翻译成"动机式会谈法"或者"动机式对话法"。本研究认为"晤谈"一词更能概括 MI 的特征，因为"晤谈"一词是指一种有目的的会谈，而非漫无边际无主题的漫谈。无疑，MI 即一种矫正方法，也是一种戒除瘾癖的治疗手段，因此具有目的性，而会谈只是 MI 的一种表现形式，所以翻译成"动机式晤谈法"较好。

在心理学范畴内，动机被视为一种状态，而非人格，人格相对于状态而言要稳定得多。动机概括了所有引起、支配和维持生理以及心理活动的内部过程，有激活行为的功能、指向一定目标的功能以及维持和调整行为的功能。[3]由此可知，动机是行为发生的源动力，由两个要素构成，一者是准备程度的状态，另一者是紧迫程度的状态。显然，这两种状态容易受到外界的刺激和影响，随时间变化变得飘忽不定，这也是为何在刑法中从来不处理动机犯的原因。心理学医师们正是利用动机容易受外界刺激影响这一

---

〔1〕 See Miller, W. R., Baca, L. M., "Two-year follow-up of bibliotherapy and therapist-directed controlled drinking training for problem drinkers", *Behavior Therapy*, Vol. 14, No. 3., 1983, pp. 441-448.

〔2〕 See Miller, W. R., Rollnic, S., *Motivational interviewing: Preparing people to change addictive behavior*, Guilford Press, 1991.

〔3〕 参见彭聃龄主编：《普通心理学》，北京师范大学出版社 2019 年版，第 364-365 页。

特点来改变被矫正者的动机，故动机式晤谈的核心就是通过改变动机来实现矫正。

由于动机式晤谈法是一种在实务工作中逐渐形成的理论，因此这一矫正方法具有很强的实证性，它的基本原理大都从临床经验中提炼而成。矫正人员在用动机式晤谈法进行矫正时，应当遵循下述基本原理开展矫正工作：

第一，接纳。矫正者在矫正时对被矫正者保持的基本态度是接纳，这要求矫正者在聆听被矫正者叙述的过程中不要带有任何主观色彩对被矫正者判断、批评以及指责，其目的是得到被矫正者真实的信息。动机式晤谈法的创始人之一 Miller 曾经说过："只有接纳和尊重的态度才能使心理干预师和患者之间的工作同盟关系得以建立。显然，尊重患者是之后产生改变的重要条件。"[1]这句话同样可以套用到矫正人员与被矫正者的关系中，因为所有成功矫正都是以值得信赖的矫正关系作为基础。如果被矫正者在矫正过程中表现出犹豫不决或者话语前后自相矛盾，都属于正常现象。矫正人员应当采用一种回应式的倾听方式来了解被矫正者所有的感受以及观点。当然，接纳被矫正者并不等于认同他的观点，而是与他感同身受，从被矫正者的内部去考虑他本人的想法，是一种高级的共情。

第二，产生动机性改变。接纳并不是动机式晤谈的目的，也不是让被矫正者停滞不前，接纳是为了让矫正人员与被矫正者更能认清自我，而这一切都是为了通过动机式晤谈法实现矫正，而矫正的目的就是改变。矫正人员应当尽量在矫正过程中找到一些事件，该事件正是有可能激发被矫正者改变自身不良习惯的事件，这时个人欲望与他所追求的长期目标往往不一致。长期目标包括家庭幸福、事业成功、个人及家人的健康以及自我形象等。如果二者发生冲突，被牺牲掉的可能是长期目标，这就使得因欲望导致的个人行为与长期目标之间产生落差。矫正人员应当从这些事件当中抓住这些关键点，并对这二者的落差加以扩大，从而创造出一种"认知上的不和谐"。[2]这种情境需要被创造，一旦矫正人员察觉这种"认知上的不和谐"，应当尽量扩大落差，并创造被矫正者对于这些事件的联想及反思。这是因为某件事的发生

---

[1]　See Miller, W. R., Baca, L. M., "Two-year follow-up of bibliotherapy and therapist-directed controlled drinking training for problem drinkers", *Behavior Therapy*, Vol. 14, No. 3., 1983, pp. 441-448.

[2]　See Miller, W. R., "Motivational interviewing with problem drinkers", *Behavioural and Cognitive Psychotherapy*, Vol. 11, No. 2., 1983, pp. 147-172.

而让一些"瘾君子"戒除瘾癖的例子大量存在。例如，一名吸毒女性罪错未成年人在毒瘾发作时为求得毒品连续与三名男子发生性关系，这件事让吸毒女子非常耻辱而由此戒毒。这就引出了动机式晤谈法最重要的核心理念——由于被矫正者察觉到因个人欲望而产生的行为与这些长期目标存在很大落差，就产生了动机性改变（motivational variables）。[1]一旦产生了动机性改变，矫正人员就有机会通过它来实现针对瘾癖者成瘾行为动机的根本改变。通常的方法就是扩大落差，从而引发被矫正者内在戒除瘾癖的动机。这里需要给矫正人员强调的是，发生动机性改变不是靠说教实现的，说教往往适得其反，而是由被矫正者自发地告诉矫正人员自己希望改变现状。

第三，避免争执。在矫正过程中，矫正者和被矫正者由于理念的不同很容易发生冲突。而这种冲突通常来说是徒劳的，因为一味争执只可能引起反弹情绪。针对罪错未成年人而言，更要避免争执，因为尚在青春期的罪错未成年人极易形成逆反心理。再从强制禁戒处分的角度来讲，避免争执也是戒除瘾癖非常重要的理念。以被矫正者的标签化为例，如果矫正人员强行给被矫正者贴上"毒瘾者"的标签，往往会引起被矫正者的反感。这一切的关键在对自我的接纳，让被矫正者自己承认自己是吸毒成瘾的人。毋庸置疑，避免争执的本质目的是让被矫正者产生动机性改变。

第四，以不争执的方式消除抗拒现象。被矫正者可能经常与矫正人员发生冲突，其原因在于被矫正者抗拒矫正。上文已述，动机式晤谈法的核心目标是使被矫正者自己产生动机性改变而非依靠矫正人员的说教来产生。显然，这一点非常重要，这就要求一旦被矫正者出现抗拒矫正的现象，不能通过争执的方式来消除抗拒，这不仅是徒劳的，也从根本上违背了动机式晤谈法的矫正目标。那么遇到这种情形如何处理才符合动机式晤谈法的矫正目标？一般来说，消除抗拒现象首先应当辨别出被矫正者的抗拒。被矫正者抗拒矫正的行为分为四种类型：（1）争论：被矫正者通过敌意、诘难等行为对矫正人员的专业性、正确性表示异议；（2）打岔：被矫正者以一种自我防卫的方式不断打断、抢话、干扰矫正人员的正常工作；（3）否认：被矫正者通过反对、责怪、淡化、找借口等方式来否认自己的问题，并不愿意听取建议以及与矫

---

〔1〕 See Miller, W. R., "Motivation for treatment: A review with special emphasis on alcoholism", *Psychological bulletin*, Vol. 98, No. 1., 1985, p. 84-107.

正人员合作；（4）忽视：被矫正者不愿意听从矫正人员的计划，有意忽视矫正人员或者改变矫正人员话语的引导方向。[1]对于上述可能出现的现象，矫正人员应及时察觉并作出判断。而对于这些抗拒矫正行为，往往不能通过说教来处理，经验丰富的矫正人员通常依靠一种"借力打力"的方式化解抗拒，换言之，即通过被矫正者抗拒矫正的言语来化解抗拒。矫正人员可以通过不否认被矫正者言语的方式回应被矫正者，在回应的过程中，悄悄将谈话的焦点转移，从而引起被矫正者辩证地思考问题——即思考问题的另一面。除此之外，可以通过对事物重新解释的方式让被矫正者知道由其本人倾诉的案例还存在另一种解释。其实，回应表面看起来是赞同被矫正者的观点，而从本质上来讲，这些回应都是为了引发被矫正者多角度思考问题，从而引起认知上的改变。由此，这种方式又回到动机式晤谈法的核心目的——使被矫正者产生动机性变化。

第五，增强克服障碍信心。增强被矫正者的自信力在动机式晤谈法中意义非凡，这是因为被矫正自信程度决定着动机式晤谈法的成败。[2]从长期的循证实践上来看，"希望"和"信心"两个要素是使被矫正者产生动机性改变的必要条件。因此，增加被矫正者克服障碍的信心，是动机式晤谈最重要的任务之一。[3]故矫正人员首先要尊重被矫正者，这是因为被矫正者有了尊严才有可能产生自信。对于缺乏自信的被矫正者的训练方法是：培养其独立处理问题的能力，将某事控制权单独交由被矫正者处理。在这一基础上，进一步引导被矫正者相信通过行为和认知的改变可以引发自我改变，这是因为在这一过程中，被矫正人的动机发生根本改变。但是需要注意的是，矫正人员千万不要说教式地改变被矫正者，通常不要以矫正成功某一对象作为案例，而要以相类似的成功案例鼓励被矫正者，这是动机式晤谈法成功与否的关键。[4]

---

[1] See Chamberlain, P. , et al. , "Observation of client resistance", *Behavior Therapy*, Vol. 15, No. 2. , 1984, pp. 144-155.

[2] See Bandura, A. , "Self-efficacy mechanism in human agency", *American Psychologist*, Vol. 37, No. 2. , 1982, pp. 122-147.

[3] See Miller, W. R. , "Motivational interviewing with problem drinkers", *Behavioural and Cognitive Psychotherapy*, Vol. 11, No. 2. , 1983, pp. 147-172.

[4] See Zweben, A. , Li, S. , "The efficacy of role induction in preventing early dropout from outpatient treatment of drug dependence", *The American Journal of Drug and Alcohol Abuse*, Vol. 8, No. 2. , 1981, pp. 171-183.

## 第三节　罪错未成年人保护处分矫正项目的完善

上一节介绍了保护处分执行过程中主要的矫正方法，而如果想要在罪错未成年人保护处分中实现这些矫正方法，就必须依靠矫正项目的执行，这是因为一个矫正项目可能包含一个或者多个矫正方法。罪错未成年人保护处分是个别矫正，在评估以后应当对将要接受处遇的罪错未成年人根据个人情形制定符合情形的矫正方案。因此，不是每个被保护处分的罪错未成年人要执行项目中的所有内容，也并非每个被保护处分人都适合团体矫正，而应当按矫正方案的设计参加项目。不仅如此，在矫正过程中应当严格遵守 RNR 原则，根据执行情况修正矫正方案。这不仅是循证矫正的基本理念，也符合保护处分个别化的基本立场。笔者借鉴上文当今较为流行的矫正方法以及刑事执行中的矫正项目，以此完善出罪错未成年人保护处分的矫正项目。

### 一、罪错未成年人专门教育矫正项目

罪错未成年人专门教育矫正项目主要适用于罪错未成年人专门教育及罪错未成年人保护管束，在必要情形下，也适用于罪错未成年人强制戒治处分。在矫正方式上，不仅适用于个体矫正，也适用于团体矫正。罪错未成年人专门教育矫正项目主要参考的矫正项目是加拿大"第二代理性再社会化项目"（The Reasoning and Rehabilitation Program 2，R&R2）。第一代理性再社会化项目（以下简称"R&R 项目"）是以认知行为疗法为主，通过心理干预、技能训练、引导正确价值导向等方式祛除其反社会性，从而实现矫正目的；第二代 R&R 项目在第一代项目的基础上，借鉴辩证行为疗法、神经科学等理论进一步完善了该矫正项目，更为重要的是，第二代 R&R 项目专项设立了青少年矫正方法，这对构建我国罪错未成年人保护处分的执行项目具有借鉴意义。既然是以认知行为疗法为核心的矫正项目，矫正人员在实施过程中应当遵循上述认知行为疗法的基本原则及操作规范，仍是以改变被矫正人的认知为核心矫正。该项目已经在司法实务中开展二十多年，并在世界范围内对超过7000 名服刑人员进行司法矫正，被广泛运用在加拿大、澳大利亚、美国、德国、日本等，R&R 项目最早由加拿大心理学家 Fabiano 等人设计并在本国投

入使用，至今已有两代矫正项目。[1]第二代 R&R 项目区分为成人矫正项目和青少年矫正项目，并广泛适用于有不法倾向的学龄儿童、青少年犯；从犯罪类型上来说，适用于暴力犯罪、财产犯罪、性犯罪、白领犯罪以及有人格障碍等类型服刑人员的矫正。在过去的二十多年，无论在轻罪服刑人员的矫正方面还是在重罪服刑人员的矫正方面，R&R 项目在降低服刑人员再犯风险方面有卓越的表现。通过对刑事执行过程中使用矫正项目与未使用矫正之间的比较（实验组：16 个，对照组：26 个），经过元分析显示，适用 R&R 项目的再犯率比未适用该项目的再犯率总体上下降 14%。[2]当然，这些数据分析既包括社区内，也包括监区内；既包括高风险服刑人员，也包括低风险服刑人员；既包括大样本数据，也包括小样本数据；既包括现在的最新研究，也包括旧的研究。这些都说明，R&R 项目对服刑人员的再社会化效果显著。[3]

从 R&R 发展来看，大体分为五个阶段：

第一阶段始于 20 世纪 70 年代中期，由于出狱人员的再社会化失灵，使得学者们的研究重点开始转向降低再犯率上。通过研究发现，有效的 R&R 项目广泛适用于不同类型的犯罪：一些以社区为基础的矫正项目对于预防轻微不法行为，以及青少年犯罪预防都有显著效果；对于成年人相关犯罪以及毒品犯罪也有显著的矫正效果。[4]

第二阶段的发展在 20 世纪 80 年代初期，其发展的主要原因是许多 R&R 项目矫正失败。有效矫正项目的评价标准不仅仅是矫正项目结果是否有显著成效，更关键在于执行矫正项目的过程——包括矫正官所适用的矫正技术；矫正项目的持续时间以及强度；矫正的适用环境。[5]如此一来，就可以看出

---

〔1〕　See Ross, R. R., Fabiano, E. A., *Time to think*: *A cognitive model of delinquency prevention and offender rehabilitation*, Institute of Social Sciences and Arts, 1985.

〔2〕　See Tong, L. S. J., Farrington, D. P., "How effective is the 'Reasoning and Rehabilitation' program in reducing reoffending? A meta-analysis of evaluations in four countries", *Psychology*, *Crime and Law*, Vol. 12, No. 1., 2006, pp. 3-24.

〔3〕　See Tong, L. S. J., Farrington, D. P., "How effective is the 'Reasoning and Rehabilitation' program in reducing reoffending? A meta-analysis of evaluations in four countries", *Psychology*, *Crime and Law*, Vol. 12, No. 1., 2006, pp. 3-24.

〔4〕　See Gendreau, P., Ross, R. R. "Revivification of rehabilitation: Evidence from the 1980s", *Justice Quarterly*, Vol. 4, No. 3., 1987, pp. 349-407.

〔5〕　See Gendreau, P., Ross, R., "Offender rehabilitation: The appeal of success", *Fed. Probation*, Vol. 45, No. 4., 1981, pp. 45-48.

诸多矫正项目的不足，为提高司法人员专业素质以及矫正技术提供许多指导意见，例如在 R&R 项目中不仅仅关注被矫正人的行为、职业以及人际交往能力，更关注他们认知方面的内容：他们对自我的评价，对事物的解释、推论、归因、评价，以及他们看待世界的方法。将矫正重点转移到认知层面，显然是由于认知行为疗法的发展，因为只有关注认知才能更加客观地评价被矫正人如何看待事物及他本身的行为。

第三阶段的发展在 20 世纪 80 年代中期。这一阶段，通过对近四十年实证经验证据的研究，发现有相当一部分矫正者获得认知技能的迟缓是他们难以适应社会的最重要因素。[1]而在此之前，有人提出再犯风险主要受反社会行为的影响。[2]这里的获得认知技能受到以下几个因素影响而延缓：①冲动；②外在归因；③过于执着细节；④刻板印象；⑤缺乏社会交往能力及问题解决能力；⑥以自我为中心；⑦价值偏离；⑧推理能力差；⑨缺乏自省。虽然上述研究表明不是所有服刑人员都有认知障碍（cognitive shortcomings），但其中相当一部分人因上述九个因素使得他们在认知层面有很大的障碍。这往往是智力测验中最容易缺失的一部分内容，因为智力测验并不包含社交智力的测验，许多服刑人员在智力测验得分很高，但是在社会认知技能层面的分数非常低。必须强调的是，认知障碍不仅表现在服刑人员身上，在社会其他人身上也常常表现出这些问题。而他们在遇到社会困难、压力和疾病时，往往采取非常极端的方式——要么违法犯罪，要么酗酒吸毒。所以，认知障碍是一种极为重要且容易被忽视的诱因——这是因为受环境及其他因素的影响，这些人往往没有能力抵抗犯罪诱因对他们的影响。但是，这里需要强调的是，认知障碍既不是犯罪的充分条件也不是犯罪的必要条件，而是一种风险，换言之，有这种认知障碍的人他们在某种情形下更容易犯罪，从罪错未成年人的角度来讲，长期失学、父母不合、疏忽管教等因素都更有可能成为有认知障碍人的犯罪诱因。

第四阶段和第五阶段的发展都在 20 世纪 90 年代初期。鉴于诸多研究强调认知技能在预防犯罪中的重要性，第四阶段的 R&R 项目开始将一些心理技

---

〔1〕 See Ross, R. R., Fabiano, E. A., *Time to think: A cognitive model of delinquency prevention and offender rehabilitation*, Institute of Social Sciences and Arts, 1985, p. 74.

〔2〕 See Ross, R. R. (1980). *Socio-Cognitive Development in the Offender*. Ottawa: Ministry of The Solicitor General.

术的干预广泛运用于矫正中，通过心理技术的干预，可以提高被矫正者的认知技能。在第四阶段项目研发过程中，研究者们通过元分析发现，有效矫正项目与无效矫正项目的区别可以通过该矫正项目中是否存在认知训练来区分，换言之，有矫正训练的 R&R 项目是有效的矫正项目，反之则无效。[1]第五阶段的 R&R 项目在认知训练的基础之上，增加社交认知技能训练，因此第五代的矫正项目可以被认为是一种从多角度矫正的工具。

第一代 R&R 项目的内容在上面五个阶段的发展下逐步形成。在此基础上，Ross 等学者在 1985 年开始研发第二代 R&R 项目。在长达二十年的研发中，对 R&R 项目的有效性、实践性进一步评估并进行改善，进一步完善认知训练和行为训练，在 2005 年完成项目的基本研发。第二代 R&R 矫正项目对罪错未成年人保护处分的执行具有很强的借鉴意义，因为这一代矫正项目在前一代矫正项目的基础上，专门设计了 R&R 项目的青少年版，即 R&R 简版项目。[2]除了特设 R&R 青少年矫正项目外，第二代矫正项目还有几大特点：特点之一是项目中专项增加情绪方面的评估及训练，这显然是得益于辩证行为疗法的发展；特点之二是结合神经科学，进一步完善了再社会化恢复项目（Rehabilitating Rehabilitation）；特点之三是凡是利用 R&R 项目执行矫正的人员，必须严格进行筛选、培训，在通过测试后才能执行矫正；特点之四是与所有矫正项目一样，必须严格恪守 RNR 原则（风险—犯因性需求—回应性），原因是 R&R 仍是以循证矫正理论作为基本方法论；特点之五是通常利用家庭作业来巩固矫正，虽然说第二代矫正项目在个体矫正与团体矫正皆有大量的训练，但是仅仅依靠这些训练是远远不足的，必须依靠在矫正之外的不断巩固和实践才能让被矫正者真正学会矫正技巧——在家庭作业的实践往往会使被矫正者得到意想不到的收获，而最重要的是将这些信息反馈于矫正人员。

综上，鉴于 R&R 项目对服刑人员良好的矫正效果，本研究认为应当借鉴第一代及第二代 R&R 项目，以认知行为疗法和辩证行为疗法为核心矫正技术，在本书设计的罪错未成年人保护处分中构建罪错未成年人专门教育矫正项

〔1〕　See Izzo, R. L., Ross, R. R., "Meta-analysis of Rehabilitation Programs For Juvenile Delinquents: A Brief Report", *Criminal Justice and Behavior*, Vol. 17, No. 1., 1990, pp. 134-142.

〔2〕　See Antonowicz, D. H., "The reasoning and rehabilitation program: Outcome evaluations with offenders", in Mary McMurran, James McGuire eds., *Social problem solving and offending: Evidence, evaluation and evolution*, Wiley & Sons, 2005, pp. 163-181.

目，从而实现罪错未成年人保护处分的执行。该项目应当包括下列子训练项目：

1. 元认知训练项目。元认知（metacognition）是指对自我认知的认知，即让被矫正者理解自我行为背后的意义——到底是什么驱使自我的决定，帮助被矫正者回想作决定时的情绪感受，进而引导其合理调节自身情绪和行为。因此，元认知包含两个层面的内容：认知理解和认知管理。[1]通过元认知训练，可以让被矫正者对自我认知有更深层次的理解，从而使被矫正者可以更加理性客观地评价、监控和预测自我认知行为，对实现罪错未成年人的再社会化具有非常重要的意义。

2. 情绪控制训练项目。情绪控制训练项目是通过个体矫正和团体矫正的方式，引导被矫正者情绪控制。被矫正者是否能够重返社会的首要标准其实是他是否能够控制自己的情绪，因为具有反社会性的人往往是因为身边有过多容易引起情绪愤怒的情境。有关情绪控制的矫正技术既包括认知行为疗法的矫正技术，也包括辩证行为疗法的矫正技术，还包括动机式晤谈法的矫正技术。当然，除了一般的矫正方法之外，还有矫正工具的使用。常用的矫正工具包括"斯皮尔伯格'状态—特质'愤怒解释量表"（Spielberger State-Trait Anger Expression Inventory，STAXI）、"诺瓦克愤怒量表"（Novaco Anger Scale，NAS-PI）、"修订版瓦特愤怒能力控制量表"（The Watt Anger Knowledge Scale）等，研究已经证实这些矫正及评估工具在对服刑人员的愤怒控制方面效果显著。[2]因此，矫正人员通过这些矫正技术和矫正工具，通过个体矫正及团体矫正的方式，引导罪错未成年人学会控制情绪。关于情绪控制训练项目还有一个好处，矫正人员可以通过该项目推导出被矫正人的情绪图示，从而推出他的次级情绪，即他对自我情绪的评价。

3. 批判性思考训练项目。批判性思考训练项目是引导被矫正者学会如何进行符合逻辑的、客观的、理性的、不总是外在归因的思考方式。这种训练是一种调整罪错未成年人认知模式的训练，矫正人员可以通过认知行为疗法的团体矫正或个体矫正实现这种训练。

4. 创造性思维训练项目。矫正人员发挥罪错未成年人的想象力，训练罪

---

〔1〕 See Schraw, G., "Promoting general metacognitive awareness", *Instructional science*, Vol. 26, No. 1-2., 1998, pp. 113-125.

〔2〕 See Howells, K., et al., "Brief anger management programs with offenders: Outcomes and predictors of change", *The Journal of Forensic Psychiatry & Psychology*, Vol. 16, No. 2., 2005, pp. 296-311.

错未成年人进行多角度发散性思维，试着让被矫正人进行替代性思考。当然，进行这一训练必须严格按照认知行为疗法的要求，通过评估和咨询等方式，先找到被矫正人的核心观念（core beliefs），在适当的情况下引导罪错未成年人发散性思考、换位思考，从而实现认知模式的转变。

5. 社交认知及问题解决能力训练项目。这一训练能够让被矫正者学会如何分析人与人之间的互动关系，并能够学会理解其他人的价值取向、行为以及感受，从而进一步提高自己解决问题的能力，并能够进一步辨别出何为有害的人际关系。这部分训练主要依靠的是辩证行为疗法。该训练项目还有一个重要的功能是让被矫正者学会如何在社交互动中合理处理争端。

6. 社会技能训练项目。正如上文所言，许多服刑人员之所以具有反社会性是由于他们有认知障碍（相对于普通人获得认知技能迟滞）。增加社会技能训练是毋庸置疑的，这也是第二代 R&R 项目与第一代 R&R 项目最显著的区别之一，例如戈德斯坦的结构性学习恢复项目，在减少青少年再犯风险上有显著成效。[1]

7. 社交共情能力训练项目。该训练项目强调通过矫正人员的引导及训练，让共情能力较差的被矫正者从社交互动层面逐步学会感同身受他人的情绪，以及从他人的角度考虑问题。该矫正训练项目同样依靠认知行为疗法和辩证行为疗法共同进行。

8. 角色扮演训练项目。从司法矫正的实践上来看，绝大多数具有反社会性的人并非天生就具备这一特性，而他们的反社会性（antisocial）往往是由于后天的生理特征、性格特征及外部环境。因此，许多被矫正人往往在"扮演"这种具有反社会性的人。角色训练项目的目标就是让被矫正人从"反社会性"的角色扮演中跳出来，让他们来扮演亲社会性（prosocial）的角色。这显然得益于认知行为疗法中行为训练技术，因为从行为主义的角度来看，通过对行为训练可以实现认知改变。

除了上述项目内容外，矫正人员在执行未成年项目的过程中，应注意以下几点：

第一，罪错未成年人专门教育矫正项目执行成功与否不仅要看矫正方案

---

〔1〕 See Reed, M. K., "Social skills training to reduce depression in adolescents", *Adolescence*, Vol. 29, No. 114., 1994, pp. 293-302.

的设计和项目执行状况，更要看执行该项目的矫正人员是否合格。通常来说，矫正人员应当接受严格培训后才能上岗。对于这些人员的招录和培训工作，本研究认为是一个极为重要的环节，故建议由司法部统一组织招录，并组织后续培训工作，在培训后才可上岗。关于矫正人员的培训，应当由司法部统一编纂工作手册供矫正人员学习。如此强调矫正人员的培训，是因为能否成功实施矫正项目关键要看矫正人员的专业素质。

第二，罪错未成年人专门教育矫正项目不仅适用于个别矫正，也适用于团体矫正。正如前文所强调那样，团体矫正最重要的是要创立并维护团体的凝聚力。这种凝聚力依赖于团体气氛，尤其对于罪错未成年人来说，说教似乎是较为低劣的策略，团体领导者应当确立一种放松、积极的团体气氛。这就要求矫正人员在团体矫正过程中，应当尽量保持被矫正者在同一水平，并鼓励团体成员将信息互动分享。当团体矫正过程中发生争端、情绪化及其他不和谐情形时，矫正人员应当及时调整团体气氛。团体矫正并非适用于每个被矫正者，因此在做团体矫正前，应当首先对备选的团体成员进行评估，对于不适合的团体成员，应当将其排除在外。而如果在团体当中遇到不配合团体矫正的成员，且对团体矫正目的有较大的干扰时，就应当将这些团体成员排除在团体之外。

第三，矫正人员在执行矫正项目过程中切勿说教。几乎所有的矫正方法都反对说教，包括本书所说的认知行为疗法、辩证行为疗法以及动机式晤谈法。认知行为疗法中，矫正人员通过引导被矫正者认识核心观念、元认知等方式，通过认知训练和行为训练等方式引导被矫正者逐渐反思自我，从而找到一个可以替代原核心观念的方式改变认知，从而改变行为。辩证行为疗法中，矫正人员引导被矫正者通过冥想的方式，从而让被矫正者理性看待事物，正视并接受自己的情绪。动机式晤谈法的前提和基础就是让被矫正者自己发生动机方面的改变，这当然需要矫正人员发现不良瘾癖对被矫正者带来的落差并适时扩大落差，进而完成被矫正者戒除瘾癖，而通过这一方法的基础就是让被矫正者自己完成矫正，矫正人员在整个矫正过程中起到引导的作用。因此，以这些疗法为基础的矫正项目必然不能用说教来完成。从一些矫正项目在我国监狱的实验情况来看，其完成效果并不理想。主要原因是监狱的帮教主体既是管理人员又是参与矫正项目的成员，且不说其矫正专业素质如何，单论其角色就不合适——一边承担管理者的角色，另一边又承担矫正者的角色，从当代矫正理念来说，这并不合理，因为并不是所有人都能够完成角色之间的互换。因此正如前述建议，应当区分管理人员、评估人员和矫正人员，将三者分属不同的部门管理。

第四，家庭参与和家庭作业是完成矫正项目的必要条件。单独依靠个体矫正和团体矫正执行矫正项目，不可能达到预期的矫正效果。尤其对于罪错未成年人而言，家庭本身对于罪错未成年人具有十分重要的意义。因此，家庭作业是矫正项目中不可缺少的一部分。家庭作业是实现矫正过程中由"模拟实验"转向"社会实践"的必由之路，因为不管是团体矫正中的行为训练还是个体矫正中与矫正人员之间的角色互动，都是一种实验，只有走出社区和专门学校的矫正课程，才更能让被矫正者体会在个体或团体矫正过程中学会的认知技巧和社交技巧。因此，从矫正之始，矫正人员就应当给被矫正者布置家庭作业。如果有条件让家长参与（例如在社区内执行的保护管束），一定要让罪错未成年人家长或监护人参与家庭作业的完成。对于家庭作业的结果，有可能是负面的，故矫正人员应根据家庭作业的完成情况调整矫正方案。其实，家庭作业本身对于矫正人员理解其核心信念及自发地、自愿地、接受矫正行为具有促进意义。作为罪错未成年人的父母或监护人，有义务配合矫正人员完成矫正。从执行角度看，对于执行保护管束的罪错未成年人而言，让家庭成员配合其完成家庭作业并非难事；而对于执行专门教育的被矫正者而言，由于专门学校剥夺被矫正人的人身自由，本身不具备完成家庭作业的可操作性。因此，笔者建议专门学校所长可以决定每两周有一次让罪错未成年人回家的机会，让家庭参与到矫正的环节，这对促进罪错未成年人家庭归属感以及再社会化都有十分重要的意义。

## 二、罪错未成年人动机式晤谈戒治项目

罪错未成年人动机式晤谈戒治项目是以动机式晤谈为核心技术的戒除吸毒成瘾的项目，该项目主要适用于罪错未成年人强制戒治处分。从上述动机式晤谈法基本理念可看出，矫正人员通过动机式晤谈法旨在通过改变被矫正人的动机来戒除其瘾癖，实现矫正。但正如前文所述，动机容易受到外界的干预和影响，也正是因为这个特点，已经成功实现戒除瘾癖的对象很容易复发。尤其是罪错未成年人，其自控能力差，再加上罪错未成年人解除保护处

分后仍处在不良的人际关系网中，因此瘾癖复燃的可能性非常大。针对这一问题，James Prochaska 和 Carlo DiClemente 在 1982 年提出的著名的"改变轮"（wheel of change）将戒除瘾癖的全过程大体分为六个阶段，分别是懵懂期（Precontemplation）、沉思期（Contemplation）、决定期（Determination）、行动期（Action）、维系期（Maintenance）和复发期（Relapse）（见图 5-1）。[1]

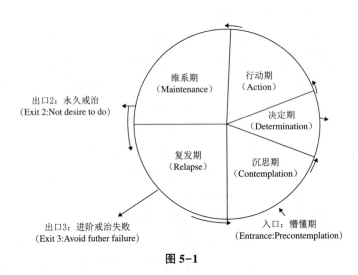

图 5-1

从此图可知，戒除瘾癖是一个复杂而又艰难的过程。戒除瘾癖恰如这个轮盘，在得到稳定的改善之前，戒治对象通常要在该轮盘上"兜几个圈子"，这是因为瘾癖复燃几乎是每个戒治对象在戒治过程中必须经历的阶段。从戒治实践上而言，只要被矫正者没有退出戒治，每一次的复发都会距离完全戒治更进一步。纵观此图，矫正人员首先需要关注懵懂期，因为懵懂期很少有愿意戒治的，而动机式晤谈法恰恰是在这个阶段介入矫正，使被矫正者产生动机性改变。如上文强调的那样，动机式晤谈是矫正人员引导被矫正者产生从动机发生改变，而这种方法一定不是说教。同理，在懵懂期如果直接给被矫正者建议，常常会带来不利于戒治的效果。[2] 当动机式晤谈法产生初步效

---

〔1〕 See Prochaska, J. O., DiClemente, C. C., "Transtheoretical therapy: Toward a more integrative model of change", *Psychotherapy: theory, research & practice*, Vol. 19, No. 3., 1982, pp. 276-288.

〔2〕 See Rollnick, S., MacEwan, I., "Alcohol counselling in context", in Davidson, R., Rollnick, et al., eds., *Counselling problem drinkers*, Routledge, 1991, pp. 97-114.

果后，被矫正者就进入沉思期。沉思期中的被矫正者既想改变又可能拒绝改变，在这一矛盾心理的背后其实是被矫正者产生初步的动机性改变后犹豫不定的体现，因此沉思期对于整个动机式晤谈法来说是极其关键的。在一定时期的犹豫之后，被矫正者就进入决定期，被矫正者的决定包括积极肯定的决定和消极否定的决定，因为在这一过程中被矫正者很可能决定不去改变。在普通情况下，如果被矫正者放弃去改变自己，动机式晤谈就结束了。但针对罪错未成年人的强制戒治不同，这是一种监禁型保护处分，是以剥夺罪错未成年人的人身自由作为代价。因此，即便罪错未成年人决定不配合戒治也不能获得自由。诚然，这是从保护罪错未成年人的角度考虑的。在笔者看来，如果没有强有力法治作为后盾，很难实现未成年人毒瘾戒治。因此，在阻抗戒治的情形下，在达到最长处遇期间之前，不应放弃用动机式晤谈法实现戒治。当然，如果戒治对象配合矫正人员，则进入行动期，行动期是戒治的主体部分，医学手段和药物治疗是该阶段的主要戒治手段，而心理干预部分则成为辅助戒治手段。行动期过后的维持期是矫正后最大的挑战，大部分被矫正者在首次戒除瘾癖后都极有可能走上瘾癖死灰复燃的老路——由维持期回到复发期。这就是为何本书主张，在再次吸毒的风险明显减小且已经戒治成功后，不能直接戒除被矫正者的强制禁戒处分，而应当转为保护管束的原因。因为在一段时期内，即便评估结果显示戒治成功，也有可能继续吸毒。所以，追踪评估是必要的，这需要保护管束实现对戒治对象的追踪评估。

　　针对物质滥用成瘾的罪错未成年人而言，笔者之所以将其纳入保护处分的范畴，是因为戒治不仅对于成年人还有罪错未成年人都是十分困难的事。而物质滥用本身对人体造成的伤害在此毋庸多言，其伤害不仅是生理方面，还包括心理和精神上的伤害。物质滥用还是许多犯罪行为的诱因，尤其对于罪错未成年人更是如此，极有可能促使其形成犯罪人格。监禁本身并不是强制戒治的目的，监禁只是一种强制手段，从某种程度来说，还是一种保护有瘾癖罪错未成年人的必要手段。因此，执行罪错未成年人强制戒治处分应充分体现保护罪错未成年人的原则。将"瘾癖"本身看作是一种"病"，而非一种"罪"，这当然也符合循证矫正的基本理念。

　　戒治内容应当分为药物戒治和心理戒治两个部分。药物戒治主要是从医学角度对被矫正者进行评估和治疗，让物质滥用成瘾的罪错未成年人从生理上戒除瘾癖；心理戒治则依靠罪错未成年人动机式戒治项目实现。矫正人员通过动机式晤谈法，引导被矫正者发生动机上的改变，让被矫正者从心理上戒除毒瘾。无疑，对被矫正者实现心理戒治是更为重要的。因为药物只能对被矫正者起到辅助作用，而戒除瘾癖真正的要素需要被矫正者的意志，因为现在大部分通过药物戒毒的方法是利用一种叫美沙酮（methadone）的药物进行毒品替代治疗。所以，从戒治效果上而言，通过动机式晤谈法实现彻底戒除毒瘾较未使用动机式晤谈法戒除毒瘾的效果更佳。例如，通过对 59 项研究的比较发现（包含 13 342 名参与者），通过动机式晤谈法进行心理干预的实验组戒治效果要比对照组戒治效果显著。[1]

综上，罪错未成年人动机式晤谈毒品戒治项目可以从下述内容分步实施：第一步：对罪错未成年人物质成瘾类型作基本评估，看被戒治者使用何种毒品。第二步：让被矫正者谈谈毒品带给自己的收益，换言之，即让被矫正者谈谈吸毒的"好处"。探讨毒品带给罪错未成年人收益并不是目的，而是不让被矫治者产生逆反心理，并引起话题兴趣，当然这也是为矫正人员去批判色彩做准备。第三步：在前两步的基础上，进一步引导被矫正者谈论吸毒的不利之处。在戒治实务中，有许多被戒治者是在谈论毒品的收益时就将其损益一并带出。第四步：引导罪错未成年人回顾吸毒前的理想。这一步非常关键，因为被戒治者通常在吸毒之前对生活抱有理想，而随着毒品上瘾陷入生活的恶性循环不能自拔。因此，对吸毒前理想和吸毒后对个人生活的影响，是引起被矫正反思的最佳切入点，因为理想的预期与现实之间落差太大。第五步：引导被矫正者对刚才的谈话进行回顾，让被矫正者厘清自己最关切的核心问题。第六步：引导被戒治者进行吸毒成瘾后的损益对比，通过分析让被戒治者本人意识到自己当前境遇与所期待生活的落差。第七步：回答被戒治者最关心的问题，并引导被戒治者进行特殊事件的回顾，从而引起被戒治者情绪的波动。这种引起自我内疚感和罪责感主要是为了让戒治者对物质成瘾行为引起足够的反思，从而对一以贯之的成瘾行为有所松动。第八步：在前七步的基础上，引导被戒治者将之前所有会谈线索连在一起，让他自己决定今后的规划。

以动机式晤谈法为主戒治项目对罪错未成年人最大的意义在于这种戒除

---

[1] See Smedslund, Geir, et al., "Motivational interviewing for Substance abuse", *The Cochrane database of systematic reviews*, Vol. 5, 2011.

瘾癖的非强制性。在整个戒治过程中，对成瘾罪错未成年人的戒治都是以其自愿作为基础展开戒治的，这对于正处于青春叛逆期罪错未成年人的成瘾戒治帮助很大。再者，从上文所述成瘾行为的"改变轮"来看，戒治毒瘾并非一蹴而就之事，所以毒瘾复发是常见之事。而从罪错未成年人的角度来讲，在解除强制戒毒后的一段时间，应当有一个"缓冲观察考验期"——将解除强制处分戒治的罪错未成年人转为保护管束进行观察。因此，即便将罪错未成年人强制戒治处分转为保护处分，罪错未成年人动机式晤谈戒治项目也不结束，强制戒毒所应当将罪错未成年人的案卷、评估结果、矫正情况汇总移交给社区矫正机构，社区矫正机构应当对被矫正人进行追踪评估，戒治项目执行完毕时间与解除保护管束时间同步。在此之后，应当将社区内的戒治及评估报告汇总备案给司法机关及强制戒毒所。

## 本章小结

作为本研究最后一章，本章对罪错未成年人保护处分的执行进行完善，从罪错未成年人保护处分的执行机构及方式、矫正方法以及矫正项目三个层面完善了我国罪错未成年人保护处分的执行。第一节首先完善并论述了罪错未成年人保护处分的执行机构及方式。由于本书将罪错未成年人保护处分的基本类型划分为专门教育、保护管束和罪错未成年人强制戒治处分，所以这一节内容从这三个层面展开对罪错未成年人保护处分的执行完善。

从专门教育执行上来说：首先，将专门学校改造为专门教育的执行场所，并更名为罪错未成年人教育矫正所，并全面恢复强制准入制度；其次，专门学校由教育部和司法部共同管理，这是因为原有的专门学校虽然仍具备教学的功能，但改造后的保护处分执行场所在法律属性上成为一种刑事执行机构；再次，专门教育的课程模式可以仿效日本少年院的课程设置，总体上将课程分为两类，一类是短期处遇课程，另一类是长期处遇课程，凡不满6个月的处遇皆为短期处遇，凡在6个月以上的处遇皆为长期处遇；最后，在变更处遇方式层面，若罪错未成年人的人身危险性明显降低，应当变更专门教育为保护管束或者完全解除专门教育。

保护管束应以我国社区矫正制度为基础构建，这是因为保护管束是一种针对罪错未成年人限制自由型的保护处分。将保护管束纳入保护处分范畴的原因是，不论是缓刑型保护管束还是假释型保护管束抑或是单处型保护管束，在执行过程中都以其再犯风险水平作为评估矫正效果的标准。再者，从缓刑和假释的角度来看，二者皆属于目的刑论尤其是特殊预防论的产物。[1]在罪错未成年人保护处分司法化之后，针对罪错未成年人而言，在我国刑事执行体系也会同样存在三种性质的保护管束——即单处型保护管束、缓刑型保护管束和假释型保护管束。而这三种保护管束之间互有关联，虽然其处罚依据不同，但是其执行的依据都是再犯风险水平，这样做也符合当代刑罚的理念，况且其执行机构应当为社区矫正机构。故笔者主张将保护观察纳入罪错未成年人保护处分的内容，只是在保护观察内部区分不同类型的保护观察。其根本目的在于刑罚的功利性及处罚罪错未成年人的必要性：只要是有利于预防罪错未成年人犯罪、降低其再犯风险的矫正方式且有矫正的必要，就应当将其归纳一起，从而更有利于罪错未成年人回归社会。还需特别注意的是，在构建保护管束的过程中，应当重视这些社区矫正可能出现的问题，完成保护管束与社区矫正之间的衔接。

罪错未成年人强制戒治处分作为一种监禁型保护处分。罪错未成年人强制戒治处分的执行机构是戒毒所，执行方式应当采取以剥夺自由为主要方式戒治。本书认为要完全实现强制隔离戒毒的司法化运作，必须将强制隔离戒毒制度纳入保护处分的体系中，以此作为隔离戒毒制度全面司法化的基础，因此应当将罪错未成年人强制戒治处分纳入保护处分，如此不仅有利于保护罪错未成年人，还有利于预防罪错未成年人由瘾癖行为引发的犯罪，更有利于社会防卫。从监管上而言，将针对罪错未成年人的强制隔离戒毒纳入保护处分成为强制戒治处分，等同于将部分强制隔离戒毒的权力交由法院。从执行效果上，现有的强制隔离戒毒体系，将其交由司法行政部门执行，不仅能更好地整合资源，更有利于物质滥用成瘾罪错未成年人戒治。被矫正者即便戒治完毕，也很有可能复发毒瘾。因此，被处遇罪错未成年人强制戒治处分的罪错未成年人在戒治成功以后不应当完全解除保护处分，法院应当根据具体情况将处遇方式改变为保护管束，从而通过罪错未成年人调查评估机构追踪评估被矫正者的情况，如果有毒瘾复发的现象，可继续对其执行强制戒治处分。还有一点，从罪错未成年人调查评估机构介入罪错未成年人保护处分

---

〔1〕 参见张明楷：《责任刑与预防刑》，北京大学出版社 2015 年版，第 393 页。

来看，这种介入模式能够更加科学地评估有瘾癖罪错未成年人的将来犯罪的可能性及已经实施不法行为罪错未成年人的再犯可能。

第二节论述执行罪错未成年人保护处分的矫正方法，包括三种：认知行为疗法、辩证行为疗法和动机式晤谈法。认知行为矫正方案包括多种心理干预方法，是指通过认知影响行为，即依靠监视和改变认知活动从而改变其外部活动，认知行为疗法对于矫正不良行为有很大的积极作用。辩证行为疗法最早的心理学理论根基是认知行为疗法，在以辩证思维法作为理论指导的基础上，吸收了行为疗法、格式塔疗法、开放中心疗法以及正念疗法（正念疗法源自东方禅学，但不含宗教色彩）等心理学治疗理论，逐步形成了辩证行为疗法。辩证行为疗法在世界范围内广泛运用于服刑人员矫正领域，尤其是对矫正缺乏控制情绪的冲动型暴力犯、边缘人格障碍型暴力犯以及有自杀意图的服刑人员有显著成效。动机式晤谈法对于罪错未成年人保护处分最大的意义是帮助罪错未成年人克服成瘾行为戒除前的心理冲突。本研究所完善的罪错未成年人保护处分包含针对罪错未成年人的罪错未成年人强制戒治处分，此种类型保护处分的目的即是戒除罪错未成年人的瘾癖。

第三节完善并论述执行罪错未成年人保护处分的矫正项目，包括罪错未成年人专门教育矫正项目和罪错未成年人动机式晤谈矫正项目。罪错未成年人专门教育矫正项目主要参考的矫正项目是加拿大"第二代理性再社会化项目"，即第二代 R&R 项目。第一代 R&R 项目是以认知行为疗法为主，通过心理干预、技能训练、引导正确价值导向等方式祛除其反社会性，从而实现矫正目的；第二代 R&R 项目在第一代项目的基础上，借鉴辩证行为疗法、神经科学等理论进一步完善了该矫正项目，更为重要的是，第二代 R&R 项目专项设立了青少年矫正方法，这对构建我国罪错未成年人保护处分的执行项目具有借鉴意义。据此，罪错未成年人专门教育矫正项目包括以下内容：（1）元认知训练项目。（2）情绪控制训练项目。（3）批判性思考训练项目。（4）创造性思维训练项目。（5）社交认知及问题解决能力训练项目。（6）社会技能训练项目。（7）社交共情能力训练项目。（8）角色扮演训练项目。罪错未成年人动机式晤谈戒治项目是以动机式晤谈为核心技术的戒除吸毒成瘾的项目，该项目主要适用于罪错未成年人强制戒治处分。"改变轮"将戒除瘾癖的全过程大体分为六个阶段，分别是懵懂期、沉思期、决定期、行动期、维系期和复发期。因此，戒除瘾癖是一个复杂而又艰难的过程。戒除瘾癖恰如这个轮盘，在得到稳定的改善之前可能出现反复复发的情形，这是因为瘾癖复燃几乎是每个戒治对象在戒治过程中必须经历的阶段。因此，毒瘾复发是常见之事。而从罪错未成年人的角度来讲，在解除强制戒毒后的一段时间，将解除强制处分戒治的罪错未成年人转为保护管束进行追踪评估是最为可取的方式。

# 结　语

以社会复归模式和循证矫正模式作为立法修改后罪错未成年人处理的完善路径，既能贯彻落实轻罪刑事政策，又能实现精准矫正，进而避免立法与司法之间的分化。

## 一、立法修改建议

第一处增补：在我国《刑法》第37条之一后面添加一条成为第37条之二，以此作为罪错未成年人保护处分的立法主体内容：

"对已满十四周岁不满十六周岁不受刑罚处罚的人，应根据罪错未成年人调查评估机构的评估报告，对其适用专门教育或保护管束。

对不满十四周岁的人，实施故意杀人、故意伤害致人重伤或者死亡、强奸、抢劫、贩卖毒品、放火、爆炸、投放危险物质的行为，虽不受刑罚处罚，但应根据罪错未成年人调查评估机构的评估报告，对其适用保护管束。

对不满十八周岁吸食毒品成瘾的人，应对其实施罪错未成年人强制戒治处分。

保护管束及专门教育的执行期间根据罪错未成年人个人矫正及戒治的综合情况而定，最长期限不得超过两年，最短期限不得少于六个月。

专门教育由罪错未成年人教育矫正所执行，保护管束由社区矫正机构执行，罪错未成年人强制戒治处分由戒毒所执行。

罪错未成年人调查评估机构应定期对执行专门教育和保护管束的罪错未成年人进行再犯风险评估。对于服从管理、确有悔过、再犯风险明显降低的罪错未成年人，在执行一个月后，可以由法院撤销专门教育或者变更为保护管束。

对已满十四周岁不满十八周岁执行徒刑以上的未成年犯，罪错未成年人调查评估机构应定期对执行刑罚的未成年犯进行再犯风险评估，并根据本法第八十一条综合判断，对符合假释条件的未成年犯，依法假释。在假释考验期内的未成年犯，依法实行保护管束。"

第二处增补：将未成年犯缓刑的修改内容添加在《刑法》第 76 条后，成为 76 条之一：

"对宣告缓刑的罪错未成年人，在缓刑考验期内，依法实行专门教育，如果没有本法第七十七条规定的情形，缓刑考验期满，原判的刑罚就不再执行，并公开予以宣告。"

第三处增补：将附条件不起诉的决定权交由法院，修改《刑事诉讼法》第 282 条为：

"对于罪错未成年人涉嫌刑法分则第四章、第五章、第六章规定的犯罪，可能判处一年有期徒刑以下刑罚，符合起诉条件，但有悔罪表现，并且根据罪错未成年人再犯风险评估报告，其再犯风险显著偏低，人民法院可以作出附条件不起诉的决定。人民法院作出附条件不起诉的决定前，应当听取公安机关、被害人的意见。

地方各级检察机关向上一级人民法院提出抗诉的，适用本法第二百二十八条的规定。被害人申诉的，适用本法第二百五十二条的规定。罪错未成年人调查评估机构可以向人民法院或者检察机关提出申诉。

未成年犯罪嫌疑人及其法定代理人对人民法院决定附条件起诉有异议的，人民法院应当重新审理案件。"

## 二、罪错未成年人处遇的专门教育矫正项目设计

罪错未成年人处遇的专门教育矫正项目的设计基于以下专业原则和理论框架：一是发展心理学原理，考虑未成年人的心理和生理发展阶段，这些项目依据发展心理学原则设计，以适应他们的成长需求和认知能力；二是教育和康复理念：结合教育和康复的理念，项目注重在提供必要的教育资源的同时，引导罪错未成年人进行自我改正和社会适应性行为的培养；三是认知行为疗法（CBT）：此方法被广泛应用于青少年矫正项目中，特别是在处理认知

偏差、解决问题的技能、社交技能和情绪调节方面；四是循证实践：项目设计基于循证实践原则，意味着所采取的方法和技术都有科学研究和数据支持其有效性；五是个体化矫正：项目重视对每个未成年人独特情况的考虑，提供个体化的矫正计划，以满足他们不同的需求和背景；六是社会整合和再社会化：重点放在帮助罪错未成年人重新融入社会，包括社交技能训练、职业培训，以及其他相关的再社会化活动；七是跨学科合作：项目设计通常涉及多学科专业知识的融合，包括心理学、教育学、社会工作、法律和青少年犯罪学等领域的专家合作；八是家庭和社区参与：强调家庭和社区的参与在未成年人矫正过程中的重要性，确保他们在家庭和社区环境中得到必要的支持和资源。

应当确立以循证科学为核心的再犯风险评估和矫正体系，通过执行矫正项目和追踪评估，最终实现矫正罪错未成年人的目的。

据此，该项目设计应包含以下内容：

第一，制定结构化的矫正方案：依据再犯风险评估报告，为每位罪错未成年人制定具有结构性且针对性的矫正方案。这些方案应具有问题聚焦性，旨在处理具体的行为和认知问题。

第二，遵循 RNR 原则：矫正过程中必须遵循"风险—犯因性需求—回应"原则。这意味着矫正措施应基于个体的风险评估，针对其特定的犯因性需求（如认知能力、学习能力、思维模式等），并采取适当的方法回应这些需求。

第三，坚持个体矫正与团体矫正相结合的原则。该项目不仅适用于个体矫正，也适用于团体矫正。这种灵活性允许项目根据不同被矫正者的特点和需求，提供最适合的矫正方式。参考加拿大第二代理性再社会化项目：该项目以加拿大"第一代理性再社会化项目"为蓝本，该项目是基于认知行为疗法，并结合辩证行为疗法和神经科学理论而发展的。特别是针对青少年的矫正方法在构建中国罪错未成年人保护处分的执行项目中具有重要借鉴意义。

第四，科学验证的效果：R&R 项目已在司法实践中应用超过 20 年，对超过 7000 名服刑人员进行司法矫正，并在世界范围内取得了显著成效。这一项目已在多种类型的罪行（包括暴力犯罪、财产犯罪、性犯罪、白领犯罪以及有人格障碍的罪犯）中展示了其有效性。

第五，数据支持的再犯率降低：通过对实验组和对照组的比较研究，

R&R 项目显示了在降低服刑人员再犯风险方面的显著效果，再犯率总体上下降 14%。这些研究覆盖了不同的环境（社区内和监区内）、不同风险级别的服刑人员、不同样本大小的研究以及最新与旧的研究。

第六，建立治疗联盟：与被矫正者建立良好的合作关系至关重要。这涉及能够共情、制定共同的日程、积极反馈，以及为被矫正者确立明确的目标。矫正工作人员应具备心理干预的专业素养。

第七，激发被矫正者的积极参与。被矫正者对矫正过程的感知与投入程度直接影响矫正效果。因此，鼓励被矫正者积极参与矫正过程是非常重要的。

第八，识别核心观念：探索并理解被矫正者的核心信念对于实现有效矫正至关重要。这涉及识别和改变错误认知，如极端性思考、选择性注意、依赖直觉及自我责备。

第九，运用行为技术：除了认知技术，行为技术在认知行为疗法中也扮演着关键角色。这包括通过行为实验来检验和调整被矫正者的想法和行为。

### 三、罪错未成年人动机式晤谈戒治项目的完善

罪错未成年人动机式晤谈戒治项目的制定基于以下专业原则和理论框架。一是动机增强理论：这种方法基于动机增强理论，它认为通过增强个人的内在动机和认识到改变的必要性，可以有效促进行为变化。在这种方法中，晤谈的目的是引发被矫正者对自己行为的深入思考，并激发他们改变的愿望。二是认知行为疗法原则：项目还融合了认知行为疗法的要素，特别是在探讨吸毒的利弊时，通过引导罪错未成年人认识到其行为背后的认知偏差和误区。自我反省和自我发现：项目注重引导罪错未成年人进行自我反省和自我发现，特别是通过回顾吸毒前的理想和生活目标，以及分析吸毒行为对这些理想的影响。三是情感觉察和情绪调节：通过引发情绪波动和内疚感，项目促使罪错未成年人更好地理解自己的情感状态，并学习如何有效地管理和调节这些情感。四是个体化和参与性：项目强调个体化的干预方法，确保每个被矫正者都能在晤谈中找到对自己有意义的内容。同时，鼓励被矫正者积极参与到矫正过程中，增加项目的有效性。五是实证研究支持：这种方法的制定和实施都依赖于实证研究和实践证据，确保所采取的方法能有效地应对罪错未成年人的特定需求和挑战。六是基本评估：首先对罪错未成年人的物质成瘾类

型进行基本评估，了解被戒治者使用的具体毒品类型。

据此，该项目设计应包含以下内容：

1. 探讨毒品的"收益"：鼓励被矫正者谈论吸毒带来的感觉或认为的"好处"。这一步骤的目的不是肯定吸毒行为，而是避免被矫正者产生逆反心理，同时激发他们对话题的兴趣，为后续批判性分析做准备。

2. 讨论吸毒的不利影响：在前两步的基础上，引导被矫正者讨论吸毒的负面影响。这一步骤中，被矫正者往往会自然地谈及毒品的利弊。

3. 回顾吸毒前的理想：引导被戒治者回想吸毒之前的生活理想和目标。这一步是关键，因为大多数被戒治者在吸毒前对生活有所期待，但毒品上瘾后生活陷入恶性循环。突显理想与现实之间的差距，可以促使被矫正者进行深刻反思。

4. 回顾谈话内容：引导被矫正者对之前的谈话进行回顾，帮助他们明确自己最关心的核心问题。

5. 吸毒成瘾后的损益分析：通过分析吸毒成瘾后的生活损益，使被矫正者意识到自己的当前境况与期望生活之间的差距。

6. 回答问题并引导情绪波动：解答被矫正者的问题，并引导他们回顾特殊事件，激发他们的情绪波动。这一步骤旨在引发被矫正者的内疚感和责任感，促使他们对自己的成瘾行为进行深刻反思。

7. 制定未来规划：在前七步的基础上，引导被矫正者综合考虑所有会谈内容，让他们自己决定未来的生活规划。

整个项目旨在通过动机式晤谈的方式，促使罪错未成年人深入了解自己的成瘾行为及其后果，并激发他们改变的愿望和能力，从而实现戒毒和人格的重塑。

罪错未成年人的矫正工作在中国正经历一场深刻的转型，这主要体现在法律立法和矫正实践两个层面。法律立法方面，针对罪错未成年人的处理正在从传统的惩罚式方法转向更加注重教育、康复和社会再融合的模式。新提出的法律条款（如《刑法》第37条之二的增补）明确了对罪错未成年人适用的专门教育、保护管束以及强制戒治处分，这些提议反映了立法上对未成年人特殊状况的关注和保护，以及对未成年人犯罪行为的适度和差异化处理，既体现了刑事政策的人性化，又确保了法律的公正性和效果。该措施不仅体现了对未成年人特殊身份的认识和保护，也强调了矫正教育和再犯风险评估的重要性。此外，对缓刑和附条件不起诉的规定进一步体现了对罪错未成年人个案的细致处理和对他们未来发展的关注。

在矫正实践方面，罪错未成年人处遇的专门教育矫正项目和动机式晤谈戒治项目的设计充分体现了专业性和学术性。首先，这些项目坚持循证实践和跨学科合作的原则，通过结合发展心理学、认知行为疗法、社会工作和教育学等多个领域的知识，为罪错未成年人提供了全面、个性化的矫正方案。这些方案的设计不仅考虑了罪错未成年人的心理和生理发展阶段，还关注了他们的社会和教育需求，从而确保矫正措施既有助于他们的康复，又能促进他们的社会适应。特别是动机式晤谈戒治项目，它通过一系列有针对性的步骤（如探讨毒品的"收益"、分析吸毒后的生活损益、回顾吸毒前的理想等）来激发罪错未成年人对自己行为的反思和改变的愿望。这种方法不仅有助于增强未成年人的内在动机，还能促使他们更好地理解自己的情感状态，并学会有效地管理和调节这些情感。通过这种方式，项目不仅促进了罪错未成年人的个人成长，还有助于他们重新融入社会。

综上，本研究具体的项目设计方面，结合发展心理学原理、认知行为疗法、循证实践等多学科知识，项目针对罪错未成年人的特点，制定了个性化、结构化的矫正方案。这些方案旨在通过科学的方法和技术，改善未成年人的认知偏差、社交技能和情绪调节能力，从而减少其再犯风险和提高其社会适应能力。项目的设计充分考虑了未成年人的心理和行为特点，采用个体矫正和团体矫正相结合的方式，提供了灵活多样的矫正手段。在具体矫正项目的设计上借鉴了加拿大第二代再社会化项目的经验，将认知行为疗法与辩证行为疗法、神经科学理论结合起来，特别是在青少年矫正方法上的创新和应用，为我国罪错未成年人保护处分的执行提供了有力的理论支持和实践指导。通过长达20年的司法实践验证，项目在降低再犯率、促进社会再融入等方面取得了显著效果，这不仅体现了矫正计划的科学性和有效性，也展示了跨学科合作在未成年人矫正领域的重要价值。项目中的罪错未成年人动机式晤谈戒治部分，通过动机增强理论和认知行为疗法原则，有效地促进了罪错未成年人对自己行为的深入思考和自我反省。通过探讨吸毒的"收益"和不利影响，引导未成年人回顾吸毒前的理想，深刻认识到吸毒行为对生活的负面影响。该部分的设计注重情感觉察和情绪调节，通过个体化的干预方法和实证研究支持，使项目更具针对性和有效性。

# 参考文献

## 一、著作类

1. ［德］贝林:《构成要件理论》,1930 年版,转引自马克昌主编:《近代西方刑法学说史》,中国人民公安大学出版社 2008 年版。

2. ［德］宾丁:《规范手册》,1885 年版,转引自马克昌主编:《近代西方刑法学说史》,中国人民公安大学出版社 2008 年版。

3. ［德］弗兰茨·冯·李斯特:《德国刑法教科书》,徐久生译,法律出版社 2000 年版。

4. ［德］冯·李斯特:《论犯罪、刑罚与刑事政策》,徐久生译,北京大学出版社 2016 年版。

5. ［德］冯·李斯特:《刑罚与强制教育》,北京大学出版社 2016 年版。

6. ［德］汉斯·海因里希·耶赛克、托马斯·魏根特:《德国刑法教科书》,徐久生译,中国法制出版社 2001 年版。

7. ［德］汉斯·约阿希姆·施奈德:《犯罪学》,吴鑫涛、马君玉译,中国人民公安大学出版社 1990 年版。

8. ［德］黑格尔:《法哲学原理》,范扬、张企泰译,商务印书馆 2013（1961）年版。

9. ［德］克劳斯·罗克辛:《德国刑法学　总论:犯罪原理的基础构造》（第 1 卷）,王世洲译,法律出版社 2005 年版。

10. ［德］克劳斯·罗克辛:《德国刑法学　总论:犯罪行为的特别表现形式》（第 2 卷）,王世洲等译,法律出版社 2013 年版。

11. ［德］乌尔斯·金德霍伊泽尔:《刑法总论教科书》,蔡桂生译,北京大学出版社 2015 年版。

12. ［法］卡斯东·斯特法尼等:《法国刑法总论精义》,罗结珍译,中国政法大学出版社 1998 年版。

13. ［法］马克·安塞尔:《新刑法理论》,卢建平译,天地图书有限公司 1990 年版。

14. ［日］川出敏裕、金光旭:《刑事政策》,钱叶六等译,中国政法大学出版社 2016 年版。

15. ［日］大谷实:《刑事政策学》,黎宏译,中国人民大学出版社 2009 年版。

16. ［日］服部郎、佐佐木光明:《Hand Book 少年法》,明石书店 2000 年版,载尹琳:《日本少年法研究》,中国人民公安大学出版社 2005 年版。

17. ［日］久里田益喜:《日本刑法总论》,松堂 1925 年版。

18. ［日］梅村谦:《作为教师的矫正职员》,载《刑政》1999 年 100 卷 6 号。

19. ［日］木村龟二:《刑法学入门》,有斐阁 1957 年版,转引自马克昌主编:《近代西方刑法学说史》,中国人民公安大学出版社 2008 年版。

20. ［日］平场安治:《少年法》(新版),有斐阁 1987 年版。

21. ［日］山口厚:《刑法总论》,付立庆译,中国人民大学出版社 2011 年版。

22. ［日］守屋克彦:《现代的庸常与少年审判》,劲草书房 1998 年版。

23. ［日］松原芳博:《刑法总论》,日本评论社 2013 年版。

24. ［日］藤本哲也:《刑事政策概论》(全订第 6 版),青林书院 2006 年版。

25. ［日］西田典之:《日本刑法总论》,王昭武、刘明祥译,法律出版社 2013 年版。

26. ［日］泽登俊雄:《少年法入门》(第二版补订),有斐阁 2003 年版。

27. ［日］竹田直平:《法规范及其违反》,有斐阁 1961 年版,转引自马克昌主编:《近代西方刑法学说史略》,中国检察出版社 1996 年版。

28. ［意］格拉马蒂卡:《社会防卫原理》,［日］森下忠译,成文堂 1980 年版,转引自马克昌主编:《近代西方刑法学说史略》,中国检察出版社 2004 年版。

29. ［意］加罗法洛:《犯罪学》,耿伟、王新译,中国大百科全书 1996 年版。

30. ［意］切萨雷·龙勃罗梭:《犯罪及其原因和矫治》,吴宗宪译,中国人民公安大学出版社 2009 年版。

31. ［意］切萨雷·龙勃罗梭:《犯罪人论》,黄风译,北京大学出版社 2011 年版。

32. Beck, A. T., et al., *Cognitive therapy of depression*, Guilford Press, 1979.

33. Burlingame, G. M., et al., "Small-group treatment: Evidence for effectiveness and mechanisms of change", in M. J Lambett, et al., Eds., *Bergin and Garfield's handbook of psychotherapy and behavior change*, Wiley, 2009.

34. Ceci, S. J. Ed., Handbook of cognitive, social, and neuropsychological aspects of learning disabilities, Routledge, 2013.

35. Bush, J., et al., *Thinking for a change*, National Institute of Corrections, 1998.

36. Goldstein, A., Glick, B., *Aggression replacement training. Champaign*, IL: Research Press, 1987.

37. C. Ball, *Young Offenders and the Youth Court*, Crim. L. R. 1992.

38. Gordon, A. , Hover, G. , "The Twin Rivers sex offender treatment program", in William Lamont Marshall, et al. , Eds. , *Sourcebook of treatment programs for sexual offenders*, Springer US, 1998.

39. Home Office (1999) Criminal Statistics, England and Wales, 1998.

40. Home Office (2000) Guidance Document: Action Plan Order, para. 2. 1.

41. Home Office (2000) Guidance Document: Action Plan Order, para3. 3.

42. Home Office, *Guidance for Practitioners involved in Drug Treatment and Testing Order Pilots*, Home Office, London, 1988.

43. Home Office, *National Standards for the Supervision of offenders in the Community*, London, 1995.

44. Home Office, *Crime, Justice and Protecting the Public*, London, 1990.

45. L. Gelsthorpe, A. Morris, "Juvenile Justice 1945-1992", in M, Maguire, et al. , Eds. , *The Oxford Handbook of Criminology*, Oxford University Press, 1994.

46. Lang, P. J. , "Fear reduction and fear behavior: Problems in treating a construct", in J. M. Shlien, Ed. , *Research in psychotherapy*, APA, 1968.

47. Linehan, M. M. , *Cognitive–behavioral treatment of borderline personality disorder*, Guildford Press, 1993.

48. Meichenbaum, D. , Jaremko, M. Eds. , *Stress reduction and prevention*, Springer, 1983.

49. Miller, W. , Rollnick, S. , *Motivational interviewing: preparing people to change addictive behavior*, Guilford Press, 1991.

50. V. Bailey, *Delinquency and Citizenship: Redaiming The Young Offender, 1914-1948*, Clarendon Press, 1987.

51. Yalom, I. D. , *The theory and practice of group psychotherapy*, Basic Books, 1995.

52. Young Justice Board (2000).

53. Aitken, R. , *Taking the path of zen*, North Point Press, 1982.

54. Barlow, D. H. , et al. , *The scientist practitioner: research and accountablility in clinical and educational settings*, Pergamon Press, 1984.

55. Beck, A. T. , Emory, G. , *Anxiety disorders and phobias: A cognitive perspective*, Basic Books, 1985.

56. Bennett–Levy, J. , et al. , Eds. , *Oxford guide to behavioral experiments in cognitive therapy*, Oxford University Press, 2004.

57. Bonta, J. , Wormith, S. , "Risk and need assessment" in G. Mclvor, P. Raynor Eds. , *Developments in social work with offenders*, Jessica Kingsley Publishers, 2007.

58. J. L. Bonta, D. A. Andrews, *Risk-need-responsively model for offender assessment and rehabilitation*, Public Safety Canada, 2007.

59. Kabat-Zinn, J. , *Wherever you go, there you are: mindfulness meditation in everyday life*, Hyperion, 1994.

60. Marra, T. , *Dialectical behavior therapy in private practice: A practical and comprehensive guide*, New Harbinger Publications, 2005.

61. McKay, M. , et al. , *Messages: The communications skills book*, New Harbinger, 1995.

62. Miller, W. R. , Rollnic, S. , *Motivational interviewing: Preparing people to change addictive behavior*, Guilford Press, 1991.

63. Nuffield, J. , *Parole decision-making in Canada research touards decision guidelines*, Solicitor General of Canada, 1982.

64. Oberwittler, Dietrich, *Von der Strafe zur Erziebung? Fugendkriminalpolitik in England und Deutschland (1850-1920)*, Frankfurt: Campus, 2000.

65. Padesky, C. A. , "Developing cognitive therapist competency: teaching and supervision models", in P. Salkovskis, Ed. , *Frontiers in cognitive therapy*, Guilford Press, 1996.

66. Pederson, L. D. , *Dialectical behavior therapy: A contemporary guide for practitioners*, John Wiley & Sons, 2015.

67. Rogers, S. , *Factors Related to Recidivism Among Adult Probationers in Ontario*, Ontario Ministry of Correctional Services, 1981.

68. Rollnick, S. , MacEwan, I. , "Alcohol counselling in context", in Davidson, R. , et al. , eds. , *Counselling problem drinkers*, Routledge, 1991.

69. Ross, R. R. , Fabiano, E. A. , *Time to think: A cognitive model of delinquency prevention and offender rehabilitation*, Institute of Social Sciences and Arts, 1985.

70. Ross, R. R. , Hilborn, J. , *Rehabilitating rehabilitation: Neurocriminology for treatment of antisocial behaviour*, Cognitive Centre of Canada, 2008.

71. Roth, A. , Fonagy, P. , *What works for whom? A Critical Review of Psychotherapy Research*, The Guilford Press, 2005.

72. Rudolph, Jr. Alexander, *Counseling, treatment, and intervention methods with juvenile and adult offenders*, Cengage Learning, 2000.

73. Samenow, S. E. , *Inside the criminal mind*, Times Books, 1984.

74. Wolfgang, M. E. , et al. , *Delinquency in a birth cohort*, University of Chicago Press, 1987.

75. Smedslund, G. , et al. , *Motivational interviewing for substance abuse*, The Cochrane Library, 2011.

76. Taymans, J. , Parese, S. , *Problem solving skills for offenders*, Virginia Department of Correc-

tional Education，1998.

77.《德国刑法典》，冯军译，中国政法大学出版社 2000 年版。

78. 白建军:《关系犯罪学》，中国人民大学出版社 2014 年版。

79. 尹琳:《日本少年法研究》，中国人民公安大学出版社 2005 年版。

80. 陈兴良:《刑法哲学》，中国政法大学出版社 1992 年版。

81. 樊凤林主编:《刑罚通论》，中国政法大学出版社 1994 年版。

82. 高铭暄、马克昌主编:《刑法学》，北京大学出版社、高等教育出版社 2007 年版。

83. 郝守才等:《近代西方刑法学派之争》，河南大学出版社 2009 年版。

84. 林东品:《犯罪成因过程论》，载肖建鸣、皮艺军主编:《罪之鉴:世纪之交中国犯罪学
    基础理论研究》（上），群众出版社 2000 年版。

85. 林山田:《刑法通论》（上、下册），北京大学出版社 2012 年版。

86. 刘仁文主编:《废止劳教后的刑法结构完善》，社会科学文献出版社 2015 年版。

87. 卢建平主编:《刑事政策学》，中国人民大学出版社 2013 年版。

88. 马克昌主编:《近代西方刑法学说史》，中国人民公安大学出版社 2008 年版。

89. 马克昌主编:《近代西方刑法学说史略》，中国检察出版社 2004 年版。

90. 彭聃龄主编:《普通心理学》，北京师范大学出版社 2019 年版。

91. 尹琳:《日本少年法研究》，中国人民公安大学出版社 2005 年版。

92.［日］团藤崇光、森田宗一:《新版少年法》，有斐阁 1984 年版。

93. 魏胜强主编:《西方法律思想史》，北京大学出版社 2014 年版。

94. 翁腾环:《世界刑法保安处分比较学》，商务印书馆 1935 年版。

95. 吴宗宪编著:《国外罪犯心理矫治》，中国轻工业出版社 2004 年版。

96. 徐久生:《保安处分新论》，中国方正出版社 2006 年版。

97. 张明楷:《外国刑法纲要》，清华大学出版社 1999 年版。

98. 张明楷:《刑法学》（上），法律出版社 2016 年版。

99. 张明楷:《责任刑与预防刑》，北京大学出版社 2015 年版。

## 二、论文类

1. Advisory Council on the Penal System, Non-Custodial and Semi-Custodial Penalties, HMSO,
   1970.

2. Andrew, D. A., et al., "Level of Service/Case Management Inventory（LS/CMI）", *The
   SAGE Encyclopedia of Criminal Psychology*, Vol. 4, 2019.

3. Andrews, D. A., Dowden, G., "Risk Principle of Case Classsification in Corretional Treatment:
   A meta-analytic investigation", *International Journal of Offender Therapy and Comparative*

*Criminology*, Vol. 50, No. 1. , 2006.

4. Andrews, D. A. , J. Bonta, "The Level of Service Case Management Inventory", Toronto: Multi-Health Systems, 1995.

5. Andrews, D. A. , "Recidivism is Predictable and Can Be Influenced: Using Risk Assessments to Reduce Recidivism", *International Association of Residential and Community Alternatives*, Vol. 3, No. 1. , 1990.

6. Andrews, D. A. , et al. , "Classification for Effective Rehabilitation: Rediscovering Psychology", *Criminal Justice and Behavior*, Vol. 17, No. 1. , 1990.

7. Antonowicz, D. H. , "The reasoning and rehabilitation program: Outcome evaluations with offenders", in Mary McMurran, James McGuire eds. , *Social problem solving and offending: Evidence, evaluation and evolution*, Wiley & Sons, 2005.

8. Arnold, T. K. , *Dynamic changes in Level of Service Inventory-Revised (LSI-R) Scores and the effects on prediction accuracy*, St. Cloud State University, 2007.

9. Babyak, M. , et al. , "Exercise treatment for major depression: maintenance of therapeutic benefit at 10 months", *Psychosomatic Medicine*, Vol. 62, No. 5. , 2000.

10. Bandura, A. , "Self-efficacy: Toward a unifying theory of behavioral change", *Psychological Review*, Vol. 84, No. 2. , 1977.

11. Bandura, A. , "Self-efficacy mechanism in human agency", *American Psychologist*, Vol. 37, No. 2. , 1982.

12. Baer, R. A. , "Mindfulness training as a clinical intervention: A conceptual and empirical review", *Clinical Psychology: Science and Practice*, Vol. 10, No. 2. , 2003.

13. Barrett, P. T. , et al. , "The Eysenck Personality Questionnaire: An examination of the factorial similarity of P, E, N, and L across 34 countries", *Personality and Individual Differences*, Vol. 25, No. 5. , 1998.

14. Beck, A. T. , Weishaar, M. E. , "Cognitive therapy" in R. J. Corsini, D. Wedding Eds. , *Current psychotherapies*, IL Peacock Publishers, 2000.

15. Baum, K. M. , Walker, E. F, "Childhood behavioral precursors of adult symptom dimensions in schizophrenia", *Schizophrenia Research*, Vol. 16, No. 2. , 1995.

16. Beck, A. T. , "Thinking and depression: I. Idiosyncratic content and cognitive distortions", *Archives of General Psychiatry*, Vol. 9, No. 4. , 1963.

17. Bonta, J. , "Offender risk assessment: Guidelines for selection and use", *Criminal Justice and Behavior*, Vol. 29, No. 4. , 2002.

18. Bonta, J. , Andrews, D. A. , "Risk-need-responsivity model for offender assessment and rehabilitation", *Rehabilitation*, Vol. 6, No. 1. , 2007.

19. Bonta, J. , et al. , "The prediction of criminal and violent recidivism among mentally disordered offenders: A meta-analysis", *Psychological Bulletin*, Vol. 123, No. 2. , 1998.

20. Brown S. , "Crime and Safety in Whose 'Community'? Age, Everyday Life and Problems of Youth Policy", *Youth and Policy*, Vol. 48, 1995.

21. Chamberlain, P. , et al. , "Observation of client resistance", *Behavior Therapy*, Vol. 15, No. 2. , 1984.

22. Copas, J. , Marshall, P. , "The Offender Group Reconviction Scale: a statistical reconviction score for use by probation officers", *Journal of the Royal Statistical Society*, Vol. 47, No. 1. , 1998.

23. Corrado, R. R. , et al. , "Predictive validity of the Psychopathy Checklist: Youth Version for general and violent recidivism", *Behavioral sciences & the law*, Vol. 22, No. 1, 2004.

24. Douglas, K. S. , Skeem, J. L. , "Violence risk assessment: getting specific about being dynamic", *Psychology, Public Policy, and Law*, Vol. 11, No. 3. , 2005.

25. Durlak, J. A. , et al. , "Effectiveness of cognitive behavior therapy for maladapting children: A meta-analysis", *Psychological Bulletin*, Vol. 110, No. 2. , 1991.

26. Farrington, D. P. , "The Effects of Public Labeling", *British Journal of Criminology*, Vol. 17, No. 2. , 1977.

27. Fossati, A. , et al. , "Brief communication: Criterion validity of the Personality Diagnostic Questionnaire-4+ (PDQ-4+) in a mixed psychiatric sample", *Journal of personality disorders*, Vol. 12, No. 2, 1998.

28. Gendreau, P. , Ross, R. , "Offender rehabilitation: The appeal of success", *Fed. Probation*, Vol. 45, No. 4. , 1981.

29. Gendreau, Ross, R. R. , "Revivification of rehabilitation: Evidence from the 1980s", *Justice Quarterly*, Vol. 4, No. 3. , 1987.

30. Ghaderi, A. , "Does individualization matter? A randomized trial of standardized (focused) versus individualized (broad) cognitive behavior therapy for bulimia nervosa", *Behaviour Research & Therapy*, Vol. 44, No. 2. , 2006.

31. Gretton, H. M. , et al. , "Psychopathy and offending from adolescence to adulthood: a 10-year follow-up", *Journal of consulting and clinical psychology*, Vol. 72, No. 4. , 2004.

32. Harcourt, B. E. , "Reflecting on the subject: A critique of the social influence conception of deterrence, the broken windows theory, and order-maintenance policing New York style", *Michigan Law Review*, Vol. 97, No. 2. , 1998.

33. Hemphill, J. F. , Howell, A. J. , "Adolescent offenders and stages of change", *Psychological assessment*, Vol. 12, No. 4. , 2000.

34. Hoffman, et al. , "Parole decision-making: A Salient Factor Score", *Journal of Criminal Justice*, *Vol. 2*, No. 3. , 1974.

35. Höge, R. D. , Andrews, D. A. , *Youth Level of Service/Case Management Inventory*, Multi-Health Systems, 2002.

36. Howells, K. , et al. , "Brief anger management programs with offenders: Outcomes and predictors of change", *The Journal of Forensic Psychiatry & Psychology*, Vol. 16, No. 2, 2005.

37. Inter-Departmental Circular on Establishing Youth Offending Teams, December 22, 1998, issued by the Home Office, Department of Health, Welsh Office and Department for Education and Employment.

38. Izzo, R. L. , Ross, R. R. , "Meta-analysis of Rehabilitation Programs For Juvenile Delinquents: A Brief Report", *Criminal Justice and Behaviour*, Vol. 17, No. 1. , 1990.

39. Kennedy, S. , R. Serin, "Examing Offender Readiness to Change and the Impact on Treatment Outcome. " In P. M. Harris ed. , Research to Results: Effective Community Corrections, American Correctional Association, 1999.

40. Kerner, Hans Jügen, "Jugendkriminalrecht als 'Vorreiter' der Strafrechtsreform? Überlegungen zu 40 Jahren Rechtsentwickcklung in Rechtsprechung, Lehre und Kriminalpolitik. ", *DVFF-Fournal*, Vol. 133, 1990.

41. Kizing, J. , *Die Legalbewährung gefährlicher Rückfalltäter*, Duncker & Humblot, 2010.

42. J. Harwin, "The Battle for Delinquent", in C. Jones, J. Stevenson eds. , *Yearbook of Social Policy in Britain*, Routledge and Kegan Paul, 1981.

43. J. Straw, A. Michael, *Tackling Youth Crime: Reforming Youth Justice: A Cansultation Paper on am Agenda for Change*, Labour, 1996.

44. Linehan, M. , et al. , "Naturalistic follow-up of a behavioral treatment for chronically parasuicidal Borderline patients", *Archives of General Psychiatry*, Vol. 50, No. 12. , 1993.

45. Liszt, Franz von. , "Die Kriminalität der Jugendliche. " in Franz von Liszt eds. , *Strafrechtliche Aufsätze und Vorträge*, Guttentag, Vol. 2, 1905.

46. Lowenkamp, C. T. , et al. , "The Risk Principle in Action: What Have We Learned from 13, 676 Offenders and 97 Correctional Programs?" *Crime & Delinquency*, Vol. 52, No. 1. , 2006.

47. Marlatt, G. A. , "Cognitive assessment and intervention procedures for relapse prevention", in G. A. Marlatt, J. R. Gordon Eds. , *Relapse prevention: Maintenance strategies in the treatment of addictive behaviors*, Guilford Press, 1985.

48. McCann, I. L. , Pearlman, L. A. , "Vicarious traumatization: A framework for understanding the psychological effects of working with victims", *Journal of traumatic stress*, Vol. 3, No. 1. , 1990.

49. Meichenbaum, D. H., Deffenbacher, J. L., "Stress inoculation training", *The Counseling Psychologist*, Vol. 16, No. 1., 1998.

50. Miller, W. R., "Motivational interviewing with problem drinkers", *Behavioural and Cognitive Psychotherapy*, Vol. 11, No. 2., 1983.

51. Miller, W. R., "Motivation for treatment: A review with special emphasis on alcoholism", *Psychological bulletin*, Vol. 98, No. 1, 1985.

52. Miller, W. R., Baca, L. M., "Two-year follow-up of bibliotherapy and therapist-directed controlled drinking training for problem drinkers", *Behavior Therapy*, Vol. 14, No. 3., 1983.

53. Liebman. L., "Leniency in Chinese Criminal Law? Everyday Justice in Henan", *Berkeley Journal of International Law*, Vol. 33, No. 1., 2015.

54. R. Harris, D. Webb, Welfare, *Power and Juvenile Justice The Social Control of Delinquent Youth*, Tavistock, 1987; A. Morris, H. Giller, *Understanding Juvenile Justice*, Croom Helm, 1987.

55. P. Parsloe, Juvenile Justice in Britain and the United States: The Balance of Needs and Rights, Routledge, 1978.

56. *Report of the Departmental Committee on the Treatment of Young Offenders*, Cmd. 2831, 1927.

57. Morrison, N., "Group cognitive therapy: Treatment of choice or sub-optimal option?", *Behavioural and Cognitive Psychotherapy*, Vol. 29, No. 3., 2001.

58. Patton, J. H., et al., "Factor structure of the Barratt impulsiveness scale", *Journal of clinical psychology*, Vol. 51, No. 6, 1995.

59. Prochaska, J. O., DiClemente, C. C., "Transtheoretical therapy: Toward a more integrative model of change", *Psychotherapy: theory, research & practice*, Vol. 19, No. 3, 1982.

60. Reed, M. K., "Social skills training to reduce depression in adolescents", *Adolescence*, Vol. 29, No. 114, 1994.

61. Ross, R. R., "Socio-cognitive development in the offender", *Ottawa: Ministry of The Solicitor General*, Vol. 206, 1980.

62. Ross, R. R., et al., "Reasoning and rehabilitation", *International Journal of Offender Therapy and Comparative Criminology*, Vol. 32, No. 1., 1988.

63. Schraw, G., "Promoting general metacognitive awareness", *Instructional science*, Vol. 26, No. 1-2, 1998.

64. Warren, R. K., "Evidence-Based Practices and State Sentencing Policy: Ten Policy Initiatives to Reduce Recidivism", *Indiana Law Journal*, Vol. 82, 2006.

65. Shelton, D., et al., "Treatment of impulsive aggression in correctional settings", *Behavioral sciences & the law*, Vol. 27, No. 5., 2009.

66. Stouthamer-Loeber, M., et al., "Risk and Promotive Effects in the Explanation of Persistent

Serious Delinquency in Boys", *Journal of Consulting and Clinical Psychology*, Vol. 70, No. 1. , 2002.

67. Tittle, C. R. , "Labelling and Crime: An Empirical Evaluation", in W. R. ed. , *The Labelling of Deviance: Evaluating a Perspective*, Beverly Hills: Sage, 1980.

68. Tong, L. S. J. , Farrington, D. P. , "How effective is the 'Reasoning and Rehabilitation' program in reducing reoffending? A meta-analysis of evaluations in four countries", *Psychology, Crime and Law*, Vol. 12, No. 1. , 2006.

69. Townsend, E. , et al. , "Systematic review and meta-analysis of interventions relevant for young offenders with mood disorders, anxiety disorders, or self-harm", *Journal of adolescence*, Vol. 33, No. 1. , 2010.

70. Trupin, E. W. , et al. , "Effectiveness of a dialectical behaviour therapy program for incarcerated female juvenile offenders", *Child and Adolescent Mental Health*, Vol. 7, No. 3. , 2002.

71. Watson, J. C. , Greenberg, L. S. , "Alliance ruptures and repairs in experiential therapy", *Journal of clinical psychology*, Vol. 56, No. 2. , 2000.

72. Weizman, R. , et al. , "Low Plasma Immunoreactive β - Endorphin Levels in Autism", *Journal of the American Academy of Child & Adolescent Psychiatry*, Vol. 27, No. 4. , 1988.

73. Wenzlaff, R. M. , et al. , "The role of thought suppression in the bonding of thought and mood", *Journal of Personality and Social Psychology*, Vol. 60, No. 4. , 1991.

74. Wong, S. , Lewis, K. , Stockdale, K. , & Gordon, A. (2004-2011). The Violence Risk Scale-Youth Version. Unpublished manuscript. University of Saskatchewan, Saskatoon, Saskatchewan, Canada.

75. Wright, J. H. , Davis, D. , "The therapeutic relationship in cognitive-behaviour therapy: patient perceptions and therapist responses", *Cognitive and Behavioral Practice*, Vol. 1, No. 1. , 1994.

76. Zweben, A. , Li, S. , "The efficacy of role induction in preventing early dropout from outpatient treatment of drug dependence", *The American Journal of Drug and Alcohol Abuse*, Vol. 8, No. 2. , 1981.

77. Burns, D. D. , & Nolen-Hoeksema, "Coping styles, homework compliance, and the effectiveness of cognitive-behavioral therapy", *Journal of consulting and clinical psychology*, Vol. 59, No. 2. , 1991.

78. 邓喜莲:《未成年人刑事责任治理与制度完善的法理思考》,载《社会科学家》2021 年第 4 期。

79. 冯卫国:《"后劳教时代"未成年人刑事处遇制度的改革与完善》,载《山东警察学院学报》2016 年第 3 期。

80. 桂梦美、孙平：《罪错未成年人司法保护的理论供给与实现愿景》，载《河北法学》2024 年第 7 期。

81. 贾健、荣冲：《罪错未成年人分级处遇的实践问题与完善路径》，载《南京航空航天大学学报（社会科学版）》2024 年第 1 期。

82. 廖斌、何显兵：《论收容教养制度的改革与完善》，载《西南民族大学学报（人文社科版）》2015 年第 6 期。

83. 刘邦慧等：《罪犯精神病态的初步探索》，载《心理科学》2010 年第 1 期。

84. 刘仁文、王栋：《强制隔离戒毒工作存在的问题及改进建议》，载《人民法院报》2014 年 7 月 30 日，第 6 版。

85. 刘学敏：《检察机关附条件不起诉裁量权运用之探讨》，载《中国法学》2014 年第 6 期。

86. 马卫兵等：《罪错未成年人分级矫治公检履职模式研究——以专门教育—观护教育衔接模式为路径》，载《青少年犯罪问题》2024 年第 2 期。

87. 屈学武：《保安处分与中国刑法改革》，载《法学研究》1996 年第 5 期。

88. 屈学武：《一体两支柱的中国刑事法体系构想》，载《法学研究》2008 年第 3 期。

89. 孙传浩、于阳：《未成年人严重不良行为专门教育制度完善路径》，载《行政与法》2021 年第 10 期。

90. 王平、何显兵：《论工读教育的历史发展与完善设想》，载《预防青少年犯罪研究》2012 年第 8 期。

91. 王译：《罪错未成年人分级处遇规则的体系建构》，载《中国刑事法杂志》2022 年第 5 期。

92. 王顺安、陈君珂：《中国少年收容教养制度的系统思考》，载《上海政法学院学报（法治论丛）》2020 年第 4 期。

93. 王学兵：《创新社会管理视角下的社区戒毒研究——基于 K 市社区戒毒的实践》，云南财经大学 2012 年硕士学位论文。

94. 吴羽：《罪错未成年人分级干预机制研究》，载《犯罪研究》2022 年第 5 期。

95. 肖姗姗：《国家责任理论指导下专门矫治教育制度的基本构思——以〈刑法〉与〈预防未成年人犯罪法〉的修订为基础》，载《湖南师范大学社会科学学报》2022 年第 4 期。

96. 绵杰：《坚持预防为主提前干预搭建未成年人犯罪预防"隔离带"》，载《人民检察》2024 年第 4 期。

97. 谢莉、陶嵘：《边缘性人格障碍患者的情绪反应研究》，载《中国临床心理学杂志》2009 年第 1 期。

98. 姚建龙：《〈禁毒法〉的颁行与我国劳教制度的走向》，载《法学》2008 年第 9 期。

99. 姚建龙：《未成年人法的困境与出路——论〈未成年人保护法〉与〈预防未成年人犯罪法〉的修改》，载《青年研究》2019 年第 1 期。

100. 姚建龙：《未成年人违警行为的提出与立法辨证》，载《中国法学》2022 年第 3 期。

101. 俞亮、吕点点：《法国罪错未成年人分级处遇制度及其借鉴》，载《国家检察官学院学报》2020 年第 2 期。

102. 张乐雅等：《辩证行为疗法在罪犯矫正领域的应用》，载《中国临床心理学杂志》2017 年第 1 期。

103. 张苏军：《张苏军在循证矫正方法及实践与我国罪犯矫正研讨班上的讲话》，载《犯罪与改造研究》2013 年第 1 期。

104. 赵勇：《英国青少年司法体系的改革及启示》，载《中国青年政治学院学报》2003 年第 5 期。

105. 储槐植：《严而不厉：为刑法修订设计政策思想》，载《北京大学学报（哲学社会科学版）》1989 年第 6 期。